유라시아시대 러시아의 국가경쟁력

한국외국어대학교 러시아연구소
HK 연구사업단 학술연구총서 17

유라시아시대 러시아의 국가경쟁력

김선래 · 이종문 · 이홍섭 · 장세호 · 조원호 · 최우익 공저

HU:iNE

머리말

2014년 9월 27일 한국슬라브학회와 한국외국어대학교 러시아연구소는 '유라시아시대의 기회와 위기'라는 주제로 공동학술대회를 개최하였다. 한국외대 HK연구사업단 소속 공동연구원들은 유라시아시대와 러시아의 국가경쟁력이라는 패널을 구성하여 주제발표를 하였는데 본 학술회의에서 발표한 논문 3편과 그 외에 필자들이 개인적으로 연구한 논문 4편을 모아 전문가들은 물론 일반 독자들도 '러시아 경쟁력'이라는 주제에 대해 알기 쉽게 이해하고 접할 수 있도록 이 책을 발간하게 되었다.

2015년 1월 1일 러시아가 주도하는 유라시아경제공동체가 유라시아경제연합으로 재탄생하였다. 러시아는 포스트소비에트 공간 내 경제블록을 주도하면서 유라시아시대를 본격적으로 열어가고 있다. 러시아의 푸틴 대통령은 집권 이후 국가 발전과 국가 경쟁력 강화를 위하여 정치, 경제, 군사, 사회 등 다방면에 걸쳐 개혁 및 제도적 재정비를 추진하고 있다. 이 책에서는 유라시아시대를 열고 있는 러시아가 대외적으로 받는 도전과 국가 경쟁력 강화 과정에서 부딪치고 있는 고민에 대해 고찰하였다.

이 책 제목의 키워드인 국가경쟁력의 개념은 경쟁력 평가 기관에 따라 다양하게 정의되고 있지만, 이 책에서는 경제 및 비경제적 요소가 모두 포함된 광의의 개념으로 이해하고자 한다. 스위스국제경영개발대학원(IMD. International Institute of Management Development)와 세계경제포럼은 종합적인 국가경쟁력 순위를 발표하는 대표적 기관으로 이들 기관이 매긴 순위는 일국의 경제 환경과 제도 및 구조적 문제점을 파악하는 데 널리 활용되고 있다. IMD는 국가경쟁력을 "기업이 더 많은 가치를 창출하고, 국민이 더 많은 번영을 지속하도록 제반 여건을 창출하고 유지할 수 있도록 해주는 국가의 능력"으로 정의하고 있다. 한국의 기획재정부는 '2011년 국가경쟁력보고서'에서 국가경쟁력을 "국민의 생활 수준(standard of living)과 삶의 질(quality of life)을 지속해서 향상할 수 있는 한 국가의 총체적인 역량"으로 정의하였다. 국가경쟁력은 글로벌 시장에서 일국의 기업이 다른 나라 기업들과 성공적으로 경쟁할 수 있도록 하는 효율적인 정치, 사회, 경제구조와 제도 및 정책을 제공하는 국가의 총체적인 능력으로 개인의 역량, 기업의 경쟁력, 정부의 효율성, 지식 창출과 관련된 교육 및 기술 경쟁력, 사회시스템, 국가이미지, 환경 등을 포함하는 포괄적 개념으로 인식되고 있다. 국가경쟁력 개념도 시대에 따라 변하고 있다. 과거에는 기업 경영활동을 활성화하고 경제의 생산성과 효율성을 촉진하는 요인을 분석하는 데 초점이 두어졌다면, 현재에는 사회시스템, 환경, 보건 등 다양한 비경제적 분야도 적극적으로 수용하는 방향으로 전개되고 있다. 사회시스템의 안정과 사회통합, 환경 등을 도외시하고는 경제성장의 지속성을 담보하고, 질적 측면에서 국민 생활의 풍요를 달성하기가 어렵다는 인식이 확산하고 있기 때문이다.

본 책의 제1장에서 장세호 교수는 푸틴 3기 행정권력 엘리트 구성의 특징과 사회적 배경 분석을 통해 강한 러시아를 만들기 위한 푸틴 지도부의 인적 개혁·재구성 문제를 논의하고 있다. 이를 위해 위치적 접근법에 근거하여 두 가지 분석 전략을 취하였다. 먼저, 직전 정부와의 차이를 중심으로 내각 및 대통령행정실 조직·인적 구성 과정, 지도부 개편 상황을 종합적으로 분석했다. 다음으로, 성, 연령, 학력, 출신대학, 직업·경력, 출신지역 등을 주요 변수로 설정하고 이들 고위관료의 사회적 배경 분석을 시도했다. 그 결과 푸틴 3기 행정권력 엘리트는 남성, 모스크바·중앙 연방관구 출신자, 박사학위 소지자, 사회과학 전공자, 기업가·교수·정치가 출신이 상대적으로 높은 비율을 나타냈고, 내각이 대통령행정실에 비해 젊은 관료들로 충원되었다는 점이 특징적이었다. 푸틴 3기 행정부 고위 관료 인선의 주요 특징과 함의는 푸틴의 '친정체제' 구축, '균형내각', '전문·실용내각' 구성, '강한 대통령행정실'과 '실무형' 내각의 조합이었다. 지도부 개편에 있어서는 권력엘리트 관리메커니즘의 균열, 인사정책의 장기 전략 부재, 취약한 인적자원 토대, 메드베데프의 입지 약화 등이 주요 특징으로 분석되었다.

제2장에서 김선래 교수는 셰일혁명과 미·러의 에너지 패권 갈등 구도와 그 추이를 분석하였다. 2014년 하반기부터 세계 에너지 시장의 변화 특히, 석유 가격의 급격한 하락으로 인하여 러시아가 가장 큰 타격을 받고 있다. 셰일가스와 함께 생산되는 셰일오일의 생산량 급증은 국제유가 급락의 주요한 원인으로 작용했다. 셰일혁명과 셰일오일 생산으로 인하여 세계에너지 시장에서 유가와 가스 가격을 결정하는 주요 행위자로 미국이 등장한 것이다. 셰일오일과 셰일가스를 생산하는 미국 발 셰일혁명은 기존 국제 에너지시장을 지배하고 있던 중동과 러시아라는 양대 체제를 미국-중동-러시아 삼각체제로

전환하게 하였다. 이러한 신국제에너지질서의 등장은 단순히 에너지 시장의 변화로 국한되는 것이 아니라 외교적 영향력과 세계패권지도에도 영향을 미친다. 저자는 이 같은 셰일혁명의 파고에 러시아가 어떠한 영향을 받고 있으며 그 영향에 대하여 어떻게 대응하고 있는가에 대해 분석하고 있다.

제3장에서 이종문 교수는 IMD와 세계경제포럼의 국가경쟁력지수를 바탕으로 러시아 국가경쟁력을 분석하고 그 강화 방안을 소개하고 있다. 2005년 러시아는 IMD로부터 세계경쟁력 평점에서 43.591점을 취득하며 평가대상 60개국 중 54위를 차지하며 최하위 10%에 포함될 정도로 경쟁력이 대단히 취약한 국가로 평가받았다 그러나, 2013년 러시아는 국가경쟁력에서 42위로 역대 최고치를 기록하였고, 2014년에는 평가대상 60개 국가 중에서 38위를 차지하며 최고 순위를 다시 갱신했다. 따라서 저자는 2005년부터 2014년까지 IMD가 국가경쟁력 지수 산출에 사용한 모든 세부지표의 추이를 통해 러시아 국가경쟁력 현황을 지표 수준에서 강점과 약점을 분석해 보았다. 세계경제포럼이 세계 각국의 국가경쟁력을 비교, 평가하는 지표로 제시하고 있는 글로벌경쟁력지수(GCI)에 따르면 2014년 러시아는 평가대상 144개 국가 중에서 53위를 차지하며 148개국 중 64위를 기록한 2013년보다 11단계나 상승하며 경쟁력이 가장 향상된 국가 중의 하나로 분류되었다. 이어 저자는 2007년부터 2014년까지 12개 부문(제도, 인프라, 거시경제환경, 보건 및 초등교육, 고등교육 및 훈련, 상품시장 효율성, 노동시장 효율성, 금융시장 발전, 기술 수용성, 시장규모, 기업 성숙도, 연구개발 혁신)을 구성하는 각 항목 수준에서 경쟁력 추이를 평가해 보았다. 이러한 조사를 바탕으로 저자는 결론에서 러시아의 경쟁력 강화 방안을 제시하고 있다.

제4장에서 조원호 교수는 러시아 시장경제에서 국가의 역할에 대

한 연구를 싣고 있다. 본 연구에서 저자는 러시아 경제의 국가 집중화를 러시아 금융기관을 중심으로 분석하였다. 특히 종래 사용됐던 소유개념 중심의 국유은행 개념을 확대한 국가참여은행의 개념을 분석의 중요한 개념으로 사용하였다. 저자는 먼저 국가참여은행에 대한 글루시코바(Ekaterina Glushkova)와 베르니코프(Andrei Vernikov)의 이론적 개념을 정리하고, 이를 바탕으로 러시아 금융기관에 대한 국가의 참여유형을 분석하였다. 이러한 분석을 토대로 저자는 국가참여은행이 러시아경제에서 차지하는 비중을 자산, 저축, 대부 비중을 중심으로 분석하고 결론을 도출하고 있다.

제5장에서 이홍섭 교수는 공산주의 시대의 사회네트워크였던 블라트(блат)의 특성이 자본주의로의 체제변동을 거치면서도 사라지지 않고 사회자본의 모습으로 지속하고 있다는 점을 고찰하였다. 저자는 이와 같은 네트워크체제의 성격에 주목하고 이것이 현 러시아 민주화에 미친 영향을 검토하였다. 즉 네트워크체제가 민주주의의 두 가지 기준인 자유경쟁과 정치참여에 어떤 영향을 미쳤는가를 검토함으로써 네트워크체제와 민주주의 간의 상관관계에 대하여 평가하였다.

제6장 "21세기 군사대국을 향한 러시아의 군"이라는 제목의 글에서 이홍섭 교수는 푸틴 정부가 2000년 이후 국가안보개념과 군사 독트린을 새롭게 정립하고 군 개혁을 추진하였음을 분석하고 있다. 푸틴 1기(2000~2004)에서의 군 개혁은 소규모의 기동력이 우수하며 높은 기술력을 가진 군을 지향하였고 직업 군인 제를 도입하여 군의 소수정예화를 꾀하였다. 또한, 예산을 실질적으로 증액하여 군 인력에 대한 처우개선을 실현하였으며, 군사력 충원시스템도 징병제에서 모병제로 전환하였다. 2007년에 임명된 세르듀코프(A. Serdyukov) 국방장관은 대대적인 군 개혁을 단행하였는데 주요 내용

으로는 첫째, 지휘체계를 간소화하기 위해 기존의 4단계 지휘체계에서 여단 중심의 3단계로 개편하였고, 둘째, 군을 즉시 대응군 체제로 개편하여 신속성을 강조하였으며, 셋째, 이와 함께 현대전에서 필수적인 네트워크 중심전(NCW)을 대비하기 위한 개혁을 단행하였다. 이 글에서 저자는 러시아군 개혁의 방향과 특징, 그리고 네트워크 중심 전에 대비한 러시아군의 개혁을 검토하여 향후 군사대국으로 거듭나고자 하는 러시아군의 변화하는 모습을 고찰하였다.

제7장은 최우익 교수의 러시아 국민 삶의 질에 지역적 변화와 양상에 대한 연구를 싣고 있다. 저자는 83개 연방주체를 단위로 러시아 국민 삶의 질의 지역적 변화와 양상 분석을 통해 2000년대 러시아 경제가 다소 회복되고 개인 소득이 증대하면서 러시아 국민 삶의 질에 대한 관심이 높아지고 있다고 평가하고 있다. 저자는 2000년대 접어들면서 러시아 각 지역의 삶의 질 지수는 상승하였으며, 2008~09년 경제위기로 러시아인 삶의 질 지수의 성장세가 잠시 둔화하였지만 최근에 다시 회복되었다고 보고 있다. 하지만 저자는 삶의 질의 지역별 격차 현상이 심화하고 있고 또한, 개인소득이 증가하고 평균수명이 높아졌다고 하더라도, 그 지역에 사회적 제도가 잘 마련되지 않거나, 인간이 거주하기 힘든 자연환경 때문에 삶의 질을 개선하기 힘든 곳들이 많다고 보고, 연방정부의 지원 없이 삶의 질을 개선할 수 없는 지역도 다수가 존재함을 보여주고 있다.

이 책은 한국외국어대학교 러시아연구소 HK(인문한국) 연구사업(KRF-2009-362-B00005)의 일환으로 '유라시아시대와 러시아 국가 경쟁력'이라는 총서를 통해 그 동안 HK연구사업단에서 연구한 내용을 담고 있다. 21세기 한반도 주변 열강 중 하나인 러시아의 정치, 경제, 사회의 현주소를 통찰하면서 우리는 유라시아시대에 한국의 위치와 위상에 대한 비교고찰도 시도해 볼 수 있을 것이다.

마지막으로 이 책이 나올 수 있도록 옥고를 보내주신 한국외대 러시아연구소 러시아 연구사업단 6분의 HK공동연구원들께 감사드린다. 바쁜 연구에도 불구하고 아낌없는 조언을 주신 한국외대 러시아연구소 김현택 소장님 이하 HK연구사업팀원들에게 감사드린다. 특히 꼼꼼히 원고를 읽어주신 송준서 교수와 글의 집필에 있어 조언을 주신 최우익 교수에게 깊은 감사의 마음을 전한다. 교정을 도와준 김다예, 서권우 조교에게도 고마움을 전한다. 아울러 부족한 글을 받아 출판해 주신 한국외국어대학교 지식출판원 신선호 과장님과 편집진에게도 감사드린다.

2015년 3월

HK(인문한국) 연구사업단 일동

목 차

일러두기

■ 러시아어를 한글로 표기할 경우 '국립국어원(http://www.korean.go.kr)'의 외래어표기법을 따랐다. 단, 일반적으로 널리 알려져 쓰이는 용어는 통례에 따라 표기했다.

■ 민족명은 러시아어를 기본으로 한다. 정치, 경제, 군사와 관련된 반복되는 단어와 특정 용어는 가장 먼저 언급된 부분에서 러시아어 표기와 함께 자세한 설명을 한다. 가장 먼저 언급된 단어는 색인을 통해 찾아볼 수 있다.

■ 러시아의 행정 지역을 한글로 표기할 때 주 단위 이상은 어미를 떼고 어근이 되는 본래 지역 이름을 찾아 기록했고, 그 이하의 단위는 어미를 모두 살려 소리 나는 대로 표기했다. 자연 지역 이름을 표기할 때도 대규모 단위는 본래 지역 이름을 찾아 기록했지만, 소규모 단위는 어미를 모두 살려 표기했다. 단, 일반적으로 널리 알려져 쓰이는 지역 이름은 통례에 따라 표기했다.

■ 각종 편집 기호와 참고문헌의 작성 방식은 한국외국어대학교 러시아연구소의 학술지『슬라브연구』편집규정을 따랐다.

I

푸틴 3기 내각·대통령 행정실 인적 구성의 특징과 함의

I. 푸틴 3기 내각·대통령 행정실 인적 구성의 특징과 함의*

장세호(한국외대)

I. 서론

2012년 5월 7일 신임 대통령 취임식 직후 푸틴은 메드베데프를 신정부 총리로 지명하고 의회의 승인을 요청했다. 하루 뒤인 5월 8일 국가두마의 총리 임명동의안 가결로 이른바 '푸틴-메드베데프 체제'가 공식 출범했다. 푸틴 3기 정부가 출범한 이후 현재까지 러시아 정치 분야의 가장 큰 관심사 중 하나는 신정부의 정책적 기조 방향이라 할 수 있다. 관심의 초점은 푸틴 3기 정부가 '강한 러시아의 부활'을 기치로 '중앙집권화' 기조를 유지해왔던 푸틴 1~2기와 어떤 차별성을 보일 것인가 하는 것이다. 일차적으로, 푸틴 3기 정부의 국정운영 및 정책 방향은 2011~2012 선거주기 과정에서 발표된 선거공약이나 신정부 출범 이후 공개된 정부 공식 정책 문서들을 통해 대체적 파악이 가능할 것이다. 더불어, 이에 대한 더욱 입체적인 분석과 전망을 위해 정치과정의 핵심 변수 중 하나인 정치행위자의 구조와 특성 규명이 매우 중요한 과제로 제기되고 있다.

* 본 글은 대외경제정책연구원의 승인하에 『슬라브학보』 제28권 4호(2013년 겨울호)에 동 제목으로 게재된 논문을 수정·보완한 것이다.

일찍이 이스턴(David Easton)은 정치를 '가치의 권위적 배분'으로, 라스웰(Harold Lasswell)은 "누가, 무엇을, 언제, 어떻게 갖느냐"의 문제로 정의한 바 있다.[1)] 즉, 정치의 핵심에는 '권력'과 그 '배분'의 문제가 자리하고 있다. 또한, 권력의 불균등 분배라는 현실적 상황을 고려할 때 엘리트 연구의 중요성은 그 의미가 더해진다. 특정 사회 또는 국가에서 누가 지배하는가(Who rules), 누가 통치하는가(Who governs), 누가 이끌어 가는가(Who leads)의 문제가 학술적·현실정치적 양 측면에서 큰 주목을 받아온 것은 결코 우연이 아니다.

일반적으로 권력엘리트는 권력관계 피라미드의 최상층에 위치하며 국가의 전략적 정책결정 과정에서 영향력을 발휘하는 인사들 또는 그 집단을 의미한다. 그리고 고전적 엘리트 이론을 대표하는 모스카(Gaetano Mosca), 미켈스(Robert Michels), 파레토(Vilfredo Pareto)에서부터 바크라크(Peter Bachrach), 바라츠(Morton S. Baratz) 등의 현대적 엘리트 이론에 이르기까지 모든 엘리트 연구는 한 사회 내의 강한 영향력을 보유한 엘리트 집단의 실재와 이들 엘리트의 중심적 역할을 전제로 진행된다. 다시 말해서, 엘리트 이론의 중심에는 정치의 역사가 소수에 의한 다수의 지배, 즉 엘리트 지배의 역사라는 가정이 자리하고 있다.[2)]

---

1) David Easton, The Political System: An Inquiry into the State of Political Science (New York: Alfred A. Knopf, 1953), Harold D. Lasswell, Politics: who gets what, when, how (New York: Meridian Books, 1958), 서동주, "러시아를 누가 지배하는가?," 『e-Eurasia』, 제23호 (서울: 한양대학교 아태지역연구센터, 2010).

2) Gaetano Mosca, *The Ruling Class* (New York: McGraw-Hill, 1939), p. 50, Robert Michels, *Political Parties: a sociological study of the oligarchial tendencies of modern democracy* (New York: Collier Books, 1962), p. 363, Peter Bachrach and Morton Baratz, "Two Faces of Power," *American Political Science Review*, Vol. 56, NO. 4 (1962), p. 947, 김종명, "엘리트 이론의 변천과 발전," 『국제정치연구』, 제5집 제2호 (대구: 동아시아국제정치학회,

엘리트 이론에 따르면, 현대의 민주주의 정치체제에서도 국민의 정치참여에 있어서의 평등과 보편성의 완전한 구현은 하나의 이념형(ideal model)으로만 존재하며, 실제로는 대의민주주의 형태로 정치권력이 제한된 소수 엘리트에게 위임되고 있을 뿐이다.[3] 예컨대, 달(Robert A. Dahl)은 이념적 헌신과 조작 기술을 보유한 극소수의 엘리트 집단(the elites)에 의해 공동체의 핵심적 결정이 이루어짐을 강조하면서, 나머지 다수 시민(citizens at large)은 정치에 무관심하며 공적 문제에 대한 지식이나 관심이 없는 수동적 대중이라고 주장했다.[4] 사르토리(Giovanni Sartori) 역시 민주주의체제를 "국민이 자신을 스스로 지배할 정도의 권력이 아닌 지배자를 바꿀 수 있을 정도의 권력을 행사하는 정치체제"로 규정했다.[5]

이 같은 관점에서, 권력엘리트는 그동안 정치학과 사회학을 비롯한 사회과학 영역의 오랜 연구주제 중 하나였다. 대체적 연구의 방향은 이들이 누구인지, 어떤 사회적 배경을 공유하는지, 이들 간 통합과 결속의 정도는 어느 정도인지, 이들이 특정 사회에 어떤 영향을 미칠 것인지 등을 파악하는데 맞춰졌다.[6] 또한, 엘리트 연구는 권력엘리트를 한 사회 또는 국가의 변화를 결정하는 독립변수로 바라보는가, 아니면 변화의 산물 즉 종속변수로 바라보는가에 따

2002), p. 2.

3) 전용주·차재권, 임성학·김석우, "한국 지방 정치엘리트와 지방 정부 충원: 2010년 지방 선거 후보자와 당선자의 인구학적 배경 분석을 중심으로," 『한국정당학회보』, 제10권 제1호 (서울: 한국정당학회, 2011), p. 37.

4) Robert A. Dahl, *Who Governs? Democracy and Power in an American City* (New Heaven: Yale University Press, 1961), pp.225-227.

5) Giovanni Sartori, *Democratic Theory* (Detroit: Wayne State University Press, 1962), p. 66.

6) 이면우 편, 『정치엘리트 연구, 2002: 중국, 일본, 러시아를 중심으로』 (서울: 세종연구소, 2002), p. 9.

라 다양한 형태의 방법론적 전략을 창출해왔다.[7] 대표적으로, 권력엘리트의 사회적 출신 배경에 연구의 초점을 맞춘 '위치적 접근법'(positional method)과 정책결정 과정에 대한 분석을 통해 실질적 영향력을 보유한 권력엘리트를 구분해내는 데 관심을 집중하는 '의사결정 접근법'(decision method)이 전자의 경우에 해당한다. 반면, 사회의 구조변화를 엘리트 형성과 연계하여 파악하는 '사회구조적 접근법'(social structural method)이 후자의 경우라 할 수 있다.[8]

러시아 사례에서도 그동안 권력엘리트 문제는 그 자체에 대한 논의는 물론, 체제전환 과정의 특성, 신 러시아연방 정치체제의 본질과 발전전망 등과 연계하여 다양한 논의와 연구가 진행됐다.[9] 본 연

---

7) 주장환, "중국 정치 엘리트의 특성: 유형화와 그 변화," 『한국과 국제정치』, 제24권 제4호 (서울: 경남대학교 극동문제연구소, 2008), p. 170.

8) 고상두, "푸틴시대 러시아 권력엘리트의 교체," 『슬라브학보』, 제24권 제1호 (서울: 한국슬라브학회, 2009), pp.101-103.

9) 예컨대, 민주주의 공고화와 체제이행 문제를 엘리트 내부 갈등과 연계하여 분석한 리베라(Rivera), 겔만(Gel'man), 현대 러시아 엘리트의 독특한 행태를 규정하는 반서구주의를 논의한 노비코프(Novikov), 푸틴 시기 중앙-지방 관계를 엘리트적 관점에서 평가한 고렌부르크(Gorenburg), 러시아 권력기관 내 실로비키(siloviki)의 분포 상황을 분석한 크리슈타놉스카야와 화이트(Kryshtanovskaya and White), 푸틴 시기 실로비키와 군국체제의 형성 가능성을 평가한 렌쯔(Renz)의 연구, 러시아 사회 구조 변화와 엘리트 변동의 상관관계를 분석한 셀렌니(Szelenyi and Szelenyi), 러시아의 체제전환과 정치엘리트의 역할 문제를 논의한 레인(Lane), 체제전환기 행정·입법 엘리트의 특성을 분석한 세메노바(Semenova)의 연구 등이 대표적이다. 국내에서도 러시아 권력엘리트와 관련한 일련의 의미 있는 연구가 진행된 바 있다. 옐친~푸틴기 내각개편 결정요인, 실로비키를 중심으로 푸틴 시대 엘리트 인맥을 분석한 서동주, 실로비키의 등장 과정을 각각 분석한 정옥경, 러시아 사회 구조 변화와 러시아 엘리트 변동의 흐름을 논의한 고상두의 연구 등이 바로 그것이다. Sharon W. Rivera, "Elites in Post-communist Russia: A Changing of the Guard?," *Europe-Asia Studies*, Vol. 52. No. 3 (2002), pp.413-432, Vladimir Gel'man, "Russia's Elites in Search of Consensus: What Kind of Consolidation?," *Demokratizatsiya*, Vol. 10, No. 3 (2002), pp.343-361, Denis Novikov, ""Anti-Westernism" as a Strategy," *Russian Social Science Review*, Vol. 50, No. 2 (2009), pp.41-

구는 기존 선행연구들의 이론적·경험적 성과의 토대 위에서 아직 본격적으로 논의되지 않은 푸틴 3기 행정권력 엘리트, 즉 내각 및 대통령 행정실 인적 구성의 특징과 사회적 배경 분석, 그리고 그 함의 규명을 목적으로 한다.

이를 위해, 본 논문은 위치적 접근법에 근거하여 두 가지 분석 전략을 취하였다.[10] 먼저, 직전 정부와의 조직 구조상 변화와 인적 구성상 차이를 중심으로 신정부 출범 이후 내각 및 대통령 행정실 조직·인적 구성 과정 및 지도부 개편 상황을 종합적으로 분석하고자 했다. 실제로 내각 내 부서들의 편제와 각료(부총리, 장관) 인선 상황,

---

49, Dmitry Gorenburg, "Center-Periphery Relations After Ten Years of Centralization," *Russian Politics & Law*, Vol. 48, No. 1 (2010), pp.3-7. Olga Kryshtanovskaya and Stephen White, "Inside the Putin Court: A Research Note," *Europe-Asia Studies*, Vol. 57, No. 7 (2005), pp.1065-1075, Bettina Renz, "Putin's militocracy? An alternative interpretation of Siloviki in contemporary Russian politics," *Europe-Asia Studies*, Vol. 58, No. 6 (2006), pp.903-924, Ivan Szelenyi and Szonja Szelenyi, "Circulation or Reproduction of Elites during the Postcommunist Transformation of Eastern Europe: Introduction," *Theory and Society*, Vol. 24, No. 5 (1995), pp.615-638, David Lane, "The transformation of Russia: The role of the political elite," *Europe-Asia Studies*, Vol. 48, No. 4 (1996), pp.535-549, Elena Semenova, "Ministerial and Parliamentary Elites in an Executive-Dominated System: Post-Soviet Russia 1991-2009," *Comparative Sociology*, Vol. 10, No. 6 (2011), pp.908-927, 서동주, "러시아 옐친과 푸틴기 내각개편: 결정요인, 동향, 함의,"『국제정치논총』, 제45집 제4호 (서울: 한국국제정치학회, 2005), pp.283-305, 서동주, "러시아 푸틴정부의 인맥정치와 실로비키(Siloviki),"『국제문제연구』, 제6권 제4호 (서울: 국가안보전략연구소, 2006), pp.1-37, 정옥경, "상트페테르부르크의 정치엘리트 연구."『슬라브연구』, 제21권 제1호 (서울: 한국외국어대학교 러시아연구소, 2005), pp.89-112, 고상두, op. cit. pp.101-103.

10) 위치적 접근법에 따른 러시아 엘리트에 관한 대표적 연구는 Helmut Steiner, "Elite Research in Russia: Characteristics of Russian elite research," *Elites in Transition: Elite Research in Central and Eastern Europe* (Opladen: Leske + Budrich, 1997), pp.107-132, Kryshtanovskaya and White, op. cit., pp.1065-1075. 참조.

대통령 행정실 조직 구조와 주요 지도부(행정실장, 부실장, 보좌관, 자문위원) 인선 상황, 2012년 5월부터 2013년 11월까지의 인사이동 흐름을 객관적으로 분석·정리하고자 했다. 다음으로, 성, 연령, 학력, 출신대학, 직업 및 주요 경력, 출신지역 등을 주요 변수로 설정하고 내각 및 대통령 행정실 고위 관료의 사회적 배경을 파악함으로써 푸틴 3기 행정권력 엘리트의 특성과 정치충원(political recruitment) 구조를 규명하고자 했다.[11)] 이를 통해, 궁극적으로는 푸틴 3기 행정부 내 권력구조의 존재 양태와 정책기조 방향 전망을 위한 함의와 시사점을 도출토록 할 것이다.

분석을 위한 기본 자료로 러시아연방 대통령 명의로 발포된 정부 구성 및 고위 관료 인선에 관한 대통령령, 러시아 연방정부와 대통령 행정실 공식 사이트에 게시된 고위 관료들의 인적정보들을 활용할 것이다.

논문의 구성은 다음과 같다. 제2장에서는 푸틴 3기 내각 및 대통령 행정실 조직·인적 구성 과정과 현재까지의 지도부 개편 상황을 살펴보았고, 제3장에서는 신정부 행정권력 엘리트의 사회적 배경을 분석하였다. 제4장에서는 제2~3장에서 논의된 내용에 기초하여 푸틴 3기 내각 및 대통령 행정실 인적 구성과 개편을 평가하고 그 함의를 논하였으며, 제5장 결론에서는 이상의 내용을 정리하고 총평하였다.

---

11) 본 연구가 국내의 러시아 엘리트 연구에서 아직 구체적으로 시도된 바 없는 위치적 접근법에 의한 분석, 즉 1차 자료에 입각한 권력엘리트의 충원 및 사회적 배경 분석을 시도하고 있다는 점은 의미가 있다고 본다. 더불어, 본 연구는 추후 푸틴 3기 입법권력 엘리트, 사법권력 엘리트 간의 비교연구나 푸틴 1~2기, 메드베데프 집권기 행정권력 엘리트와의 비교연구로 확장·심화될 수 있을 것이며, 이를 위한 경험 자료로 활용될 수 있을 것이다.

II. 푸틴 3기 행정부 조직·인적 구성과 지도부 개편

1. 신정부 내각 조직·인적 구성 과정

러시아연방 행정부의 지위·역할, 그 조직·인적 구성에 관한 법적 토대는 '러시아연방 헌법' 제6장과 연방 헌법에 준거한 법률 '러시아연방 정부에 대하여'에 명시되어 있다.[12)] 이에 기초하여, 푸틴은 2012년 5월 8일 메드베데프를 신임 총리로 지명한 데 이어,[13)] 2주 후인 5월 21일 정부 조직과 각료 명단을 공식 발표했다.[14)] 메드베데프를 수장으로 하는 새 내각은 총리 1인, 제1부총리 1인, 부총리 6인, 장관 21인(21개 부) 체제로 구성됐다. 구 내각[15)]과 비교하여 새 내각의 구조 변화는 크게 두 가지다. 첫째, 기존 두 명이던 제1부총리를 한 명으로 줄이는 대신, 다섯 명이던 부총리를 여섯 명으로 늘렸다. 둘

---

12) 러시아연방 행정부의 지위·역할, 그 조직·인적 구성에 관한 법적 토대는 '러시아연방 헌법' 제6장과 연방 헌법에 준거한 법률 '러시아연방 정부에 대하여'에 명시되어 있다. КОНСТИТУЦИЯ Российской Федерации Глава 6; ФЕДЕРАЛЬНЫЙ КОНСТИТУЦИОННЫЙ ЗАКОН от 17.12.1997 N 2-ФКЗ "О ПРАВИТЕЛЬСТВЕ РОССИЙСКОЙ ФЕДЕРАЦИИ" (одобрен СФ ФС РФ 14.05.1997).

13) УКАЗ Президента РФ от 08.05.2012 N 612 "О ПРЕДСЕДАТЕЛЕ ПРАВИТЕЛЬСТВА РОССИЙСКОЙ ФЕДЕРАЦИИ".

14) 푸틴은 이날 연방 행정부 조직에 관한 대통령령과 장관 이상 고위 관료 임명에 관한 대통령령을 동시에 발포했다. 본 절은 두 대통령령에서 명시하고 있는 조직 구조와 인적 구성 내용에 기초하고 있다. УКАЗ Президента РФ от 21.05.2012 N 636 "О СТРУКТУРЕ ФЕДЕРАЛЬНЫХ ОРГАНОВ ИСПОЛНИТЕЛЬНОЙ ВЛАСТИ"; УКАЗЫ Президента РФ от 21.05.2012 "О НАЗНАЧЕНИИ ЧЛЕНОВ ПРАВИТЕЛЬСТВА РОССИЙСКОЙ ФЕДЕРАЦИИ".

15) 본 글에서 지칭하는 구 내각은 2008년 5월부터 2012년 5월까지의 제2차 푸틴 내각을 말한다. 여기서 '제2차'라는 표현은 옐친 집권 2기 말 1998년 8월부터 2000년 4월까지의 제1차 푸틴 내각과 구별하기 위함이다.

째, 농업·수산부를 농업부로, 체육·관광·청소년부를 체육부로 명칭을 변경한 것이다. 셋째, 극동개발부와 무임소부(열린정부 관할)를 신설하고 구 보건·사회발전부를 보건부와 노동·사회복지부로 분할하여 기존 18부 체제를 21부 체제로 확대·개편했다.

새 내각의 부총리단 인적구성은 다음과 같다. 먼저, 슈발로프(Игорь Шувалов)가 제1부총리직을 유지했고, 부총리로 골로데츠(Ольга Голодец), 드보르코비치(Аркадий Дворкович), 코작(Дмитрий Козак), 로고진(Дмитрий Рогозин), 수르코프(Владислав Сурков), 흘로포닌(Александр Хлопонин)이 임명됐다. 수르코프는 내각 사무총장직 겸임이 결정됐다. 7명 가운데 새로 입각한 인물은 골로데츠와 드보르코비치 2인이며, 수르코프와 로고진은 2011년 12월 말 부분 인사개편 과정에서 내각에 들어온 인물들이다.[16)]

21개 부 가운데 대통령이 직접 관할하는 내무부, 민방위·비상사태·재난구호부(이하 비상사태부), 외무부, 국방부, 법무부, 이상 5개 부 장관으로는 콜로콜리체프(Владимир Колокольцев), 푸치코프(Владимир Пучков), 라브로프(Сергей Лавров), 세르듀코프(Анатолий Сердюков), 콘노발로프(Александр Коновалов)가 임명됐다. 그 가운데 새로 입각한 인물은 콜로콜리체프와 푸치코프 두 명이다.

---

16) 2011 총선 이후 부정선거 규탄시위로 뒤숭숭한 분위기 속에서 2003년부터 2011년까지 8년간 국가두마 의장직을 맡아온 그리즐로프(Борис Грызлов)가 퇴임하고 대통령 행정실장 나리시킨(Сергей Нарышкин)이 제6기 국가두마 의장에 취임함으로써 주요 인사들의 연쇄적 자리 이동이 발생했다. 푸틴 내각의 부총리 중 이바노프(Сергей Иванов), 볼로딘(Вячеслав Володин), 쥬코프(Александр Жуков)가 사임하고, 그 자리에 수르코프(Владислав Сурков), 로고진(Дмитрий Рогозин), 바이노(Антон Вайно)가 임명되었다. 2011년 12월 22일 메드베데프 대통령은 나리시킨의 하원의장 취임으로 공석이 된 대통령 행정실장직에 이바노프를, 부총리로 자리를 옮긴 수르코프의 대통령 행정실 제1부실장 자리에 볼로딘을 각각 임명했다.

경제 부문 5개 부 인사와 관련해서는, 재무부 장관에 실루아노프(Антон Силуанов)가, 경제발전부 장관에 벨로우소프(Андрей Белоусов)가, 산업·통상부 장관에 만투로프(Денис Мантуров)가, 에너지부 장관에 노박(Александр Новак)이, 농업부 장관에 표도로프(Николай Федоров)가 각각 임명됐다. 경제 부문의 인적 쇄신이 두드러졌는데, 쿠드린(Алексей Кудрин)을 대신해 2011년 12월 재무장관에 임명된 실루아노프를 포함하면 경제 관련 부서의 수장들 모두가 장관직에 새로 취임한 인물들이다.

사회정책 부문 등 나머지 11개 부서 장관 구성은 다음과 같다. 노동·사회보장부 - 토필린(Максим Топилин), 교통부 - 소콜로프(Максим Соколов), 체육부 - 무트코(Виталий Мутко), 네트워크·매스컴부 - 니키포로프(Николай Никифоров), 지역발전부 - 고보룬(Олег Говорун), 극동발전부 - 이샤예프(Виктор Ишаев), 자연자원·환경부 - 돈스코이(Сергей Донской), 교육·과학부 - 리바노프(Дмитрий Ливанов), 문화부 - 메딘스키(Владимир Мединский), 보건부 - 스크보르초바(Вероника Скворцова), 열린정부관계부 - 아비조프(Михаил Абызов). 2008년 5월부터 체육부 장관직을 수행해온 무트코를 제외한 10명의 장관은 모두 새로 임명된 사람들이다.

2. 신정부 대통령 행정실 조직·지도부 구성 과정

정부 각료 명단 공개 하루 뒤인 2012년 5월 22일, 푸틴은 대통령 행정실 및 국가안보회의 지도부 임명에 관한 대통령령을 발표했다.[17] 대통령 행정실 인사는 몇 단계에 거쳐 순차적으로 이뤄졌다.

---

17) 이날 푸틴은 대통령 행정실 주요 지도부 임명과 관련한 18개의 대통령령을

먼저, 5월 22일 대부분의 핵심 인물들에 대한 인사 결정이 공개됐고, 이튿날인 5월 23일 추가로 3인의 보좌관과 자문위원이 임명됐다.[18] 이후 산하 부서 조정과 인사개편이 꾸준히 진행된 끝에 7월 6일 대통령 행정실 구성 완료가 최종 발표됐다.[19]

대통령 행정실 지도부 인사를 종합하면 다음과 같다. 먼저, 2011년 12월 부분 인사개편을 통해 행정실장에 취임한 이바노프의 유임이 결정됐다. 제1부실장에는 볼로딘(Вячеслав Володин)과 그로모프(Алексей Громов) 2인이 임명됐다. 볼로딘은 이바노프와 마찬가지로 2011년 말 동 직책에 임명된 후 유임된 사례이며, 그로모프는 2008년부터 부실장직을 수행해오다 제1부실장으로 승진했다. 이와 함께, 바이노(Антон Вайно)와 페스코프(Дмитрий Песков - 대통령 공보실장 겸직)가 부실장에 취임했다. 이 두 사람은 모두 푸틴 내각 출신으로 각각 내각 사무총장직과 총리 공보실장직을 수행해오다 행정실로 자리를 옮겼다.

대통령 보좌관은 브리초바(Лариса Брычева), 골리코바(Татьяна Голикова), 나비울리나(Эльвира Набиуллина), 트루트네프(Юрий Трутнев), 우샤코프(Юрий Ушаков), 추이첸코(Константин Чуйченко), 푸르센코(Андрей Фурсенко), 쉬콜로프(Евгений Школов), 쇼골레프(Игорь Щего-

---

발포했다. УКАЗ Президента РФ от 21.05.2012 N 669, 670, 671, 672, 690, 691, 679, 673, 674, 675, 676, 677, 678, 680, 681, 692, 693, 164.

18) УКАЗ Президента РФ от 23.05.2012 N 700, 701, 702.

19) 그 이후로 푸틴은 2012년 5월 25일, 6월 5일, 6월 9일 3차례 총 19개의 대통령령을 발포하였고, 2012년 7월 6일 대통령 행정실장 이바노프가 신정부 대통령 행정실 조직·지도부 구성 완료를 공식 발표했다. 본 절은 아래에 명시된 대통령령의 내용에 기초하고 있다. УКАЗ Президента РФ от 25.05.2012 N 725, 726, 727, 728, 729; УКАЗ Президента РФ от 05.06.2012 N 769, 770, 771, 772, 773, 774; УКАЗ Президента РФ от 09.06.2012 N 785, 786, 787, 789, 790, 791, 792, 793. “Кремль завершил формирование новой администрации”(2012. 6. 6).

лев) 이상 총 9인으로 구성됐다. 이들 중 대통령 행정실에서 잔뼈가 굵은 브리초바와 추이첸코 2인이 유임 조처됐고, 나머지 7인의 보좌관은 대부분 푸틴 내각의 전임 장관 출신으로 새로 행정실에 입성한 인물들이다.

그리고 아브라모프(Александр Абрамов), 베드리츠키(Александр Бедрицкий), 글라지예프(Сергей Глазьев), 그리고로프(Сергей Григоров), 두빅(Сергей Дубик), 레비틴(Игорь Левитин), 톨스토이(Владимир Толстой), 우스티노프(Антон Устинов), 우샤코프(Сергей Ушаков), 페도토프(Михаил Федотов), 야코블레프(Вениамин Яковлев) 이상 11인이 대통령 자문위원에 임명됐다. 보좌관과 비교하여 자문위원의 유임 비율이 상대적으로 높았는데, 자신의 직위를 유지한 인물은 베드리츠키, 그리고로프, 우샤코프, 페도토프, 야코블레프 이상 5인이다. 새로 인선된 인물 중 교통부 장관 출신의 레비틴과 '우사디바 박물관(музей-усадьбы)' 관장과 러시아지역발물관노동자연합 중앙위원회 위원장을 역임하고 지난 대선 캠페인 과정에서 푸틴의 대리인으로 활동했던 톨스토이가 눈에 띈다. 이와 함께, 국가안보회의 서기에 FSB 국장 출신으로 2008년부터 동 직책을 수행해왔던 파트루셰프(Николай Патрушев)가 유임됐고, 푸틴 내각에서 내무부 장관을 맡았던 누르갈리예프(Рашид Нургалиев)가 부서기로 선임됐다.

대통령 행정실 직원 규모는 기존보다 200명 정도가 늘어나 총 3,100여 명으로 확대됐다. 그리고 행정실 내에 총 22개 '국'(управление)과 그 산하에 총 143개 '부'(департмент)가 구성됐다.

3. 신정부 내각과 대통령 행정실 지도부 개편

푸틴 3기 행정부의 조직 및 인적 구성 완료 이후 현재(2013년 11월)

까지 총 8차례의 인사 개편이 발생했다. 첫 번째로, 2012년 10월 17일 푸틴 대통령은 고보룬 지역개발부 장관을 해임하고, 슬류냐예프(Игорь Слюняев)를 신임 장관에 임명했다.[20] 고보룬은 푸틴이 2012년 9월 각료회의에서 취임 직후 공포한 대통령령에 명시된 주요 국책사업 수행을 위한 예산이 제대로 반영되지 않은 것을 문제 삼는 과정에서 견책 처분을 당한 세 명의 장관 중 한 명이었다. 그는 내각 부총리급에서 결정한 예산안에 대해 하위 장관에게 책임을 묻는 부당함에 항의하며 사의를 표명했다. 급기야 크레믈린이 만류하고 나섰음에도 고보룬이 뜻을 꺾지 않자 푸틴은 10월 중순 그를 공식 해임하고, 코스트로마 주 주지사 출신의 슬류냐예프를 신임 장관으로 인선했다.

두 번째로, 2012년 11월 6일 푸틴 대통령은 대규모 국방비리 사건에 연루된 것으로 알려진 세르듀코프 국방부 장관을 경질하고, 그 자리에 쇼이구(Сергей Шойгу) 모스크바 주지사를 임명했다.[21] 당시 러시아에서는 국방부 산하 기업 '오보론세르비스'(Оборонсервис)의 부정 거래 추문이 공개됨으로써 큰 사회적 파문이 일었다. 특히 다수의 국방부 고위 관료들이 연루된 해당 부정·비리 사건으로 말미암은 국고 손실액이 약 3억 루블에 달하는 것으로 알려져 큰 충격을 주었다. 해당 인사 조치는 국방부 내 대규모 부정부패에 대한 객관적이고 엄정한 조사를 위해 세르듀코프를 장관직에서 경질한 것

---

20) УКАЗ Президента РФ от 17.10.2012 N 1411 “О ГОВОРУНЕ О.М.”; УКАЗ Президента РФ от 17.10.2012 N 1412 “О МИНИСТРЕ РЕГИОНАЛЬНОГО РАЗВИТИЯ РОССИЙСКОЙ ФЕДЕРАЦИИ”.

21) УКАЗ Президента РФ от 06.11.2012 N 1484 “О СЕРДЮКОВЕ А.Э.”; УКАЗ Президента РФ от 06.11.2012 N 1485 “О ДОСРОЧНОМ ПРЕКРАЩЕНИИ ПОЛНОМОЧИЙ ГУБЕРНАТОРА МОСКОВСКОЙ ОБЛАСТИ”; УКАЗ Президента РФ от 06.11.2012 N 1486 “О МИНИСТРЕ ОБОРОНЫ РОССИЙСКОЙ ФЕДЕРАЦИИ”.

으로 평가됐다.

세 번째로, 2013년 1월 28일 마고메도프(Магомедсалам Магомедов)가 신임 대통령 행정실 부실장에 임명됐다.[22] 2010년 2월부터 다게스탄 공화국을 이끌어온 마고메도프는 이날 대통령직에서 물러나 민족정책와 북카프카스 문제를 담당하는 대통령 행정실 부실장직을 수행하게 됐다. 그의 부실장 임명으로 대통령 행정실은 기존 2인 부실장(바이노와 페스코프) 체제에서 3인 체제로 확대·개편됐다. 푸틴은 마고메도프의 해임으로 공석이 된 다게스탄 공화국 대통령직에 압둘라티포프(Рамазан Абдулатипов) 러시아연방 하원 의원을 권한대행으로 임명했다. 이는 무엇보다 최대 현안으로 부상한 무슬림 반군들의 다게스탄 공화국 등 북카프카스 지역에서의 분리·독립운동에 대한 연방정부의 적극적 대응 조치로 평가할 수 있겠다.

네 번째로, 2013년 5월 8일 푸틴 대통령은 부총리 겸 내각 사무총장 수르코프를 해임하고, 그 자리에 프리호디코(Сергей Приходько)를 임명했다.[23] 수르코프의 해임은 매우 뜻밖의 사건이었다. 푸틴 체제의 이념적 기초를 입안한 인물로 평가되었던 수르코프는 대선 공약 이행과제가 제대로 실행되지 못하고 있다는 푸틴의 내각 장관들에 대한 비판 이후 사의를 표명했다. 특히 수르코프의 경질은 그가 주

---

22) УКАЗ Президента РФ от 28.01.2013 N 42 "О ДОСРОЧНОМ ПРЕКРАЩЕНИИ ПОЛНОМОЧИЙ ПРЕЗИДЕНТА РЕСПУБЛИКИ ДАГЕСТАН"; УКАЗ Президента РФ от 28.01.2013 N 43 "О ЗАМЕСТИТЕЛЕ РУКОВОДИТЕЛЯ АДМИНИСТРАЦИИ ПРЕЗИДЕНТА РОССИЙСКОЙ ФЕДЕРАЦИИ".

23) УКАЗ Президента РФ от 08.05.2013 N 480 "О СУРКОВЕ В.Ю."; УКАЗ Президента РФ от 22.05.2013 N 505 "О ЗАМЕСТИТЕЛЕ ПРЕДСЕДАТЕЛЯ ПРАВИТЕЛЬСТВА РОССИЙСКОЙ ФЕДЕРАЦИИ - РУКОВОДИТЕЛЕ АППАРАТА ПРАВИТЕЛЬСТВА РОССИЙСКОЙ ФЕДЕРАЦИИ".

도해온 '스콜코보' 첨단산업단지 조성 사업 비리 조사를 둘러싼 엘리트 간 세력다툼이 큰 영향을 미친 것으로 판단된다. 이후 푸틴 대통령은 수르코프를 공식 해임하고, 약 2주 후인 5월 22일 내각 제1사무부총장 프리호디코를 신임 부총리 및 내각 사무총장에 임명했다.

다섯 번째로, 2013년 6월 24일 대통령 보좌관(경제정책 담당) 나비울리나가 러시아 중앙은행 총재로 영전함에 따라, 경제발전부 장관 벨로우소프가 신임 대통령 보좌관에 임명됐고, 공석이 된 경제발전부 장관직에 울류카예프(Алексей Улюкаев)가 임명됐다.[24] 메드베데프 집권기 제2차 푸틴 내각에서 경제발전부 장관직을 수행했다가 푸틴 3기 정부 출범 이후 대통령 행정실로 자리를 옮겼던 나비울리나는 이그나티예프(Сергей Игнатьев) 러시아 중앙은행 총재의 3기 임기가 종료됨에 따라 신임 총재에 임명됐다. 더불어, 경제발전부 차관을 거쳐 장관직을 수행하던 벨로우소프는 1년 1개월 만에 대통령 행정실로 자리를 옮겨 대통령 보좌관으로 발탁됐다. 신임 장관에 임명된 울류카예프는 2004년 4월부터 러시아 중앙은행 부총재직을 수행해왔던 인물로 해당 인사를 통해 내각에 진출했다.

여섯 번째로, 2013년 8월 31일 푸틴은 극동개발부 장관 겸 극동 연방관구 대통령 전권대표 이샤예프를 전격 해임했다. 더불어 부총리를 한 명 늘리는 행정부 조직에 관한 대통령령을 발포함으로써 기존 6인 부총리 체제(제1부총리 제외)를 7인 체제로 확대·개편하고 신임 부총리 겸 극동 연방관구 대통령 전권대표에 트루트네프(Юрий

---

24) УКАЗ Президента РФ от 24.06.2013 N 570 "О НАБИУЛЛИНОЙ Э.С."; УКАЗ Президента РФ от 24.06.2013 N 571 "О ПОМОЩНИКЕ ПРЕЗИДЕНТА РОССИЙСКОЙ ФЕДЕРАЦИИ"; УКАЗ Президента РФ от 24.06.2013 N 572 "О МИНИСТРЕ ЭКОНОМИЧЕСКОГО РАЗВИТИЯ РОССИЙСКОЙ ФЕДЕРАЦИИ".

Трутнев)를 임명했다.[25] 이샤예프의 경질은 극동 개발계획 실현에서의 부진과 극동 지역을 휩쓴 대규모 홍수 사태에 대한 미흡한 대처가 그 원인을 제공했다. 신임 부총리 겸 극동 연방관구 대통령 전권대표 트루트네프는 2004년부터 2012년까지 천연자원부 장관을 거쳐, 2012년 5월부터 대통령 보좌관직을 수행해온 인물이다.

일곱 번째로, 2013년 9월 20일 대통령 보좌관 골리코바가 해임되고, 그 자리에 수르코프가 임명됐다.[26] 푸틴은 골리코바를 국가기관에 대한 회계감사 기능을 수행하는 러시아연방 회계원 원장에 전진 배치하는 한편, 같은 해 5월 부총리직에서 해임된 수르코프를 대통령 행정실로 다시 불러들였다. 실제로 푸틴은 2012년 12월 발표한 연방의회 연례교서를 통해 국가운영의 효율성 제고와 부패 문제에 대한 대응을 위해 러시아연방 회계원의 역할 강화를 제안한 바 있다. 새로이 대통령 보좌관에 임명된 수르코프는 골리코바가 담당했던 아브하지야와 남오세티야 문제를 비롯한 카프카스 문제를 관할하게 됐다.

여덟 번째로, 이샤예프 해임 이후 공석으로 남겨져 있던 극동개발부 장관에 갈루시카(Александр Галушка)가 임명됐다.[27] 기업인 출신

---

25) УКАЗ Президента РФ от 31.08.2013 N 691 “ОБ ИШАЕВЕ В.И.”; УКАЗ Президента РФ от 31.08.2013 N 690 “О ВНЕСЕНИИ ИЗМЕНЕНИЯ В УКАЗ ПРЕЗИДЕНТА РОССИЙСКОЙ ФЕДЕРАЦИИ ОТ 21 МАЯ 2012 Г. N 636 “О СТРУКТУРЕ ФЕДЕРАЛЬНЫХ ОРГАНОВ ИСПОЛНИТЕЛЬНОЙ ВЛАСТИ”; УКАЗ Президента РФ от 31.08.2013 N 692 “О ЗАМЕСТИТЕЛЕ ПРЕДСЕДАТЕЛЯ ПРАВИТЕЛЬСТВА РОССИЙСКОЙ ФЕДЕРАЦИИ - ПОЛНОМОЧНОМ ПРЕДСТАВИТЕЛЕ ПРЕЗИДЕНТА РОССИЙСКОЙ ФЕДЕРАЦИИ В ДАЛЬНЕВОСТОЧНОМ ФЕДЕРАЛЬНОМ ОКРУГЕ”.

26) УКАЗ Президента РФ от 20.09.2013 N 723 “О ГОЛИКОВОЙ Т.А.”; УКАЗ Президента РФ от 20.09.2013 N 724 “О ПОМОЩНИКЕ ПРЕЗИДЕНТА РОССИЙСКОЙ ФЕДЕРАЦИИ”.

27) УКАЗ Президента РФ от 11.09.2013 N 710 “О МИНИСТРЕ РОС-

인 갈루시카는 정치적으로 무명에 가까운 인물로 그의 장관 임명은 상당한 파격으로 받아들여졌다. 실제로 그는 극동사회경제발전 국가위원회와 전러시아국민전선(ОНФ) 활동을 통해 푸틴의 신임을 획득한 것으로 알려지고 있다.

III. 푸틴 3기 행정부 고위 관료의 사회적 배경

본장의 분석대상은 총리, 제1부총리, 부총리, 장관의 내각 고위관료 30명과 행정실장, 제1부실장, 부실장, 보좌관, 자문위원, 전권대표의 대통령 행정실 고위관료 38명으로 한정했다. 다만, 부총리 트루트네프와 흘로포닌이 각각 극동 연방관구, 북카프카스 연방관구 대통령전권대표를 겸직하고 있어 총인원은 66명이다. 이상 푸틴 3기 행정부 고위 관료의 기본 인적정보는 러시아 연방정부 공식 홈페이지 'Структура Правительства'과 러시아연방 대통령 행정실 공식 홈페이지 'Руководство и основные должностные лица'에서 획득했다.[28)]

1. 성별 비율

푸틴 3기 행정부 고위 관료의 성별 비율은 남성이 압도적 우위를 점하는 것으로 나타났다. 행정부 고위 관료 66명 가운데 남성이 61

СИЙСКОЙ ФЕДЕРАЦИИ ПО РАЗВИТИЮ ДАЛЬНЕГО ВОСТОКА".

28) 본 장에서 다뤄지는 모든 통계 자료는 필자가 이들에 대한 인적정보를 분석한 결과이다. 더불어, 본 장에서 제시되고 있는 모든 도표는 분석 결과를 바탕으로 필자가 작성한 것으로 별도의 출처 명기는 생략했다.

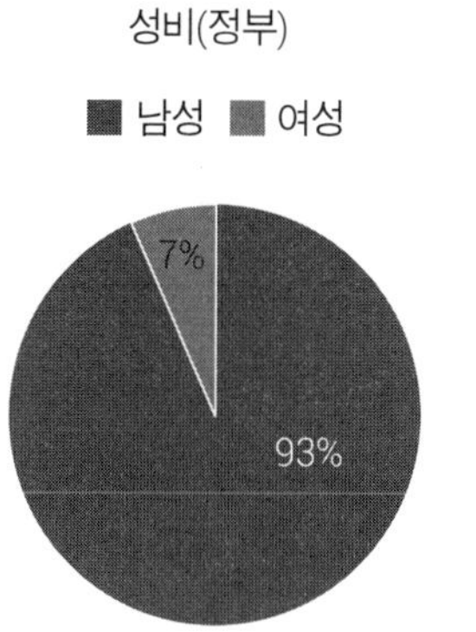

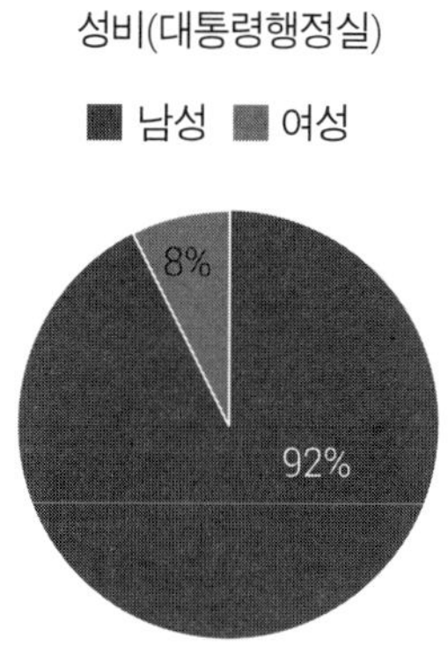

명이었던 반면, 여성은 5명(약 8%)에 불과했다. 이러한 모습은 정부(내각)와 대통령 행정실 양 기관 모두에서 큰 차이를 보이지 않았다. 실제로 내각 고위 관료 중 여성의 수는 총 30명 중 2명(약 7%)이었으며, 대통령 행정실 고위 관료 중 여성의 수는 총 38명 중 3명(약 8%)으로 그 비율은 대동소이했다. 이러한 결과는 전형적인 인구 비율 대비 과소대표 현상을 보여주고 있으며, 현재까지 러시아에서 여성의 행정부 고위 임명직 진출이 쉽지 않음을 나타내주고 있다.

2. 출신지역 비율

내각 고위 관료의 연방주체별 출신지는 ① 모스크바 - 10명, ② 레닌그라드(현 상트페테르부르크) - 3명, ③ 모스크바 주 - 2명, ④ 무르만스크 주 - 1명, ⑤ 크라스노다르 변강 - 1명, ⑥ 볼고그라드 주 - 1명, ⑦ 페름 주 - 1명, ⑧ 펜자 주 - 1명, ⑨ 타타르스탄 공화국 - 1명, ⑩ 추바시야 공화국 - 1명, ⑪ 옴스크 주 - 1명, ⑫ 티바 공화국 - 1명, ⑬ 마가단 주 - 1명, ⑭ 해외 - 5명이었다. 총 83개 주체 중 장관 이상 고위 관료를 배출한 지역은 13개 연방주체 지역이었으며, 모스크바가 33%를 기록하며 다른 지역을 압도했다. 더불어, 연방관구별로는 ①

연방관구별 출신자 수

(단위 : 명)

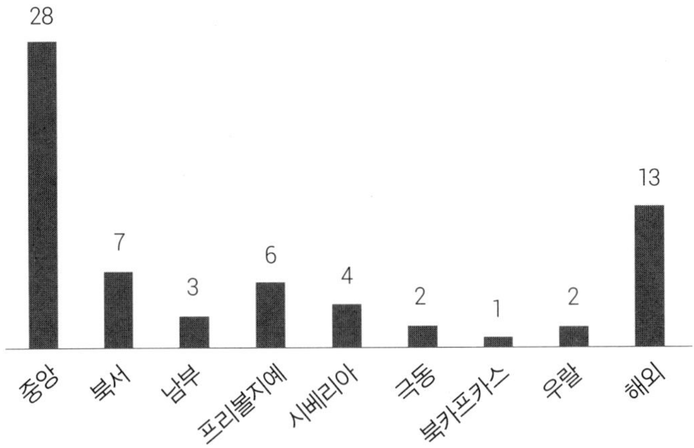

중앙 연방관구 - 12명, ② 북서 연방관구 - 4명, ③ 남부 연방관구 - 2명, ④ 프리볼지예 연방관구 - 4명, ⑤ 시베리아 연방관구 - 2명, ⑥ 극동 연방관구 - 1명, ⑦ 북카프카스 연방관구 - 0명, ⑧ 우랄 연방관구 - 0명, ⑨ 해외 - 5명이었다. 중앙 연방관구 출신 내각 고위 관료 비율이 40%에 달했지만, 북카프카스 연방관구와 우랄 연방관구는 단 한 명의 고위 관료도 배출하지 못한 것으로 나타냈다.

대통령 행정실 고위 관료의 연방주체별 출신지는 ① 모스크바 - 9명, ② 레닌그라드 - 3명, ③ 모스크바 주 - 4명, ④ 리페츠크 주 - 2명, ⑤ 랴잔 주 - 1명, ⑥ 크라스노다르 변강 - 1명, ⑦ 사라토프 주 - 2명, ⑧ 페름 주 - 1명, ⑨ 노보시비르스크 주 - 1명, ⑩ 톰스크 주 - 1명, ⑪ 하바롭스크 변강 - 1명, ⑫ 다게스탄 공화국 - 1명, ⑬ 쿠르간 주 - 1명, ⑭ 스베르들롭스크 주 - 1명, ⑮ 해외 - 9명이었다. 총 83개 주체 중 보좌관 이상 고위 관료를 배출한 지역은 14개 연방주체 지역이었으며, 모스크바가 24%를 기록하며 다른 지역을 압도했다. 연방관구별로는 ① 중앙 연방관구 - 16명, ② 북서 연방관구 - 3명, ③

남부 연방관구 - 1명, ④ 프리볼지예 연방관구 - 3명, ⑤ 시베리아 연방관구 - 2명, ⑥ 극동 연방관구 - 1명, ⑦ 북카프카스 연방관구 - 1명, ⑧ 우랄 연방관구 - 2명, ⑨ 해외 - 9명이었다. 내각과 마찬가지로 중앙 연방관구 출신 고위 관료 비율이 42%를 차지했으며, 남부, 극동, 북카프카스 연방관구가 각 1명씩으로 타 연방주체들보다 상대적으로 낮은 비율을 나타냈다.

이러한 결과는 모스크바, 중앙 연방관구 출신이 고위 관료의 주류를 형성하고 있음을 보여주고 있다. 눈여겨볼 점은 2000년 푸틴 등장 이후 주요 세력 중 하나로 분류되었던 상트페테르부르크 인사들이 출신지를 기준으로 할 때 예상보다 그 수가 많지 않았다는 점이다.[29] 행정부 고위 관료의 출신지 중 중앙 연방관구를 제외하고 비율이 높은 지역은 해외였다. 이는 소련 해체 이후 독립한 구 소연방 소속 공화국에서 출생한 인물들이 상대적으로 큰 비율을 차지하고 있는 것으로 분석되며, 추후 그 비율이 지속적해서 감소할 것으로 예상된다.

3. 학력 비율

최종 학력을 기준으로 내각 고위 관료 수는 ① 고졸 - 0명, ② 학사 - 11명, ③ 석사 - 1명, ④ 박사 - 18명이었다. 대통령 행정실 역시 비슷한 양상을 보여주었는데, 그 구체적 수는 ① 고졸 - 0명, ② 학사 - 17명, ③ 석사 - 0명, ④ 박사 - 21명이었다. 푸틴 3기 행정부 고

29) 물론, 이른바 '페테르부르크 사단'은 출신지뿐만 아니라 푸틴이 상트페테르부르크 대외관계위원장 및 부시장 재직 시 인연을 맺은 인물들을 포괄한다. 따라서 이에 대한 판단은 더욱 종합적인 분석을 요하는 문제라는 점을 밝혀둔다.

학력 비율(정부)

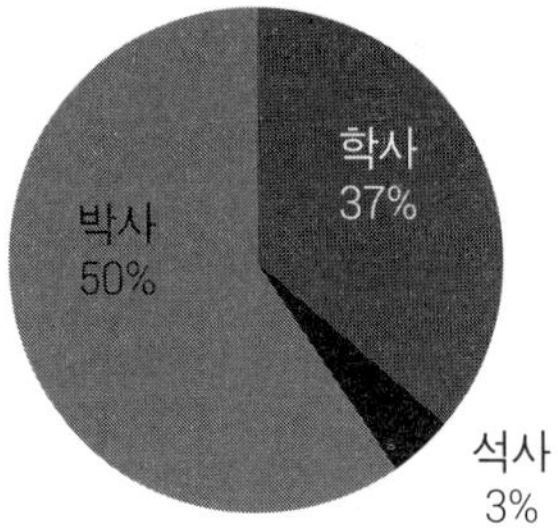

학력 비율(대통령행정실)

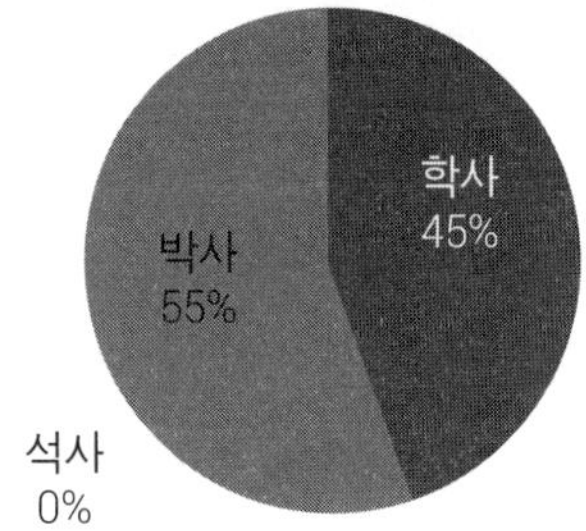

위 관료는 모두 학부과정 이상의 고등교육을 이수한 인물들이었으며, 박사 학위 소지자 비율이 전체의 59%에 달했다. 이러한 결과는 무엇보다 학부 과정 이후 석·박사 통합과정(아스피란투라)을 운용해왔던 러시아 교육체계의 특성에서 비롯된 것으로 분석되며, 현재 러시아에서 고학력자의 고위 공직 진출이 상대적으로 용이하다는 점을 보여주고 있다. 특기할만한 점은 해외 교육기관에서 학위를 취득한 인물의 수가 내각 1명(드보르코비치 부총리), 대통령 행정실 1명(아스타호프 아동권리 대통령 전권대표) 총 2명에 불과하다는 점이다. 이는 러시아의 고위 공직자 충원이 대부분 자국 교육기관 출신들로 이루어지고 있음을 실증하는 사례라 할 수 있다.

4. 전공 비율

최종 학위를 기준으로 푸틴 3기 행정부 고위 관료의 전공 비율은 다음과 같다. 내각의 경우, ① 인문학 - 1명, ② 사회과학 - 22명, ③ 이·공학 - 7명이었으며, 대통령 행정실은 ① 인문학 - 1명, ② 사회과학 - 25명, ③ 이·공학 - 9명이었다. 또한, 세부 전공을 기준으로 할 때, 내각은 ① 법학 - 7명, ② 경제학: 12명, ③ 정치학, 국제관계학: 3

전공(최종학위 기준) 비율

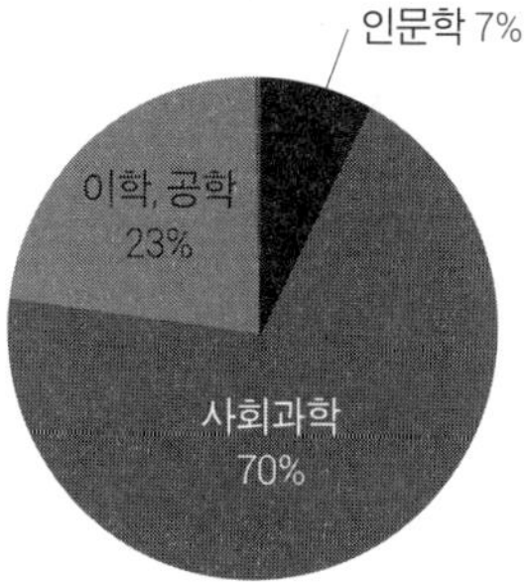

세부전공별 인원수(단위 : 명)

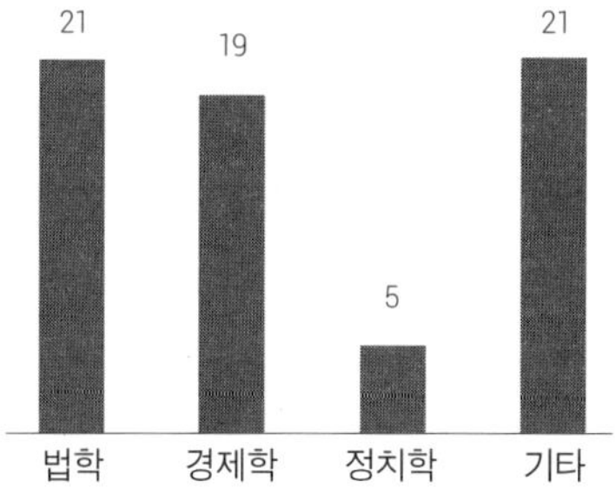

명, ④ 기타: 8명이었고, 대통령 행정실은 ① 법학 - 14명, ② 경제학 - 8명, ③ 정치학, 국제관계학 - 2명, ④ 기타 - 14명이었다. 사회과학 전공자의 비율이 전체의 70%를 차지했으며, 세부 전공을 기준으로 법학 전공자의 비율이 32%로 가장 높았고, 경제학 전공자가 29%, 정치학 전공자가 8%를 기록했다. 다만, 내각의 경우 경제학 전공자가 40%, 그리고 대통령 행정실의 경우 법학 전공자가 37%로 각각 높은 비율을 나타냈다.

출신대학(학부 기준)은 내각 고위 관료 중 ① МГУ(모스크바국립대학) 출신이 6명, ② ЛГУ(레닌그라드국립대학, 현 상트페테르부르크국립대학) 출신이 4명, ③ МГИМО(모스크바국립국제관계대학) 출신이 3명, ④ 기타 대학 출신이 17명이었다. 대통령 행정실의 경우, ① МГУ - 7명, ② ЛГУ - 2명, ③ МГИМО - 3명, ④ 기타 - 26명이었다. 단일 대학으로는 МГУ 출신이 전체의 20%를 차지하며 가장 많은 수를 기록했고, ЛГУ와 МГИМО 출신이 9%로 그 뒤를 이었다.

5. 사회경력 비율[30)]

푸틴 3기 행정부 고위 관료의 사회경력별 비율은 다음과 같다. 먼저, 내각 고위 관료 가운데 ① 정치(행정)가 출신이 6명, ② 기업가 출신이 8명, ③ 변호사 출신이 2명, ④ 검사 출신이 2명, ⑤ 군인(경찰) 출신이 4명, ⑥ 정보(안보)기구 출신이 2명, ⑦ 외교관 출신이 4명, ⑧ 의사 출신이 1명, ⑨ 교수(연구원) 출신이 8명, ⑩ 언론인 출신이 1명, ⑪ 기타 출신이 0명이었다. 더불어 대통령 행정실은 ① 정치(행정)가 - 9명, ② 기업가 - 9명, ③ 변호사 - 2명, ④ 검사 - 3명, ⑤ 군인(경찰) - 5명, ⑥ 정보(안보)기구 - 5명, ⑦ 외교관 - 4명, ⑧ 의사 - 0명, ⑨ 교수(연구원) - 7명, ⑩ 언론인 - 3명, ⑪ 기타 - 1명이었다. 단일 직업군 중 기업가, 교수(연구원), 정치(행정)가 출신 비율이 다른 직업군과 비교하여 상대적 우위를 점하는 것으로 나타났다. 소위 '실로비키'의 비율은 검사, 군인(경찰), 정보(안보)기구을 모두 포괄함으로써 상기 3 직업군과 비교할 때 대통령 행정실은 다소 높았고, 내각은 거의 유사한 수준이었다. 특기할만한 점은 우랄 지역의 한 조립공장 공장장 출신의 홀만스키흐가 2011년 모스크바에서 발생한 반푸틴 시위에 적극적으로 대응한 공로를 인정받아 전격적으로 우랄 연방관구 대통령 전권대표로 발탁되었다는 점이다.

30) 사회경력은 행정부 고위 관료들의 사회진출 초기를 기준으로 삼았다. 다만, 초기 경력에서 다양한 활동으로 등으로 말미암아 하나의 직업군으로 분류하기 어려운 경우 특정 인물이 2~3개의 직업군에 중복으로 편재되는 경우도 있었다.

6. 연령별 비율

푸틴 3기 행정부 고위 관료의 연령대별 수는 ① 30대 - 3명, ② 40대 - 24명, ③ 50대 - 26명, ④ 60대 - 12명, ⑤ 70대 - 0명, ⑥ 80대 - 1명이었으며, 이들의 평균 연령은 52세였다. 50대와 40대가 주축을 이루는 가운데 60대를 그 뒤를 이었고, 30대의 젊은 인물 3명이 고위직에 진출한 점도 흥미로운 부분이다.

내각의 경우, 연령대별 인원수는 ① 30대 - 2명, ② 40대 - 14명, ③ 50대 - 13명, ④ 60대: 1명, ⑤ 70대 - 0명, ⑥ 80대 - 0명이었으며, 이들의 평균 연령은 48.7세였다. 내각 내에서 가장 젊은 고위 관료는 31세의 통신·매스컴부 장관 니키포로프였으며, 가장 나이가 많은 인물은 63세의 외무부 장관 라브로프였다. 대통령 행정실의 연령대별 인원수는 ① 30대 - 1명, ② 40대 - 11명, ③ 50대 - 14명, ④ 60대 - 11명, ⑤ 70대 - 0명, ⑥ 80대 - 1명이었으며, 이들의 평균 연령은 54.7세였다. 대통령 행정실에서 가장 젊은 인물은 36세의 대통령 자문위원 우스티노프였으며, 가장 연로한 인물은 81세의 대통령 자문

연령대별 인원 수

(단위 : 명)

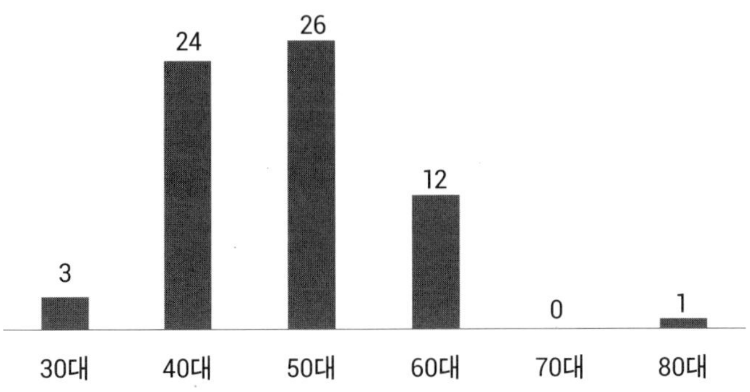

위원 야코블레프였다. 내각 고위 관료 가운데에는 40대의 비율이 전체의 절반에 육박하는 47%를 차지함으로써 가장 높은 비율을 기록했고 50대가 그 뒤를 이었다. 특히 60대, 70대, 80대의 비율은 전체의 3% 정도에 그쳤다. 반면, 대통령 행정실은 50대가 전체의 37%를 차지했고, 60대, 70대, 80대의 비율이 전체의 32%를 기록했다. 양 기관의 평균 연령에 있어서도 약 내각 고위관료가 대통령 행정실 고위 관료보다 약 6세 젊은 것으로 나타났다. 이러한 결과는 푸틴 3기 행정부 내에서 내각이 대통령 행정실과 비교하면 상대적으로 젊은 관료들로 충원되었음을 보여주고 있다.

IV. 행정부 인적 구성과 개편에 대한 평가와 시사점

1. 내각 및 대통령 행정실 인적 구성에 대한 평가와 시사점

제3장 1~2절에서 언급한 2012년 5월부터 7월까지의 푸틴 3기 행정부 내각 및 대통령 행정실 인적 구성을 종합해 볼 때, 첫 번째 특징은 대통령 행정실을 중심으로 하는 '푸틴의 친정체제' 구축이다. 대통령 행정실 지도부는 대통령 행정실장 이바노프와 제1부실장 볼로딘을 필두로 푸틴의 최측근 그룹으로 구성됐다. 예컨대, 9명의 보좌관 중 골리코바, 나비울리나, 트루트네프, 푸르센코, 쇼골레프, 쉬콜로프, 우샤코프 이상 7명은 각각 제2차 푸틴 내각에서 보건·사회발전부 장관, 경제발전부 장관, 자연자원부 장관, 교육·과학부 장관, 네트워크·매스컴부 장관, 내무부 차관, 내각 사무부총장 직책을 수행했던 인물들이다.

이와 함께, 내각의 핵심 요직에도 푸틴계가 상당수 배치됐다. 전술한 바와 같이, 내각 부총리 그룹과 대통령 관할 5개 부서 장관 중 푸틴 내각 출신들 대부분이 기존 직위를 유지했다. 새로 인선된 두 개 부서 장관들 중 비상사태부 장관 푸치코프는 전임 쇼이구의 모스크바 주지사 임명으로 인해 입각한 경우라 할 수 있다. 또한, 각료 구성 발표 전부터 공공연히 자리에서 물러날 것이 거론됐던 전임 누르갈리예프를 대체한 콜로콜리체프의 신임 내무장관 취임 역시 푸틴의 영향력이 반영된 인사 조처로 평가된다.

두 번째 특징은 메드베데프의 지분이 반영된 '균형내각', '전문·실용내각'의 구성이다. 내각 구성과 관련하여 특기할 점은 이례적으로 각료 명단 발표가 늦어졌다는 점이다. 연방 헌법에 준거한 법률 '러시아연방 정부에 대하여'는 대통령 취임 이후 2주 이내에 각료 명단을 공표하도록 규정하고 있으며,[31] 2008년 메드베데프는 취임 후 며칠이 지나지 않아 이를 이행한 바 있다. 그러나 2012년 5월 7일 대통령에 공식 취임한 푸틴은 법적 제한일인 5월 21일에서야 정부 조직과 각료 구성에 관한 대통령령을 발포했다. 이는 기존 정부의 인적 구성 골격을 유지하려는 푸틴과 인적 쇄신과 세대교체를 기치로 자신의 측근을 최대한 입각시키려는 메드베데프 사이의 지난한 줄다리기가 마지막 순간까지 계속되었음을 시사한다.

어쨌든, 정부 인적 구성 전반에서 푸틴의 친정체제가 구축된 가운데, 메드베데프는 조각 과정에서 최소한의 지분은 보장받은 것으로 평가된다. 일차적으로, 슈발로프(Игорь Шувалов)의 제1부총리직 유임은 중요한 의미를 가진다. 슈발로프는 푸틴 사단, 메드베데프 사

---

31) 해당 사항은 연방 헌법에 준거한 법률 '러시아연방 정부에 대하여' 제1장 제5조를 참조. ФЕДЕРАЛЬНЫЙ КОНСТИТУЦИОННЫЙ ЗАКОН от 17.12.1997 N 2-ФКЗ "О ПРАВИТЕЛЬСТВЕ РОССИЙСКОЙ ФЕДЕРАЦИИ"(одобрен СФ ФС РФ 14.05.1997) Глава I, Статья 5.

단 모두와 공존이 가능한 테크노크라트라는 평가가 중론이다.[32] 따라서 그의 제1부총리직 유임은 대통령 행정실장 이바노프의 사례와 마찬가지로 크레믈린과 내각의 중개·중재 역할 수행을 고려한 인사로 판단된다.

다음으로 주목할 점은 메드베데프의 최측근 인사로 분류되는 드보르코비치와 아비조프의 부총리와 무임소부 장관 임명이다. 드보르코비치의 입각은 충분히 예상된 것이었으나, 그가 실로비키 그룹의 좌장으로 일컬어지던 세친(Игорь Сечин)을 밀어내고 동력에너지복합체(ТЭК)와 경제 부문 전반을 관장하게 된 것은 큰 의미가 있다.[33] 또한, 무임소부는 시민사회와 야권의 요구에 부응하여 메드베데프가 대통령 퇴임을 앞두고 추진한 '열린 정부'(Открытое правительство) 구상을 실현하기 위해 신설된 부서라는 것이 일반적 평가다. 따라서 이들의 입각은 이번 조각에서 메드베데프가 얻은 최대 성과 중 하나라 할 수 있다.

이와 함께, 수르코프와 티마코바(Наталья Тимакова - 총리 공보실장)의 내각 사무총장 및 사무부총장 임명도 주요 성과이다. 여러 러시아 매체의 보도에 따르면, 내각 사무총장 인선 과정에서 치열한 권력투쟁이 발생했고, 메드베데프가 푸틴에게 수르코프를 적극 추천, 이를 관철했다고 한다.[34] 이를 통해 메드베데프는 내각의 주요 회의 의제 선정과 의사일정을 관장하는 내각 사무국에서 기본적 입지를

32) Т. Становая, "Молодое и многоголосное правительство Медведева," http://www.politcom.ru/13878.html (검색일: 2012.05.22).
33) М. Захоров, "Правительство Медведева: дасць мододсжъ," http://www.polit.ru/article/2012/05/21/molodezh (검색일: 2012.05.22).
34) В. Соловьев, И. Граник, О. Сапожков, "Владислав Сурков у аппарата," *Коммерсантъ*, May. 15, 2012.

확보했다고 할 수 있다.[35]

그리고 메드베데프가 대통령 재임 시절부터 공언해왔던 신정부 내각의 세대교체와 인적 쇄신을 비록 외형적 수준에서나마 관철한 점은 정치인 메드베데프의 장래를 고려할 때 적잖은 의미가 있다.[36] 내각 핵심 인물들의 유임과 새로 임명된 주요 경제 부문 장관 대부분이 해당 부서의 차관 출신이라는 점을 고려할 때, 내각의 실질적 인적 쇄신을 논하기는 어렵다. 그러나 스크보르초바(보건부), 리바노프(교육·과학부), 소콜로프(교통부), 니키포로프(통신·매스컴부) 등 전문 영역에서 경력을 쌓아온 새 인물들이 상당수 입각했다는 점 역시 부인할 수 없는 사실이다. 앞선 장에서 살펴본 바와 같이, 실제로 내각 각료의 평균 연령이 대통령 행정실보다 6세 적은 젊은 관료들로 충원된 점도 이를 뒷받침하는 사례이다. 결국, 새 내각은 푸틴과 메드베데프의 입지가 타협적으로 반영된 '균형내각', '전문·실용내각'의 성격을 띤다고 할 수 있다.

세 번째 러시아 신정부 인적 구성의 특징은 '강한 대통령 행정실'과 '실무형 내각'의 조합이다. 앞서 살펴본 대통령 행정실과 내각의 인적구성을 종합해 볼 때, 행정권력의 양대 축인 두 기구의 세력관계는 대통령 행정실의 견고한 우위가 예상된다. 푸틴의 권좌 복귀로

35) 메드베데프는 입법자유화(либерализация законодательства)를 모토로 형사·행정법 개혁을 위해 국가두마 헌법위 위원장 플리긴(Владимир Плигин)을 법무부 장관으로 입각시키고자 한 것으로 보인다. 그러나 법무부 장관에 콘노발로프가 유임된 것으로 보아 이 시도는 실패한 것으로 판단된다.

36) 필자는 메드베데프가 푸틴과의 내각 인적구성 조율 과정에서 새 인물의 비율 증대와 평균연령 감소를 양보할 수 없는 카드로 간주했을 가능성이 크다고 생각한다. 만약, 메드베데프가 비록 표면적으로나마 자신이 공언해왔던 내각의 인적 쇄신과 세대교체 공약을 관철하지 못했다면, 이는 엘리트와 대중 양 수준에서의 상당한 입지 상실과 향후 정치적 운신의 폭 축소 등을 초래했을 것이기 때문이다.

권력의 무게 중심이 분명해진 가운데 그의 친위그룹이 장악한 대통령 행정실에 비해 타협형 구조의 메드베데프 내각은 상대적으로 왜소한 모습이다.

실제로, 7월 6일 대통령 행정실 구성에 관한 브리핑에서 이바노프는 내각에서 대통령 보좌관으로 자리를 옮긴 쇼골레프, 푸르센코 등 전임 장관들은 자신들이 내각에서 담당했던 역할을 대통령 행정실에서 그대로 수행할 것이라 언급했다. 또한, 행정실 내에 사회관계·소통국, 정보기술활용·전자민주주의발전국 등이 신설되었는데, 이는 내각의 열린정부관계부나 통신·매스컴부를 염두에 둔 행보라 할 수 있다. 앞선 장에서 언급한 대통령 행정실의 조직과 인원 확대도 이 같은 맥락에서 이뤄진 조치라 할 수 있다. 이와 함께, 구 내각 장관 출신 대통령 보좌관과 자문위원들에 대한 차관 출신의 새 내각 장관들의 종속 현상도 예상할 수 있겠다.

이 같은 모습은 옐친 정부 시기 형성된 초대통령제하에서의 이원적·이중적 정부 구조를 연상케 한다. 결론적으로, 푸틴 3기 동안 사실상 대통령 행정실에서 주요 정책결정이 이루어지고 내각은 단지 이의 실행을 위한 현안·실무를 담당하는 내각에 대한 대통령 행정실 우위 구조가 마련된 것으로 평가된다.

2. 내각 및 대통령 행정실 지도부 개편에 대한 평가와 시사점

제3장 3절에서 언급한 바와 같이, 2012년 5월 푸틴 3기 정부 출범 이후 현재까지 총 8차례의 지도부 개편이 발생했다. 이는 집권 초기 인사이동이 거의 없었던 푸틴 1~2기 정부와 메드베데프 정부와 비교할 때 이례적 현상이라고 할 수 있다. 특히, 2000년 푸틴 1기 정부 등장 이후 정착된 '수직적 권력구조'의 엄격한 위계하에서 대중적 영

역으로 좀처럼 드러나지 않았던 권력엘리트 내부의 알력과 불화 장면들이 여과 없이 밖으로 표출되는 경우도 적지 않았다. 통상 최고 권력자에 대한 구심력이 가장 강한 신정부 출범 초기에 이러한 인적자원 활용의 혼란상이 표면화됐다는 점은 여러모로 의미가 있다. 8차례의 지도부 개편 사례들을 종합하면서 다음과 같은 몇 가지 특징과 시사점을 간추려 볼 수 있겠다.

첫째, 일부 사례들은 푸틴 3기 권력엘리트 관리 메커니즘에 일정한 균열이 발생하고 있음을 시사하고 있다. 2012년 10월 경제발전부 장관 고보룬의 해임과 2013년 4월 부총리 겸 내각 사무총장 수르코프 해임은 각료회의에서 대통령이 공개적으로 실무 장관들을 질책하고, 해당 장관이 사의 표명으로 이에 대한 부당함을 표현함으로써 발생한 사태였다. 그동안 푸틴은 특정한 정치적 목적 달성을 위해 일부 각료에 대한 공개적 비판을 매우 효율적으로 활용해왔다. 이와 관련하여, 러시아 정치공학연구소 스타노바야(Татьяна Становая)는 정부 각료들 역시 이를 하나의 의식적 관례로 간주해왔을 뿐만 아니라, 심지어 일부 인사에게는 이러한 비판이 명예로운 일로 받아들여져 왔음을 지적한 바 있다.[37] 따라서 이 두 사례는 러시아 권력엘리트 내부의 불문율 또는 행동규범의 효력 상실 징후 가운데 하나로 평가할 수 있다. 더욱이, 푸틴은 러시아 권력 피라미드의 최고 정점에서 그동안 향유해왔던 조정자, 중재자로서의 압도적 권위 유지에 부분적으로 상처를 입은 것으로 판단된다.

둘째, 일부 사례는 현 통치세력의 인사정책에서 장기전략, 계획의 부재 상황을 웅변하고 있다. 국방부 장관 세르듀코프, 극동개발부

---

37) Т. Становая, "«Болезнь» Говоруна как признак болезни системы," http://slon.ru/russia/bolezn_govoruna_kak_priznak_bolezni_sistemy-840502.xhtml (검색일: 2012.10.18).

장관 겸 극동 연방관구 대통령전권대표 이샤예프의 해임이 대표적 예이다. 대통령 직속 5개 부처의 하나이자 '강대국 러시아의 부활'에서 핵심 기능을 수행해야 할 국방장관이 정권 출범 5개월 만에 경질되었고,[38] 푸틴 3기 정부의 우선 과제 중 하나인 극동·시베리아 개발을 책임졌던 장관 겸 연방주체 전권대표가 임기 초반에 해임되는 사태는 여러모로 심상치 않은 부정적 징후임이 분명하다. 해당 사례는 크레믈린이 6년 집권 기간의 장기적 전략과 정책을 갖고 있지 못할 뿐만 아니라 이를 추진할 인적 자원의 활용 계획도 효과적으로 수립하고 있지 못하고 있음을 보여주었다.

셋째, 신임 국방장관 임명 과정과 수르코프의 대통령 행정실 재복귀 사례 등은 현 통치세력의 취약한 인적자원 토대를 압축적으로 대변하고 있다. 푸틴은 세르듀코프의 해임으로 말미암은 신임 국방부 장관 인선 과정에서 쇼이구라는 가장 믿을 만한 카드를 꺼내 들었다. 쇼이구는 약 20년간 비상사태부라는 특수 부서를 이끌어 오다가 메드베데프 집권 말기 모스크바 주지사에 임명된 인물이었다. 주시사직 수행 6개월 만에 다시금 그를 국방부 장관으로 인선한 것은 뜻밖의 사건이었다. 더욱이 쇼이구의 신임 국방장관 임명은 모스크바 주 주민들의 반발, 주지사 보궐선거 시행에 대한 부담 등과 같은 상당한 부작용을 감수한 결정이었다. 실제로 쇼이구의 연방정부 재입성은 메드베데프 내각의 인적 쇄신 이미지를 흐리게 하는 결정이기도 했다.[39] 그리고 대통령 보좌관 나비울리나와 골리코바의 연

38) 장세호, "신정부 초기 인사정책, 무엇이 문제인가?," 『Russia & Russian Federation』, Vol. 3, No. 4 (서울: 한국외국어대학교 러시아연구소, 2012), pp.46 48. 참조.

39) 장세호, "'쇼이구'의 모스크바 주지사 임명배경과 정치적 함의," 『Russia & Russian Federation』, Vol. 3, No. 2 (서울: 한국외국어대학교 러시아연구소, 2012), pp.56-57. 참조.

방 중앙은행 총재 임명과 연방 회계원 원장 임명도 마찬가지 경우이다. 이 두 사람은 각각 직전 내각에서 경제발전부 장관과 보건·사회발전부 장관을 역임했으며, 신정부 출범 이후 대통령 행정실로 자리를 옮겨 보좌관직을 수행해왔던 인물들이다. 또한, 이들을 대체해 새로이 대통령 보좌관으로 인선된 인물은 다름 아닌 현 메드베데프 내각에서 경제발전부 장관직과 부총리직을 수행했던 벨로우소프와 수르코프였다. 다시 말해, 이들 사례는 일부 인사를 전가의 보도처럼 활용하는 현 통치세력의 인적 토대의 협소성을 여실히 보여주는 전형적인 예라 할 것이다.

넷째, 메드베데프의 입지 약화와 신정부의 보수적 정책기조 강화 경향이 두드러졌다. 신정부 출범과 함께 기존 양두체제 두 지도자 사이의 권력관계가 확연해졌다고는 하나, 여전히 메드베데프는 내각의 수장이자 여당의 당수로서 정책 변화와 엘리트 변동 측면에서 러시아의 미래를 결정하는 중요한 독립 변수 중 하나이다. 흥미를 끄는 점은 신정부 출범 당시 메드베데프가 가졌던 정치적 영향력이 시간이 지남에 따라 지속해서 축소되는 경향을 보여 왔다는 점이다.[40] 그리즐로프(Борис Грызлов)의 여당 '통합러시아' 잔류, 세친의 대통령 직속 동력연료발전위원회 책임비서 취임, 세르듀코프의 항명 사태, NGO법과 집시법 개정, 비방죄 재도입, 인터넷 블랙리스트제 도입 등 제6기 국가두마의 보수적 입법활동 등은 메드베데프의 한정된 입지를 보여주는 사례들이다. 특히 대통령 직속 동력연료발전위원회 책임비서 세친의 영향력이 증대되면서, 이른바 '실로비키' 그룹의 개혁 성향 엘리트 그룹에 대한 공세가 가속화됐다.[41] 그

40) Т. Становая, "Политические и кодровые потери Дмитрия Медведева," http://www.politcom.ru/14110.html (검색일: 2012.07.04).
41) 장세호, "메드베데프의 정치적 입지 약화, 어떻게 볼 것인가?," 『Russia &

결과, 메드베데프의 최측근 인사로 분류되는 드보르코비치와 아비조프의 영향력 감소가 두드러졌고, 현재 '현대화' 정책 및 '스콜코보' 프로젝트, '열린 정부' 구상 등이 정치·경제정책 의제로서의 기능을 상당 부분 상실한 상태이다. 정치적 거물 수르코프의 중도 퇴진도 이를 뒷받침하는 대표적 예이다. 이러한 메드베데프와 그의 측근들의 입지 약화는 푸틴 3기 정부가 '점진적 개혁' 노선보다는 '현상유지' 노선을 추구하고 있음을 여실히 보여주고 있다. 결국, 체제 내 개혁세력을 대표하는 메드베데프가 자신의 정치적 입지 강화를 위한 반전의 기회를 마련하는 것이 현재로서는 쉽지 않으리라고 판단된다.

외형적으로 신정부는 작년 12월 총선 이후 조성된 정국 혼란을 효과적으로 극복하고 연착륙에 성공한 듯 보인다. 그러나 앞서 언급한 일련의 인적 구성 및 지도부 개편의 특징들은 푸틴 3기 정부가 내적으로 매우 불안정한 상황에 놓여 있음을 역설적으로 보여주는 사례라 할 수 있다.

V. 결론

푸틴 3기 행정부 임명직 고위 관료의 사회적 배경을 분석한 결과, 첫째, 남성의 비율이 압도적으로 높았다. 이는 여전히 러시아에서 여성의 고위 임명직 진출이 쉽지 않다는 점을 여실히 보여주는 결과였다. 둘째, 모스크바, 중앙 연방관구 출신 인사들이 가장 높은

Russian Federation』, Vol. 4, No. 1 (서울: 한국외국어대학교 러시아연구소, 2013), pp.57-63. 참조.

비율을 차지했다. 행정부 고위 관료의 충원이 특정 지역에 집중되어 있음을 입증하는 결과였다. 또한, 해외 지역 출신 인사들의 비율도 높았는데, 이는 소련 해체와 신 러시아연방 출범이라는 역사적 격변으로부터 기인한 한시적 현상으로 분석된다. 이들의 비율은 추후 꾸준한 감소 경향을 보일 것으로 전망된다. 셋째, 내각 및 대통령 행정실 고위 관료 대부분은 자국 교육기관 출신으로, 이들 중 박사 학위자의 비율이 매우 높았다. 이러한 결과는 석·박사 통합과정을 운용해온 러시아 교육체계의 특수성으로 말미암은 것으로 판단되며, 고학력자의 고위 공직 진출이 상대적으로 용이하다는 점을 보여주었다. 넷째, 최종학위를 기준으로 사회과학 전공자의 비율이 전체의 2/3 이상을 차지했으며, 세부전공별로는 법학 전공자의 비율이 가장 높았고, 출신대학별로는 모스크바국립대학(МГУ) 졸업자가 가장 많았다. 다섯째, 기업가, 교수(연구원), 정치(행정)가 출신이 다른 직업군과 비교하여 상대적 우위를 점하는 것으로 나타났다. 더불어, '실로비키'의 비율은 대통령 행정실이 내각에 비해 다소 높게 나타났다. 여섯째, 푸틴 3기 행정부 고위 관료의 평균 연령은 52세였으며, 50대와 40대가 주축을 이뤘다. 특히 내각 고위 관료의 평균 연령이 대통령 행정실보다 6세 낮았는데, 이러한 결과는 내각이 상대적으로 젊은 관료들로 충원되었음을 입증해주었다.

2012년 5월부터 7월까지의 푸틴 3기 행정부 내각 및 대통령 행정실 인적 구성을 종합적으로 분석한 결과 도출된 주요 특징과 함의는 다음과 같다. 첫째, '푸틴의 친정체제' 구축이다. 실제로 대통령 행정실 지도부가 푸틴의 최측근 그룹으로 구성된 것을 비롯해 내각의 핵심 요직에도 푸틴계가 상당수 배치된 것을 확인할 수 있었다. 둘째, 메드베데프의 지분이 반영된 '균형내각', '전문·실용내각'의 구성이다. 메드베데프는 대통령 재임 시절부터 공언해왔던 선정부 내각의 세대교체와 인적 쇄신을 외형적 수준에서나마 관철했고, 조각 과정에서 측근 그룹을 입각시키는 등 일정 정도의 지분을 확보한 것으로 판단된다. 셋째, '강한 대통령 행정실'과 '실무형 내각'의 조합이다. 푸틴의 권좌 복귀로 권력의 무게 중심이 분명해진 가운데 내각에 대한 대통령 행정실의 우위 구조 확립이 눈에 띈다. 푸틴 3기 동안 사실상 대통령 행정실에서 주요 정책결정이 이루어지고 내각은 단지 이의 실행을 위한 현안·실무를 담당할 것으로 예상된다.

집권 초기 인사이동이 거의 없었던 푸틴 1~2기 정부와 메드베데프 정부와 달리 푸틴 3기 정부는 현재까지 총 8차례의 지도부 개편을 단행했으며, 이를 평가하며 도출된 특징과 함의는 다음과 같다. 첫째, 고보룬, 수르코프 해임 등의 사례들은 푸틴 3기 권력엘리트 관리 메커니즘에 일정한 균열이 발생하고 있음을 시사하고 있다. 일부 고위 관료들이 러시아 권력엘리트 내부에서 통용되어오던 불문율과 행동규범을 어기며 공개적으로 푸틴의 질책에 항의하며 사의를 표명한 것은 분명 예사롭지 않은 이례적 현상이라 할 수 있다. 둘째, 세르듀코프, 이샤예프 해임 등의 사례는 인사정책에서 장기전략·계획의 부재 상황을 웅변하고 있다. 푸틴 3기 정부 국가·국정운영 전략의 핵심을 담당하는 부서의 장관들이 정부 출범 초기 부정부패 및 직무수행상의 무능을 이유로 해임된 것이다. 이는 크레믈린이 6년 집권 기간의 장기적 전략과 정책을 갖고 있지 못할 뿐만 아니라, 이를 추진할 인적 자원의 활용 계획도 효과적으로 수립하고 있지 못하고 있음을 여실히 보여주었다. 셋째, 신임 국방장관 임명 과정과 수르코프의 대통령 행정실 재복귀 사례 등은 현 통치세력의 취약한 인적자원 토대를 압축적으로 대변하고 있다. 이들 사례는 일부 인사를 전가의 보도처럼 활용하는 현 통치세력의 인적 토대의 협소성과 난맥상을 여실히 보여주는 전형적인 예라 할 수 있다. 넷째, 메드베데프의 입지 약화와 신정부의 보수적 정책기조 강화 경향이 두드러졌다. 신정부 출범 당시 메드베데프가 가졌던 정치적 영향력은 시간이 지남에 따라 지속해서 축소되는 경향을 보여왔다. 그 결과, 현재 '현대화', '스콜코보', '열린 정부' 구상 등은 신정부 정치·경제정책 의제로서의 기능을 상당 부분 상실한 상태이다.

결론적으로, 푸틴 3기 내각 및 대통령 행정실 인적 구성은 '개혁'보다는 '안정'에 방점을 두고 향후 6년간의 안정적 국정운영을 위한 권력구조 수립을 목적으로 이뤄진 조치로 총평할 수 있겠다. 특히, 메드베데프와 그의 측근들의 입지가 신정부 출범 이후 현재까지 지속해서 축소되고 있는 데, 이는 푸틴 3기 정부가 '점진적 개혁' 노선보다는 '현상유지' 노선을 추구하고 있음을 보여주는 사례이다. 러시아가 처한 내외의 위기상황을 고려할 때, 푸틴 정부의 '선 안정, 후 개혁'을 위한 권력구조 수립 구도가 이해되지 않는 것은 아니다. 그러나 시대와 대중의 간절한 변화에 대한 요구를 적절히 담아내지 못한 푸틴 3기 정부의 인적 구성은 여러모로 기대에 미치지 못한 것으로 판단된다. 어쩌면 푸틴 3기 러시아는 새로운 시대적 요구에 대한 근본적 처방을 내놓기보다 자신에게 너무도 익숙한 수직적 권력구조와 억압적 통치방식을 취하고 있는지도 모른다.

II

셰일혁명과 미·러의 에너지 패권갈등

II. 셰일혁명과 미·러의 에너지 패권갈등*

김선래(한국외대)

I. 들어가면서

셰일혁명이란 미국에 의해 개발 생산된 셰일가스와 셰일오일의 위력을 한 단어로 함축한 표현이다. 2013년 신년 벽두부터 셰일가스는[1] 전 세계적으로 에너지 분야 최고 뉴스메이커로 등장하였다. 2012년 들어오면서 셰일가스에 막대한 투기자금이 유입되면서 그 생산량이 폭증하여 가스 에너지 시장가격에 커다란 영향을 미쳤다. 셰일가스와 셰일오일 생산으로 인하여 세계적 에너지 수요국인 미국이 앞으로 에너지 수출국으로 전환되는 것은 시간문제이다. 2012년 러시아를 제치고 미국이 최대 가스 생산국으로 떠올랐음은 물론이고 미국 내 가스가격 또한 폭락하여 전반적으로 세계 에너지 시장에 커다란 반향을 불러일으키고 있다. 셰일가스 생산으로 국제 천연가스 시장이 크게 변화하였듯이 2014년 이후에는 같은 유정에서 나오는 셰일오일 생산으로 국제유가에 크게 영향을 미쳐 유가 하

---

* 이 글은 2014년 3월 28일 한양대학교에서 한국유럽학회, 한국외대 러시아연구소, 한양대 SSK사업팀, 한국외대 EU연구소가 공동개최한 춘계공동학술대회에서 발표한 글을 수정 보완하였음.

1) 셰일가스의 구성성분은 메탄 70-90%, 에탄 5%, 콘덴세이트 5-25% 로 구성되어 있으며 천연가스와 거의 같은 화학적 성질을 가지고 있다.

락에 영향을 미쳤다. 국제유가가 2014년 6월 115$/1배럴에서 2015년 1월 중순 49$/1배럴로 60% 가까이 폭락하였다. 거기다가 2014년 11월 27일 OPEC가 감산을 거부하여 가뜩이나 셰일혁명으로 인한 유가 하락에 더 영향을 미쳐 유가 폭락을 이끌었다. 셰일혁명으로 인하여 유럽과 동유럽 에너지 시장뿐 아니라 포스트소비에트 지역에 대한 러시아의 전통적인 외교적 영향력도 축소되고 있다. 더욱이 러시아 재정수입의 50%가 석유 가스에너지 수출에서 발생하는 세금이기에, 국제 가스 가격과 석유가격의 하락은 러시아 국가재정에 커다란 타격을 가져왔다. 셰일가스와 같은 비전통적 에너지 개발이 국제관계에서 전통적 에너지 생산국인 러시아 영향력을 줄어들게 하는 등 세계 에너지 패러다임을 변화시키고 있다. 2014년 하반기 세계 에너지 시장의 변화 특히, 석유 가격의 급격한 하락으로 인하여 러시아가 가장 큰 타격을 받고 있다. 셰일가스와 함께 생산되는 셰일오일의 생산급증이 국제유가 급락의 주요한 원인 중 하나이다. 셰일혁명과 셰일오일 생산으로 인하여 세계에너지 시장에서 유가와 가스 가격을 결정하는 주요 행위자로 미국이 등장한 것이다. 셰일오일과 셰일가스를 생산하는 미국발 셰일혁명은 기존 국제 에너지시장을 지배하고 있던 중동과 러시아라는 양대체제를 미국-중동-러시아 삼각체제로 전환하게 하였다. 이러한 신국제에너지질서의 등장은 단순히 에너지 시장의 변화로 국한되는 것이 아니라 외교적 영향력과 세계패권지도에도 영향을 미친다. 이 연구는 이 같은 셰일혁명의 파고에 러시아가 어떠한 영향을 받고 있으며 이러한 영향에 대하여 러시아가 어떻게 대응하는지를 연구하고자 한다.

러시아는 재정악화가 정치적 변곡점을 유발하게 된다는 점을 소련붕괴와 옐친 시기 모라토리엄으로 이미 경험하였다. 신국제에너지 질서의 등장은 유럽시장에서 그 영향이 나타나고 있다. 서유럽에서의 가스 에너지 시장의 축소와 동유럽에서의 각축, 러시아는 이러한 외부의 변화에 대응하여 그 충격을 완화하려는 여러 가지 대안을 추진하고 있다. 본 논고 2장에서는 세계 에너지 시장과 에너지 안보에 대한 선행연구와 연구방법론을 살펴본다. 러시아의 대외정책 중 가스 석유 에너지를 이용하여 근외 국가들과 동유럽 국가들에 대한 점성권력을 유지하려는 정향이 있다. 세계 에너지 패권질서에서 러시아의 영향력 약화를 추진하는 미국의 정책을 셰일혁명 과정에서 구체적으로 설명하고 있다. 이를 위하여 에너지 안보와 에너지 영향력에 대한 선행연구를 살펴본다. 3장에서 미국발 셰일혁명과 그 파생 효과를, 러시아의 에너지 독점 공급권을 이용한 압력으로부터 동유럽과 유럽이 에너지 자주권을 지키려는 행위와 유럽 내 셰일가스 개발현황을 살펴본다. 4장은 셰일혁명의 여파로 발생한 세계 에너지 시장 지형 변화에 대비하는 러시아의 대응방법을 기술하였다. 셰일혁명으로 인하여 러시아의 동유럽 에너지 시장 지배 구조에 근본적인 균열이 발생하고 있으며, 러시아가 이러한 유럽시장의 손실을 대치하기 위하여 아시아 에너지 시장을 개척하는 노력을 구체적으로 살펴본다. 결론에서 미국이 추구하는 셰일혁명 전략은 세계 에너지 시장에 있어 러시아의 패권적 지위를 약화하고 미국의 국가이익을 강화하는 것이 목적이라는 점과 2015년 이후에도 새로운 국제 에너지 질서 형성과정에서 미국과 러시아의 갈등이 더욱 심해지리라는 것을 언급하고자 한다.

II. 분석 방법과 선행연구

석유·가스 에너지 문제는 2003년 고유가 현상 이래 한정된 에너지 자원의 문제, 안전한 수송로 확보, 그리고 공급의 안정성 문제가 제기되면서 단순히 에너지 정책이라는 용어를 넘어서 에너지 안보라는 개념으로 확대되었다. 에너지 공급의 주도권을 가지고 있는 국가들은 이러한 에너지 자원을 정치 무기화하여 국제 사회나 국제 질서에서 영향력을 행사하고 있다. 전통적인 석유·가스 에너지 공급 양대 강자인 러시아와 중동국가들도 에너지 공급권을 놓고 국제정치질서에 정치·경제적 영향력을 행사하려는 에너지 안보전략을 행사하고 있다. 에너지 안보의 가장 중요한 국제정치적 요인은 첫째: 에너지 생산지와 매장지가 지역적으로 편중되어 그 공급 국가들이 독점적 지위에 있다는 점이다. 이로 인하여 에너지 수급의 불균형이 발생하는 것이 가장 중요한 요인이다.[2)] 둘째: 공급 과정의 안전과 적정한 물량의 안정적인 공급이다. 공급지로부터의 안정적인 물량의 확보와 안전한 수송은 국제정치적으로 매우 중요한 에너지 안보개념이다.[3)] 안전한 공급 및 수송이 군사 안보적 성격을 지니고 있다는 인식은 에너지 공급과정에서 발생할 수 있는 테러와 공격에 대비하는 정치적 군사적 비용증대 등과 같은 공급 안정성 확보 과정에서 나타난다.[4)]

셰일혁명으로 인하여 동유럽과 포스트소비에트를 포함하는 근외 지역에서 러시아 국가이익이 침해당하고 있다. 러시아가 근외 지

---

2) 남궁영. "에너지 안보: 중국의 전략에 대한 분석." 『국제정치연구』, 제10집 1호(대구: 동아시아국제정치학회, 2007). p. 253.
3) 헤르만 셰어 지음. 배진아 옮김, 『에너지 주권』 (서울: 고즈윈. 2005). p. 65.
4) 위의 글 남궁영(2007). p. 247.

역에서 석유·가스 에너지를 지렛대로 행사하는 영향력을 점성권력으로 표현할 수 있다. 조세프 나이(Joseph S. Nye)에 의하면 한 국가가 다른 국가에 영향을 미치는 국력을 연성권력과 경성권력으로 구분하여 설명하고 있다.[5] Nye의 연성권력 개념에 바탕을 두고 Mead(Walter Russell Mead)는 일단 경험을 하게 되면 중독성이 있어 벗어나기 힘든 매력적인 힘을 점성권력(sticky power) 이라 정의하고 있다.[6] 점성권력은 상대방에 대하여 직접적인 힘을 투사하는 방식이 아니라 상대국을 유인하는 간접적인 힘을 사용한다는 점에서 연성권력과 비슷하지만, 상대국의 자율성을 전제로 하고 있다는 점에서 구별된다. 자원 강대국들이 자원을 매개로 주변국에 영향력을 행사하기에, 에너지 소비국들은 국가 산업에 필수불가결한 에너지 자원을 확보하기 위하여 국제질서에서 에너지 자원 공급국과 종속적인 관계가 설정된다. 대표적인 에너지 자원 공급국들이 미국과 러시아 그리고 중동국가들이다. 이 중 러시아는 푸틴 주의[7]를 대외정책 방향으로 설정하고 세계적 강대국과 포스트소비에트 공간과 동유럽 지역에서 지역맹주로서 부활하려는 움직임을 보이고 있다. 푸틴 이후 러시아의 에너지 자원의 무기화는 러시아 에너지 전략 2030에도 나타나 있다. 에너지 전략 2030에서 푸틴정부는 에너지 자원을 경제발전과 대외적인 정치·외교 지렛대로 활용하려는 내용이 담겨 있다.[8] 대 EU 에너지 공급국인 러시아는 에너지를 필요로 하는 EU

---

5) Joseph S. Nye, Jr., "Power in the Global Information Age: From Realism to Globalization",(Routledge: New York, 2004), p.7.

6) W. R. Mead, "America's Sticky Power," Foreign Policy, (March/April 2004), p.48.

7) 푸틴주의란 강한 러시아를 주창하고 러시아의 국가성과 국가안보, 국제적 위상을 강화하는 정책을 말함. 정치적 정향으로는 중앙집권적 연성권위 체제를 띠고 있다.

8) 러시아는 에너지 자원을 근외 외교정책의 지렛대로 사용하고 있으며, 안정적

와의 관계에서 자연적으로 점성권력 관계를 형성하였다. 이러한 점성권력관계가 러시아 공급 종속력이 심한 동유럽의 경우, 때에 따라서는 경성권력으로 돌변하기도 한다. 2005년 말부터 이어진 우크라이나 가스공급을 놓고 벌여온 갈등은 점성권력이 어떻게 경성권력으로 비화하는 가를 보여주는 대표적 사례일 것이다. 특히, 2014년 봄에 발생한 우크라이나 동남부 지역의 내전과 러시아에 의한 전격적인 크림반도의 병합도 러시아의 대 우크라이나 점성권력이 경성권력으로 비화한 대표적 사건이다. 러시아 점성권력의 맥을 끊고 동유럽지역이 에너지 안보 차원에서 에너지 주권국가로 발돋움하는데 미국발 셰일혁명이 중요한 역할을 하고 있다. 동유럽지역에 넓게 골고루 매장된 셰일가스는 이러한 에너지 공급국의 일방적인 권력구조를 뒤흔들 수 있는 결정적 모멘텀을 형성하여, 공급자와 수요자의 위치를 일시에 뒤바꾸는 혁명적 현상을 보여주고 있다. 러시아가 동유럽과 포스트소비에트 공간을 포함한 러시아 근외 지역에서 석유·가스 에너지 공급권을 놓고 점성권력을 유지하고 있을 때, 미국발 셰일혁명은 이러한 러시아의 점성권력을 뒤흔드는 파괴력으로 접근하였다. 동유럽국가들에 매장되어 있는 셰일가스는 최소한 4~5년은 지나야 본격적인 개발이 가능하다. 그러나 미국발 셰일혁명의 여파는 2012년 이후 유럽지역을 강타하고 그 여파로 동유럽지역 특히 우크라이나에도 큰 영향을 미치었다. 2014년 이후 우크라이나를 두고 미국과 러시아가 첨예한 갈등 양상을 보이고 있다.

셰일혁명과 유럽에서의 셰일가스혁명의 여파, 그리고 러시아의 대 셰일 에너지 정책에 대한 선행연구는 셰일혁명이 본격적으로 에너

인 경제성장과 국민의 삶의 질을 개선하고 국제무대에서의 입지를 강화하기 위해서 2009년 11월에 "러시아 연방에너지 전략 2030"을 승인해 2030년까지 총 2조 8천억 달러의 투자 계획을 세웠다.

지 수급구조에 영향을 미친 지 이제 2~3년 밖에 안 되어 아직은 그 연구가 몇몇 학자에 한정되어 있다. 유럽과 동유럽 지역의 셰일혁명 여파에 따른 셰일 가스 개발과 환경적 논쟁이 2014년에 몇몇 지역 전문가에 의하여 논문으로 언급되었다. 국내에서 러시아 셰일오일과 셰일가스에 대한 전문적인 자료는 대외경제정책연구원이나 삼성경제연구소 등 일부 연구소에서 정리되어 나오고 있으나 이에 대한 논문은 아직 없는 실정이다. 셰일혁명 이전에 러시아의 대 동유럽 지역 특히, EU에 대한 러시아의 에너지 안보전략에 대하여 한국외대 글로벌 정치연구원 박영민 박사는 러시아의 세계질서 추구 노선이 미국중심의 일극 체제에서 다극화나 다자주의를 외교노선으로 정하고 푸틴의 강대국 러시아를 추진하고 있다고 보았다. 그는 논문에서 러시아가 석유 및 가스자원을 유용한 안보전략의 수단으로 활용하면서 근외 지역과 EU에 영향력을 행사하고 있다고 보고 있다. 분석을 통하여 러시아의 강대국으로 재부상이나 지역 강대국 지위 확보라는 내용이 에너지 안보전략에 내재되어 있다고 지적하였다.[9] 셰일가스와 유럽연합과의 관계는 한국외대 김웅운 교수의 셰일가스 논쟁에 대한 유럽연합의 입장이라는 논문에서 셰일가스의 개발은 유럽 국가들에 있어 안정적인 에너지 수급 확보와 국제적 환경규제대응, 산업발전의 해결책이 될 수 있을 뿐 아니라 셰일가스의 등장이 세계에너지 시장과 가격에 심대한 영향을 미칠 게임 체인저 라는 점에서 유럽의 셰일가스 생산여부와 관계없이 유럽의 에너지 안보에 심대한 영향을 끼칠 것이 자명하다고 보았다. 유럽 내 셰일가스 개발을 본격적으로 추진하기까지 많은 난관이 있으나, 앞으로

9) 박영민. "러시아 에너지 안보 전략의 성격연구: 유럽 및 동북아에서의 균형전략 투사를 중심으로."『서석사회과학논총』, 제2집 1호(통권 제3호)(광주: 조선대학교 사회과학연구원), 2009. p. 107.

미국으로부터 수입하는 셰일가스는 향후 수년간 유럽에 장기적이고 안정적인 에너지 공급원이 될 것이고, 세계 가스 에너지 가격의 하락을 유도할 것으로 보고 있다.[10] EU연구 2014년 특집호: 유럽의 에너지 정책과 셰일가스 개발 논쟁에서 프랑스나 독일과 같은 서유럽과는 달리 영국은 셰일가스 개발에 적극적이며, 영국정부는 각종 세제혜택과 지원을 하고 있다고 한국외대 이선필 박사가 피력하고 있다. 한양대 김태수 박사는 셰일가스에 대한 정책과 논쟁에서 러시아의 에너지 종속정도가 심한 동유럽 국가들은 셰일가스 개발에서 발생하는 환경적 유해 논쟁보다도 러시아의 영향력에서 벗어나는 전략적 이익이 훨씬 크기 때문에 개발에 총력을 기울이고 있다고 보고 있다. 동유럽 국가들의 전략적 위치와는 달리 프랑스와 독일의 셰일가스 개발은 그 환경적 가치를 우위에 두었기에 당분간 개발이 어려울 것이라고 설명하고 있다. 한국외대 김철민 교수는 동유럽 셰일가스 현황과 전략: 폴란드, 루마니아를 사례로라는 논문에서 이들 국가가 셰일가스의 환경적 유해 논의를 접고 개발에 총력을 기울이는 이유는 경제적 요인도 있지만 러시아로부터 에너지 안보를 확보하는 것이 중요하다고 기술하고 있다.[11] 동유럽국가 중 가장 적극적이고 전략적으로 셰일가스 개발에 접근하였던 우크라이나 같은 경우는 러시아의 가스 에너지를 도구로 한 점성권력의 영향권에서 벗어나려고 에너지 독립을 추구하였으나 결국 국제적인 미·러의 대립과 갈등 속에서 내전에 휩싸였다.

---

10) 김웅운. "셰일가스 논쟁에 대한 유럽연합의 입장." 『EU연구』, 특집호. (서울: 한국외대 EU연구소. 2014). p. 4.

11) 김철민. "동유럽 셰일가스 현황과 전략: 폴란드 루마니아를 사례로." 『EU연구』, 특집호 (서울: 한국외대 EU연구소), 2014. pp. 115-117.

III. 미국발 셰일혁명이 유럽 에너지 시장에 미치는 영향

1. 미국발 셰일혁명과 세계에너지 시장의 변화

셰일가스의 가장 큰 장점은 매장지가 전 세계적으로 고르게 분포되어 있다는 점이다. 2010년 기준으로 확인된 매장량만 전 세계가 60년 간 쓸 수 있는 양이고 잠재 매장량을 합하면 200년 간 사용할 수 있는 규모이다. 전통적 가스는 주로 러시아와 중동에 매장되어 있는 데 반하여 [표 1]에 보듯이 셰일가스는 중국, 북미, 유럽 등 다양하게 매장되어 있어 에너지 수급 안정에 기여 한다. 이는 몇몇 국

[표 1] 전통가스와 셰일가스 지역별 매장량 분포(2010년 단위: 조㎥)

지역		전통가스(비중)	셰일가스(비중)
유럽	폴란드	0.16(0.088%)	5.30(2.8%)
	우크라이나	1.10(0.590%)	1.19(0.6%)
	영국	0.25(0.136%)	0.57(0.3%)
	프랑스	0.01(0.003%)	5.10(2.7%)
	독일	0.18(0.094%)	0.23(0.1%)
북미	미국	7.72(4.124%)	24.41(13.0%)
	캐나다	1.76(0.938%)	10.99(5.9%)
중남미	아르헨티나	0.38(0.203%)	21.92(11.7%)
	멕시코	0.34(0.182%)	19.28(10.3%)
아프리카	남아공	-	13.73(7.3%)
	알제리	4.50(2.406%)	6.54(3.5%)
중국		3.03(1.619%)	36.10(19.3%)
호주		3.11(1.665%)	11.21(6.0%)
총 매장량		187.1(100%)	187.5(100%)

* 전통가스는 전 세계 매장량을 기준으로, 셰일가스는 러시아와 중동국가를 제외한 34개국 매장량을 기준 자료를 필자가 일부 발췌하여 재구성하였음.: 미국 에너지정보청, 2011)

가에 의하여 독점적 수급구조를 지니고 있던 기존의 에너지 패러다임이 획기적으로 바뀌는 가장 큰 원인으로 작용한다. 셰일가스의 본격적인 채굴은 글로벌 에너지시장에서 폭발적이고 엄청난 변화를 발생시켰다. 셰일가스가 매장된 중국, 미국, 아르헨티나, 멕시코, 남아프리카는 앞으로 에너지 공급의 전통적인 지정학적 판도를 뒤엎을 것이다.

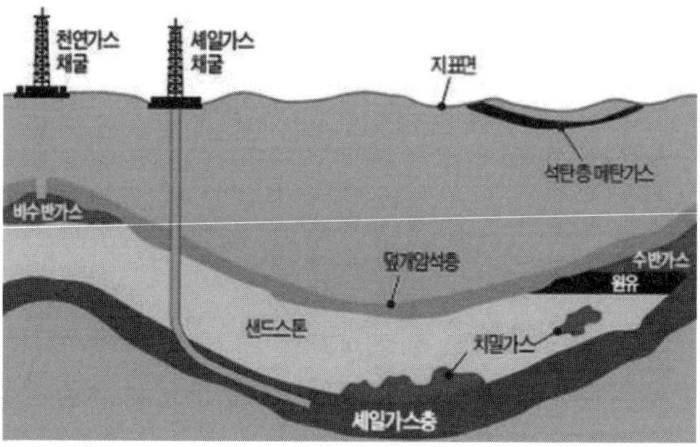

[그림 1] 셰일가스 개념도[12)]

1800년대부터 알려졌었던 셰일가스 개발이 2000년대 들어오면서 기술의 획기적 진보로 인하여 적은 비용으로도 채굴이 가능해졌다. 99.7%의 물과 모래에 약간의 화학 물질을 혼합하여 고압으로 분사하여 셰일가스를 뽑아내는 신기술로 인하여 최근 3~4년 사이에 막대한 셰일가스를 생산하고 있다.[13)] 수압파쇄기법이 개발 도입

12) http://www.ng.ru/energy/2011-01-11/12_revolution.html(검색일:2013.8.20)

13) 기존의 전연가스가 수직 시추법으로 채굴하는 것과 달리 셰일은 수평 시추법을 사용한다. 이를 수평정 시추법(horizontal/directional well drilling)이라 하며 수압파쇄기법(hydraulic fracturing treatment)을 동시에 사용하여 본격적인 생산이 가능해 졌다. 수평정 시추기술이란 지표에서 수직으로 시추해 들

되어 확산된 것은 불과 6년 전 이지만 2012년 미국의 천연가스 가격은 2008년보다 1/4 가까이 떨어졌다.[14)] 셰일가스 정에서 생산되는 석유의 비중도 늘어나 미국 내 석유생산량의 72%는 유정에서 28%는 가스 정에서 생산되고 있다. 2011년 사분기 이후부터 천연가스 가격이 하락하여 석유제품 함량이 높은 가스 정을 중심으로 채굴이 이루어져 가스 정 기반 석유의 생산량이 증가하였다. 이러한 변화로 [표 2]에서 보듯이 미국이 해외로부터 도입하는 석유 비중도 2012년 45% 가까이 줄어들었다.

[표 2]미국의 셰일혁명으로 인한 셰일오일 증가[15)]

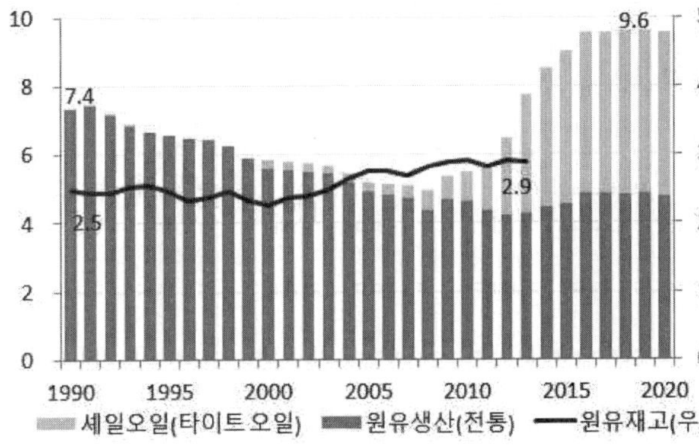

어가 가스 저장층인 셰일층에서 수평으로 파이프를 연장하면서 시추하는 방식이다. 수압파쇄기법은 원통형 시추파이프 둘레에 구멍이 있어 그 구멍을 통하여 물과 모래 그리고 약간의 화학물질을 석은 유체를 강한 압력으로 분사하여 셰일 암석층에 잔 균열을 발생시키는 방법이다.

14) 셰일가스개발에 신 시추기술이 도입되어 가스개발단가가 2007년 73$/1,000㎥에서 2010년 31$/1,000㎥로 하락하였다. 이는 천연가스 개발 46달러보다 15달러나 더 낮은 가격이다.

15) http://www.hani.co.kr/arti/international/globaleconomy/589433.html '에너지 지형 바꾸는 미 셰일석유'(검색일:2014.1.20)

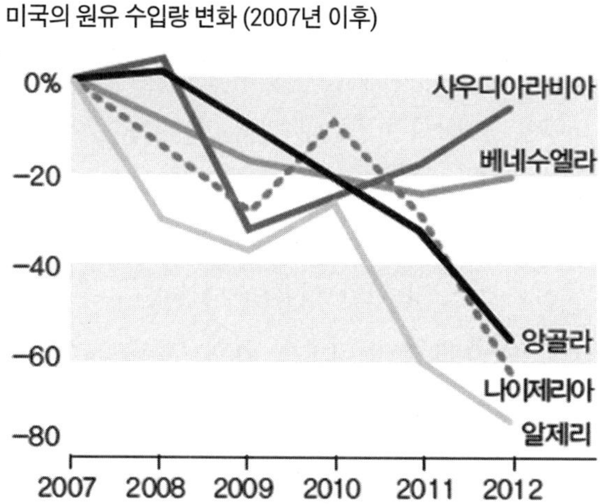

최근 미국은 전력생산에 있어 천연가스 사용 비중을 확대하고 있다. 2011년 대비 천연가스 사용 비중은 20.4%에서 2012년 9월 32.3%까지 상승하였다. 이는 기존의 석탄을 주 에너지원으로 사용하던 화력발전이 가스로 전환되었다는 것을 의미한다. 이러한 영향으로 미국의 석탄 수입이 급격히 줄어들었으며 덩달아 석유의 수입도 줄어들기 시작하였다. 미국이 기존의 화력발전에 사용하던 석탄을 가스로 전환하면서 자체 채굴하여 남는 석탄을 수출하기 시작하였다.[16] 셰일가스로 인하여 미국이 에너지 수입국에서 수출국으로 전환된 것이다. 이와 같이 가스에서 석탄으로 연쇄적으로 발생하는 에너지 수급구조로 인하여 세계 에너지 수출입시장에도 그 영향을 미쳐, 세계 에너지 시장의 가격구조와 수급구조가 흔들리는

16) "Gazprom reduces price of gas to Poland"(2012), Financial Times. (11. 6) 전통적인 석탄 수출국은 호주, 인도네시아, 중국 이었지만 미국이 세계 7대 석탄 수출국으로 성장하였다. 2011년 미국의 석탄 수출은 1억 톤으로 전년 대비 31% 증가하였다.

상황이 발생하였다.[17] 앞으로 셰일혁명과정에서 주요한 포인트는 2016년 가을로 예정된 미국 정부의 본격적인 천연가스 수출추진과 현재 차분히 진행 중인 중국의 셰일가스 개발이다.[18] 셰일가스 개발에 있어 환경문제를 극복할 수 있는 채굴기술 향상이 전제된다면, 그 영향은 글로벌 에너지 시장 전체를 뒤흔들만한 혁명적 위력을 발휘할 것이다. 천연가스 수출 허가여부에 대하여 미국 정부의 입장은 적극적이다. 셰일가스의 무분별한 개발과 채굴 그리고 셰일혁명의 전략적 접근을 위하여 그 채굴량과 속도를 조절할 필요가 있어 보인다. 셰일 거품이 가라앉을 즈음에 미국의 대외 수출 로드맵이 그려질 것이고 그에 따라 글로벌 에너지 시장이 요동칠 것이다. 국내에서 잉여 셰일가스의 해외 판매에 대하여 팽팽하게 대립되어 있으나 LNG공장의 건설과 천연가스를 경유로 전환하는 석유화학 플랜트건설이 단계적으로 이루어진다면 셰일가스의 열풍은 그 과실을 맺게 될 것이다.[19] 미국이 셰일가스를 글로벌 에너지시장에 공급한다고 하더라도 현재 유통되고 있는 LNG가격보다는 아주 저렴하게 판매하지는 않으리라고 보인다. 미국은 Henry Hub에서 결정되는 가격으로 한국을 포함한 외국에 가스를 수출할 것이다. 그렇다고 할지언정 기존의 시장에 새로운 물량이 공급되고 공급자 위주의

---

17) http://www.gnetimes.co.kr/news/articleView.html?idxno=22610 '삼성연 셰일혁명에 러시아 흔들흔들'(검색일:2014.1.20)

18) 한국가스공사 경영연구소에 의하면 현재 북미지역에서 LNG 수출을 승인하거나 진행 중인 프로젝트는 총 15(미국 12, 캐나다 3)개이다. (Kitimat, B C LNG)

19) 북미 LNG 프로젝트들이 중단기적으로 국제 LNG 시장에 미치는 영향이 크지 않을 것이다. 그 이유로는 LNG 플랜트건설에 상당한 기간이 필요하다는 점이다. 사빈 패스 LNG 프로젝트의 경우를 보더라도 실제 생산이 되려면 2016년 이후에나 가능하다. 미국의 입장에서 미국 내 가스 가격의 완급을 조절하기 위하여 수출 물량을 조절할 것이다.

시장이 소비자 중심으로 전환되는 것만으로도 혁명적 영향력이다.

미국 정부는 셰일가스로 인하여 2035년까지 고용창출 160만 명, 투자확대 재정수입 572억 달러의 경제적 효과가 나타날 것으로 예측하고 있다. 2012년 미국의 셰일가스 가격은 mmBtu[20] 당 2~3달러대로 추락한 이후 2015년 4월까지 그 가격이 4~5달러대 박스권을 형성하고 있다.

셰일가스 채굴에 있어 발생하는 환경문제로 인하여 각 국가가 본격적인 개발에 주저하고 있는 처지다. 기존의 물과 모래와 화학약품을 섞어 사용하는 방식은 환경파괴로 이어져 프랑스의 경우 2011년 7월 이후 셰일가스 개발을 금지하고 있다.[21] 미국보다 1.5배 정도 세계 최대 셰일가스 매장량을 지니고 있는 중국은 환경문제와 수자원 부족문제, 그리고 수송과 저장 인프라 구축에 들어가는 비용 문제로 인하여 셰일가스 개발이 시기상조이며 크게 실효성이 없다고 보고 있다. 2012년 들어 미국 내 가스 가격의 폭락과 셰일가스 투기광풍으로 인한 버블을 경계하는 목소리가 높아지는 상황에서 중국 입장에서는 셰일가스 시장에 대하여 낙관적인 견해를 가질 수 없다는 것이다. 중국의 셰일가스 채굴비용은 6~8달러 수준으로 미국보다는 채굴비용이 높아 경제성이 떨어지는 것으로 파악된다. 그러나 이러한 중국도 2013년 석탄사용으로 인한 스모그 현상 때문에 셰일가스 개발에 총력을 기울이고 있다.[22] 2012년 동안 미국 내 셰일

---

20) MMBtu (Million Metric British Thermal Unit) 1MMBtu = 100만 Btu =약 250.000kcal = 천연가스로는 26.8m^{3}부피를 말한다. 1Btu는 1파운드의 물을 화씨 1도 올리는데 필요한 0.252kcal 열량을 말한다.

21) 김내수. "프랑스의 셰일가스 정책과 논쟁." 『EU연구』, 특집호. (서울: 한국외대 EU연구소), 2014. p. 57.

22) http://www.hani.co.kr/arti/international/china/616705.html '중, 셰일가스 매장량 미국의 1.5배'(검색일:2014.1.20)

가스 굴착기 수가 422대로 2011년 보다 48%나 격감하였고 미국 내 많은 셰일가스 사업자들이 손해를 보았다.[23] 셰일가스 개발에 들어가는 비용이 3~8 달러이며 적어도 시장가격이 9$ 이상이어야 한다.[24] 거꾸로 계산해 보면 천연가스 가격이 5달러 이상이어야 가격 경쟁력을 유지할 수 있다는 것이다.

[표 3] 국제 천연가스 가격 추이[25]

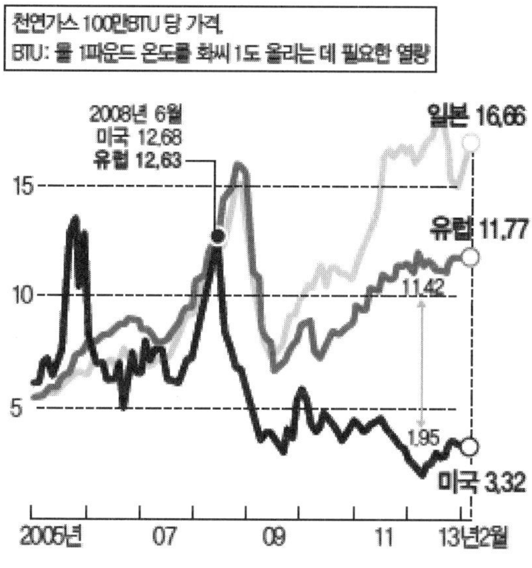

23) http://www.gasnews.com/news/articleView.html?idxno=58587 '미 셰일가스 개발 먹구름'(검색일:2014. 2.20).

24) Berman & Pittinger라는 회사에서 1,000개 이상의 셰일가스 정을 분석한 결과 채굴비용이 MMBtu당 6.46달러를 넘을 시 경제성이 없다고 본다. 그런데 미국 내 셰일가스 정에서 시추 개발하는 가스 정들의 비용은 3-8달러 대이다.

25) http://www.hani.co.kr/arti/international/america/580968.html (검색일:2014.1.20)

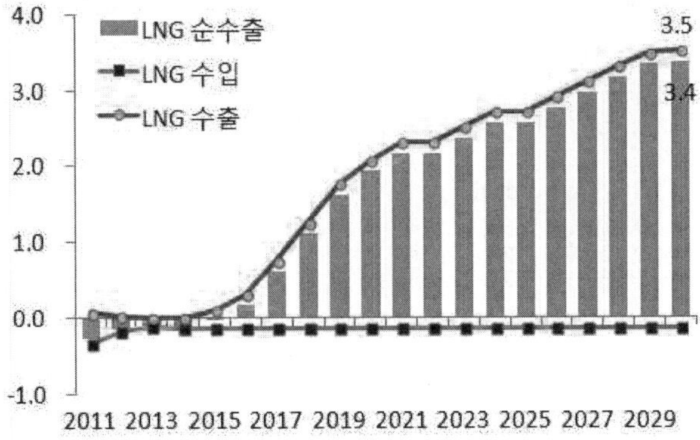

2015년 3월 천연가스 가격은 현지가격을 기준으로 4~6달러에 형성되어 있다. 당장은 셰일가스 정에서 함께 추출되는 원유 및 NGL이 셰일가스 손실분을 보충하고 있다.[26)]

그러나 오염이 불가피한 수압파쇄기법이 아닌 새로운 기술이 개발된다면 셰일가스채굴은 전 세계에너지 산업에 영향을 미치는 중요한 변수로 작용하며 셰일가스개발이 활성화 될 것이다.

2. 유럽연합과 러시아 천연가스

[표 4]에서 보듯이 러시아 재정 수입에 있어 석유와 가스와 같은 에너지 부문 수입이 50%에 달한다. 2011년 러시아는 세계 최대의 천연가스 수출국이었다. 그러나 2000년에 비교하여 유럽 내 천연가스 시장 점유율이 50%에서 28%로 현저하게 낮아졌다. 2040년 까지 12% 수준으로 하락할 것이라는 전망도 있다. 가스프롬의 유럽수출 가스양은 2013년 166 BCM에서 2014년 147 BCM으로 줄어들었다.[27)] 미

26) 임지수. "셰일가스, '미국의 잔치'넘어 세계 에너지 대안될까." 『LG Business Insight』, 2012.
27) Jonathan Stern, Simon Pirani, Katja Yafimava, "Does the cancellation of

국의 셰일가스 가격 폭락으로 인하여 러시아 가스프롬은 유럽의 가스 주요 수입회사로부터 가스 가격 인하를 요구받았다. 이 때문에 가스프롬은 수십억 달러를 할인해 준 것으로 알려졌다.[28] 러시아는 이러한 외부의 변화에 대응하여 그 충격을 완화하려는 여러 가지 대안을 강구하고 있다.

[표 4] 러시아 재정수입 중 석유가스 세입의 비중 [29]

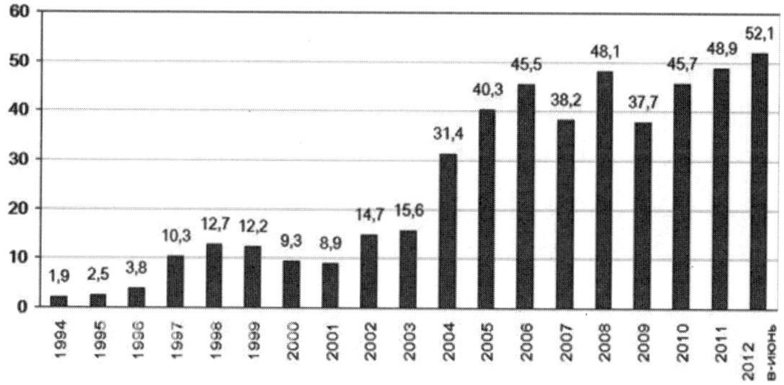

2012년 11월 2일 가스프롬은 셰일가스 파고로 인하여 2012년 2/4분기 가스 이익이 50% 감소했다고 발표하였다. 해외 에너지 가격의 하락은 에너지 수출에서 발생하는 세금수입이 국가 재정 수입 중 50% 가까이 차지하는 러시아에 국가적 재앙으로 다가올 수 있다.

South Stream signal a fundamental reorientation of Russian gas export policy?," The Oxford Institute for Energy Studies, January 2015. p.13.

28) 가즈프롬은 2010년 4분기부터 독일의 유력 E.ON 사에 공급한 물량에 대해 약 10억 유로를 할인하였다. 2012년 11월 8일 자 Bloomberg Businessweek에 의하면 2012년 2/4분기 중 가즈프롬은 유럽에서 만 42억 5000만 달러에 달하는 가스 가격을 할인하였다고 보도하고 있다. 2013년 현재 가즈프롬은 유럽의 가스 수출가격을 약 10% 할인해 주고 있다.

29) http://www.ekn.kr/news/articleView.html?idxno=81450 '미국 셰일가스 개발이 아시아 천연가스시장에 미치는 영향' (검색일:2014.1.20.).

이에 러시아는 외부 환경변화로부터 살아남기 위하여 에너지 수출선 다각화를 추구하고 있다.[30)]

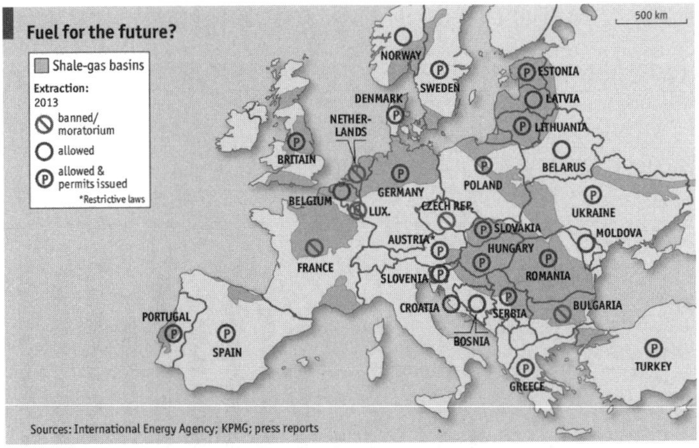

[그림 2] 유럽 셰일가스 매장지[31)]

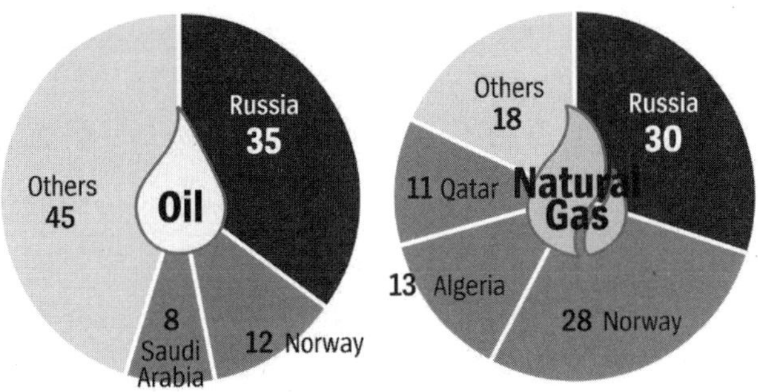

[그림 3] 유럽연합의 오일 가스 수입현황 2014년[32)]

---

30) The Jamestown Foundation, "Consolidating State Control in an Uncertain Market." 2013. 1. 18

31) http://www.economist.com/news/briefing/21600111-reducing-europes-dependence-russian-gas-possiblebut-it-will-take-time-money-and-sustained (검색일:2015.3.20)

32) http://www.spiegel.de/international/business/rosneft-head-igor-sechin-speaks-about-sanctions-and-ukraine-a-989267.html Rosneft President Igor

[표 5] 주요 EU 국가들의 러시아 가스 수입량

(단위 : bcm)

국가	2008	2010	2012	2013
영국	7.7	10.7	11.7	16.6
독일	37.9	35.3	34	41
이탈리아	22.4	13.1	15.1	25.3
프랑스	10.4	8.9	8.2	8.6
네덜란드	5.3	4.3	2.9	2.9
터키	23.8	18	27	26.7
벨기에	3.4	0.5	0	0
폴란드	7.9	11.8	13.1	12.9
루마니아	4.2	2.6	2.5	1.4
헝가리	8.9	6.9	5.3	6
슬로바키아	6.2	5.8	4.3	5.5
체코	7.9	9	8.3	7.9

자료: data in Russian cubic metres to convert to European units reduce by 7.97%.
Source: Stern ed. (2014), Table 1, p.3.

유럽 국가들은 러시아 에너지 자원, 특히 러시아 천연가스에 대한 의존도에서 벗어나고자 가스 수급을 다각화하려는 가스 에너지 전략을 추구하고 있다. 그림 3에 의하면 유럽연합의 가스수입의 경우 2014년 기준 러시아(30%), 노르웨이(28%), 알제리(13%)에 집중되어 있고, 원유의 경우 러시아(35%), 노르웨이(12%), 사우디아라비아(8%), 기타(22%)에 집중되어 있다. 고형연료는 러시아(26%), 콜롬비아(24%), 미국(18%)로 세 가지 화석 에너지원을 합하면 러시아에 대한 의존도가 가장 높게 나타나고 있다.[33] 유럽연합의 에너지 수입이 러시아와

Sechin: 'Russia Didn't Initiate the Ukraine Crisis' (검색일: 2015.04.06.))

33) EU Energy in Figures. statistical pocketbook 2013. European commission

중동지역에 집중된 것은 유럽연합 에너지 안보에 심각한 영향을 준다. 동유럽 국가들의 대 러시아 에너지 의존도가 심각하여 러시아를 우회하는 가스 에너지 수입 노선을 강구하고 있다. 이러한 에너지 의존도는 동유럽에 대한 러시아 영향력과도 직결되어 동유럽 국가 중 러시아 천연가스와 에너지 자원 의존도가 높은 폴란드, 우크라이나, 리투아니아, 루마니아, 헝가리와 같은 국가들은 에너지 수급의 다각화를 추진하는 등 국가 에너지안보 차원에서 그 대안책을 마련하고 있다.[34] 이 국가들은 셰일가스가 매장되어 있어 셰일가스 개발을 통하여 대 러시아 에너지, 천연가스 의존도를 줄이고 러시아의 점성권력 영향력에서 벗어나고자 하는 탈러시아 경향을 보이고 있다. 유럽국가들 중 스페인이나 루마니아, 우크라이나는 적극적으로 셰일가스 개발을 추진하고 있으나 프랑스나 불가리아는 환경오염을 유발하는 수압 파쇄법에 대한 기술사용을 금지하고 있다.[35] 러시아와 특수한 관계에 있는 독일은 러시아산 PNG가스를 적극적으로 구매하고 있다. 노드스트림 가스 파이프라인을 통하여 러시아산 천연가스를 사용하고 있는 독일도 셰일가스에 대한 개발에 관심을 쏟고 있다. 독일지질자원연구소에 의하면 독일에는 0.7~2.3조m^3 규모의 셰일가스가 매장되어 있다고 한다. 2013년 기민련과 자민당

---

34) http://crossingthebaltic.com/2013/01/17/nothing-but-trouble-for-putin-and-gazprom. Crossing the Baltic (검색일:2013.1.20.).

35) http://www.ois.go.kr/portal/page?_pageid=93,721498&_dad=portal&_schema=PORTAL&p_deps1=info&p_deps2=&oid=11207251425115757749 '유럽각국의 셰일가스 개발 동향'(검색일: 2014.1.20) 불가리아의 경우 셰일가스 생산 시 발생하는 지하수 오염과 환경파괴를 이유로 데모가 발생하여 쉐브론의 탐광 라이센스를 철회하였다. 프랑스의 경우에도 2011년 6월 프랑스 상원의회에서 수압파쇄 기술에 대한 사용 금지를 채택하였음. 2013년 10월 11일 프랑스 헌법재판소는 수압파쇄방식을 금지한 법이 합헌이라고 결정하여 프랑스에서 셰일가스 개발은 당분간 어렵게 되었다.

연합정부하에서 수압파쇄법을 이용한 셰일가스 개발을 허락하는 법안을 발표하였지만, 야당과 시민단체의 강력한 반발에 부딪혀 잠정적으로 개발이 유보되었다. 그러나 새로운 상황 즉, 셰일가스 개발에 새로운 기술과 에너지 안보 논리가 강화되면 셰일가스 개발이 추진력을 얻을 것이다.

3. 유럽 국가들의 셰일가스 개발현황

영국의 셰일가스 개발은 환경문제와 지각의 진동 등 여러 문제를 고려하여 진행 중이나 현지 주민들과 환경 보호론자들의 반발에 부딪혀 어려움을 겪고 있다. 그러나 영국 연방정부는 브렌트유 생산량 하락에 대비하여 셰일가스 개발에 눈을 돌리고 있다. 영국은 잉글랜드 북부 랭커셔 주와 요크셔 주에 위치해 있는 매장량 37조㎥ 규모의 셰일가스 층을 조사하였다. 이는 영국이 수십년 간 쓸 수 있는 가스의 양이다. 이에 프랑스의 석유기업 토탈사가 영국 셰일가스 개발에 참여하여 524억 원을 투자한다.[36] 영국 정부는 셰일가스 개발이 지역경제에 긍정적 영향을 미칠 뿐 아니라 셰일가스가 2020년까지 영국 연간 가스 수요의 25%를 조달할 수 있을 것으로 전망하고 있다.[37]

우크라이나의 경우 2013년 11월 미국 쉐브론 에너지 회사와 공동

---

36) http://w3.sbs.co.kr/news/newsEndPage.do?news_id=N1002178677 '프랑스 석유기업, 영국 셰일가스 개발에 500여 억 투자'(검색일: 2014.2.26) 영국 정부는 2013년 셰일가스를 개발하는 지방정부에게 인센티브를 지원하는 등 셰일가스 개발을 독려하고 있다. 영국 카메론 총리는 해당개발지역 영업세를 기존의 50%에서 100% 전액 지원할 계획이라고 발표했다.

37) http://news.heraldcorp.com/view.php?ud=20131218000128&md=20131221004728_BC '영국도 셰일혁명 동참'(검색일: 2014.3.26)

으로 셰일가스를 본격적으로 개발하고 있다. 우크라이나 서부에 위치해 있는 올레스스카야 평원에 위치한 광구에서 연간 80-100억㎥ 정도의 가스를 생산 할 것으로 기대하고 있다.[38] 총 투자액 100억 달러 규모로 초기단계에 3억 5천만 달러를 투자한다. 환경파괴를 우려한 지역 내 반대가 있었으나 쉐브론 사가 환경 훼손금 지불과 토양 원상회복을 조건으로 협상이 타결되었다.[39] 2013년 1월에도 동부지역 유조프 광구에 로얄 더치 쉘과 공동으로 광구를 개발하는 협정을 체결하였다. 로얄 더치 쉘은 우크라이나 에너지 기업인 '네드라 유조프스카야'와 공동으로 매장량 40,540㎥의 유조프 가스전 개발에 양측이 100억 달러를 투자한다.[40] 우크라이나가 이처럼 셰일가스 개발에 집중하는 이유는 러시아에 대한 에너지 의존도를 줄이기 위해서다. 우크라이나와 러시아는 지난 2009년 10년 장기 가스 도입계약을 맺었지만 우크라이나가 가스 수입량을 줄이거나 가격인하를 요구하여 러시아-우크라이나 간 가스분쟁이 지속적으로 이어져 오고 있었다. 2014년 3월 우크라이나 사태로 대통령직에서 쫓겨난 빅토르 야누코비치도 우크라이나가 셸과 쉐브론과 합작으로 셰일가스를 개발하면 2020년 경 우크라이나는 가스를 자급자족 할 것이라고 예상하였었다. 이와 같이 우크라이나는 2030년 자국 가스 소비량의 88% 자급자족을 목표로 개발에 전력을 다하고 있다. 우크라이나 같은 경우는 러시아로부터 에너지 독립을 위하여

---

38) Natural Gas Revolution or Evolution?(2012), Deloitte Center for Energy Solution

39) http://www.yonhapnews.co.kr/bulletin/2013/11/06/0200000000AKR20131106142100080.HTML?input=1179m '우크라이나, 미 셰브론과 셰일가스 공동개발'(검색일: 2014.1.26)

40) http://w3.sbs.co.kr/news/newsEndPage.do?news_id=N1001600359 '우크라이나-셸, 셰일가스 공동개발 협정 체결' (검색일: 2014.1.26)

셰일가스 개발과 러시아를 우회한 석유 가스 에너지 공급처를 찾고 있다. 에너지 수급에 대해 한 국가에 종속되어 있다는 것은 에너지 안보에 심각한 위협일 뿐 아니라 공급과 수급 간에 발생하는 국가 간 점성권력 관계가 형성된다는 것이다.

폴란드도 러시아 가스에 대한 의존도를 낮추기 위한 다양한 전략적 방법을 사용하고 있다. 2010년에는 폴란드가 가즈프롬에서 수입하는 천연가스의 비중이 90%에 달하였으나 2012년에는 26%로 급감하였다. 2015년에는 20%까지 러시아로부터의 수입량을 조정할 예정이다. 이를 위하여 폴란드 정부는 러시아로부터 직접 천연가스를 도입하지 않고 러시아를 우회하여 독일로부터 직접 천연가스를 공급받는 수급전략을 사용하고 있으며, 잉여 카타르 산 LNG도 도입하는 등 공급선 다각화를 꾀하고 있다. 이와 동시에 폴란드 내 셰일가스 개발도 강력하게 추진하고 있다. 폴란드 에너지 2030에 의하면 2020년까지 자국 가스소비량의 55%를 자체 생산 할 계획을 가지고 있다. 폴란드 광산부 보고서에 의하면 2018년부터 셰일가스 개발이 본격화되어 2020년 이후 50~60억㎥ 규모를 생산할 것으로 예상하고 있다. 2012년에는 폴란드 국립연구개발센터와 폴란드 산업개발청이 '셰일가스 연구 프로그램 개발에 관한 협정'을 맺고 3억 3천만 달러를 지원하기로 결정했다.[41] 이 이외에도 PGNiG, KGHM, PGE, Tauron, Enea와 같은 폴란드 에너지 기업들도 5억 7천만 달러 규모의 4개년 투자 프로젝트를 추진하고 있다. 셰일가스 개발 기술을 보유한 마라톤 오일(Marathon Oil), 에니(Eni), 엑손모빌(ExxonMobil)과 같은 메이저 그룹과 공동으로 셰일 광구개발을 추

41) 이대식. "폴란드와 우크라이나의 셰일가스 개발과 러시아의 대응." 『2014년 한국유럽학회 외 3개 연구소 춘계공동학술대회 논문집』, 2014. p. 81.

진하고 있다. 그러나 폴란드 셰일가스 개발에는 많은 어려움이 내포되어 있다. 개발 인프라가 부족할 뿐 아니라 지하 3,600미터 지점에 위치해 있는 셰일 층 개발에 막대한 채굴비용이 소요된다. 이 이외에도 채굴가능 예상 매장량이 예상보다 적어 2014년 하반기에 미국의 Marathon Oil사가 일부 광구에서 철수하였으며 Talisman사도 다른 지역 사업에 집중하기 위하여 폴란드 셰일가스 개발 사업을 중단하기로 결정했다. 이러한 중단 현상과는 달리 토탈사는 폴란드 셰일가스 개발을 계속하고 있으며, San Leon Energy 社는 그단스크 서쪽에서 셰일가스 채굴에 성공하여 상업적 채굴이 가능하다. BNK Petroleum 社도 본격적인 생산에 들어간다.[42] 이러한 동유럽 국가들의 셰일가스 개발의 추동 원인은 러시아의 중동부 유럽에 대한 에너지 공급을 통한 영향력 때문이다. 중동부 유럽은 러시아 가스에 대한 의존도가 매우 높다. 이러한 이유로 러시아의 점성권력 영향력 아래에서 벗어나기 위하여 셰일가스 개발에 노력을 경주하는 것이다. 특히 2014년 봄에 발생한 우크라이나 사태 이후 러시아 천연가스 종속에서 벗어나 에너지 독립을 원하는 동유럽 국가들의 노력이 셰일가스 채굴에 있어 발생하는 환경적 문제와 채굴의 어려움을 극복하게 하고 있다.

42) 이대식, 2014년 춘계공동학술대회 논문집, p. 82.

IV. 셰일가스 개발에 대한 러시아의 대응전략

1. 러시아 셰일오일 개발과 극동 석유·가스 전 개발

셰일가스에 대한 러시아 대응전략 중 하나가 러시아 내에 매장되어 있는 비전통 석유인 셰일오일 개발이다.[43] 셰일오일은 오일셰일과 구분하기 위하여 타이트오일로 부르기도 한다. 셰일오일은 미국 노스 다코다 주(North Dakota)에서 캐나다에 걸쳐 있는 윌리스톤(Williston) 퇴적분지 데본계 바켄(Bakken)층에서 처음 생산되었다. 2012년에는 하루 57만 배럴이 생산되었고, 미국 석유생산의 7%를 차지하고 있다.[44]

러시아도 서시베리아 주라계 최상부 바제노프(Bazhenov)층에는 셰일가스와 셰일오일이 매장되어 있다. 셰일오일을 추출하기 위하여, 2011년 8월 러시아 최대 국영 석유회사 로스네프트(Rosneft)가 미국의 엑손모빌(ExxonMobile)과 제휴하여 이 층을 개발하기 시작하였다. 2012년 6월 로스네프트와 엑손모빌은 서시베리아 저침투층인 바제노프(Bazhenov)와 아키모프(Achimov) 층 석유 자원 개발을 공동으로 실시하는 것과 해양 개발을 위한 공동 북극권 리서치센터 설립내용

43) 비전통 석유인 타이트 오일(Tight Oil)이란 셰일가스가 매장된 셰일층에 존재하는 오일이다. 탄소함유량이 많고 황 함량이 적은 경질유이기에 LTO(Light Tight Oil)로 부른다. 타이트오일은 셰일오일의 또 다른 이름이다. 타이트오일의 채굴방법은 셰일가스 채굴방법과 동일하다. 지하 2킬로미터 셰일층까지 수직으로 굴착 후 수평으로 굴착하는 수평시추법(Horizontal Drilling)과 고압의 액체를 분사해 암석에 균열을 내는 수압파쇄법(Hydraulic Fracturing)이 그대로 적용된다. 셰일오일의 생산단가는 배럴당 50-80 달러이다.

44) http://media.daum.net/press/newsview?newsid=20130127120811034 LG 경제연구원 '셰일혁명으로 부상한 Tight Oil, 유가 안정 역할 커진다'(검색일:2013.1.27.)

으로 하는 협정에 서명하였다.[45] 바제노프 지역은 이미 1970~80년대 소련 지질학자들이 셰일가스 매장을 확인하였으나 추출기술이 없어 방치되어 있었던 곳이다. 이 셰일광상이 개발되면 가스 뿐 아니라 셰일오일이 러시아 전체 석유 생산량의 5%인 하루 50만 배럴씩 생산되어, 매년 70억 달러의 세수가 추가로 확보된다.[46] 이밖에도 노르웨이의 국영 석유회사 스타토일(Statoil)은 셸(Shell)과 함께 합작 사업으로 러시아 셰일층 탐사를 시작할 계획이다.

[그림 4] 러시아 셰일광상 바제노프[47]

러시아 굴지의 석유회사인 가스프롬 네프트(Gazprom Neft)는 2013년부터 Shell과 서시베리아 바제노프에서 셰일오일을 채굴 할 계획이라고 밝혔고, 2012년 5월 4일 로스네프트는 스타토일(Statoil)과 북

45) ExxonMobil은 러시아에 투자하는 외국계 석유기업의 통상 지분율은 33%를 훨씬 뛰어넘는 49%의 지분을 보유하였다. 또한, 셰일오일 개발에 대한 세금 감면을 검토하는 등 러시아는 셰일오일 개발에 적극적이다.

46) http://article.joins.com/news/article/article.asp?total_id=11106013&cloc=olink|article|default '시베리아 셰일가스 개발' 러.미 에너지 혁명 맞불 (검색일:2013.1.27.).

47) http://article.joins.com/news/article/article.asp?total_id=11106013&cloc=olink|article|default '시베리아 셰일가스 개발' 러.미 에너지 혁명 맞불 (검색일:2013.1.27)

극권, 오호츠크해, 서시베리아 등지에서 중질유를, 북 코카서스 스타보로플(Stavropol)에서 타이트오일을 공동개발 하는 데 합의하였다. 그러나 공동개발을 착수한 지 1년도 안 되어 우크라이나 사태로 인하여 대 러시아 경제제재조치가 진행되고 있으며 그 영향으로 바제노프 오일 프로젝트는 당분간 중단되었다.[48] 러시아 연방지하자원 이용청은 바제노프 광상에 셰일오일이 250억 톤~500억 톤 정도 매장되어 있는 것으로 추정하고 있으며, 이 양은 기존 러시아가 보유하고 있는 전통적 오일의 두 배에 달하는 엄청난 양이다. 현재 이 광상에서 루코일(Lukoil) 자회사인 RITEK이 매년 40만 톤을 생산하고 있다. 러시아정부는 기존 서시베리아 광상에서 매년 2%씩 석유가 감산하는데 대비하여 비전통 오일인 셰일오일 개발에 관심을 가지고 추진하고 있다. 러시아는 하이드롤릭 프랙처링(hydraulic fracturing treatment) 기술 등 미국 셰일가스 개발 노하우를 이용하여 자국 셰일오일 개발에 노력을 기울이고 있다. 영국의 민간 석유탐사회사인 루스페트로(RUSPETRO) 톰 리드(Tom Reed) 재무담당 CEO는 "땅속에 접근 가능한 엄청난 양의 석유가 매장되어 있으며 필요하다면 암반에 저장된 마지막 기름 한 방울까지 짜낼 것이다" 라며 러시아 정부에 협조를 요청하였다.[49] 이처럼 러시아 정부는 셰일가스혁명의 태풍에 셰일가스 개발기술을 역이용하여 셰일오일 개발에 박차를 가하고 있다. 러시아 정부는 자국의 셰일오일 생산량을 2020년까지 일일 2백만 배럴씩 생산하는 미국 셰일오일 생산량을

48) http://www.rigzone.com/news/oil_gas/a/135295/Gazprom_Neft_Says_Shell_Suspends_Russian_Tight_Oil_Project 'Gazprom Neft Says Shell Suspends Russian Tight Oil Project'(검색일:2015.1.27)

49) http://www.e2news.com/news/articleView.html?idxno=66955 '셰일오일에 도전하는 러시아'(검색일:2013. 2.01)

추월하려는 계획을 세우고 있다.[50)]

2. 유럽과 동유럽 시장에 대한 대응 전략과 가스파이프라인 정책

러시아는 유럽과 동유럽 지역에서 비전통 에너지인 셰일가스 추출을 방해하고 있다. 셰일가스 개발에 반대하는 환경단체 지원이 그 대표적인 예이다. 셰일가스 채굴과정에서 사용되는 화학물질로 인하여 지하수나 주변 환경이 오염된다. 수압 파쇄기법을 사용하여 셰일층에 균열을 발생시키는 것이 지진을 유발할 수도 있다는 연구결과도 있다.[51)] 또한, 개발과정에서 지구온난화의 주범인 메탄가스가 천연가스 추출시보다 2배 더 발생한다는 점에서 많은 환경론자가 셰일가스 채굴을 반대하고 있다. 러시아 가스프롬사는 유럽에서 환경오염이 심한 셰일가스 추출을 금지하도록 로비를 하고 있다.[52)] 이러한 셰일가스 개발의 환경적 문제점으로 인하여 유럽 국가들은 러시아로부터 들여오는 친환경적인 천연가스 공급을 쉽게 포기할 수 없다.[53)] 이러한 환경적 약점을 이용하여 러시아는 폴란드와 우크라이나 셰일가스 개발을 최대한 지연시키고 있다. 러시아는 동유럽을 비롯한 서유럽에서 셰일가스 개발은 막지 못할지언정 그 개발 속도를 늦추어 이에 대응할 시간을 버는 것이 핵심 목표이다. 폴란드

50) http://media.daum.net/press/newsview?newsid=20130127120811034 '셰일혁명으로 부상한 Tight Oil, 유가 안정 역할 커진다' (검색일:2013.1.27.).
51) 미국지질탐사단에 의하면 셰일가스 개발이 한창인 오하이오 주에서만 2011년 3월에서 12월말까지 11차례의 지진이 발생하였다고 한다.
52) http://www.mk.ru/daily/newspaper/article/2012/11/26/779189-minenergo-gotovitsya-k-gazovoy-revolyutsii.html 'предложило добывать «сланец» с 2014 года'(검색일:2014.04.02.)
53) 이선필. "유럽연합의 에너지.환경정책과 셰일가스." 『2014년 한국유럽학회 외 3개 연구소 춘계공동학술대회 논문집』, 2014. p. 115.

셰일가스 개발에 참여하고 있었던 엑손모빌 사에 로스네프트가 북극해 유전사업권을 미끼로 사업을 중단하게 하는 등 최대한으로 개발을 지연시키는 전략을 구사하고 있다. 카타르에서 도입되는 LNG 가격과 비교하여 가격 경쟁력이 있는 러시아 PNG 가스는 유럽 연합에 필요한 존재이다. 러시아는 유럽 내 셰일가스 개발 채산성을 악화시키기 위하여 러시아산 천연가스 가격을 하향 조정하고 있다. 셰일가스 개발 비용과 대비하여 러시아산 천연가스의 가격경쟁력은 탄력적이다. 가격탄력성을 이용하여 러시아 가스프롬회사는 2012년 초 유럽 국가들에게 공급되는 가스의 가격을 10~16% 인하하였다. 외형적으로는 러시아가 유럽 국가들의 가스 가격 인하 요구를 받아들인 것 같지만, 가격 경쟁력을 통하여 셰일가스 개발에 대한 비교우위를 유지하려는 정책의 일환인 것이다.

유럽연합은 가스 에너지를 무기로 동유럽에 패권적 영향력을 행사하려는 러시아의 행위에 제동을 걸고자 한다. 동유럽 입장에서도 러시아가 가스와 에너지자원을 무기로 영향력을 행사하는 부분에 두려운 눈으로 바라보고 있다. 최근 우크라이나 사태를 보면서 유럽국가들 사이에 환경적 문제보다는 러시아의 위협이 더 두려워 셰일가스 개발 목소리를 높이고 있는 실정이다. 셰일가스 개발의 속도를 높인다 하더라도 유럽국가들은 2~3년 내 러시아 에너지 종속에서 벗어나기가 힘들고, 러시아의 싸고 친환경적인 PNG를 포기하기가 어렵다는 점을 잘 알고 있다. 러시아는 이러한 동유럽 국가들과 유럽연합의 에너지 수급 딜레마를 파악하고, 유럽으로 향하는 노드스트림과 사우스스트림과 같은 가스 파이프라인 건설 프로젝트를 통하여 안정적이고 장기적인 가스 수급정책으로 유럽 천연가스

시장을 공략하고 있다.[54] 유럽연합은 가스 공급에 대한 한계를 극복하기 위하여 유럽에 공급되는 가스 에너지 부문에 대한 러시아 시장 지배력을 최소화하거나 공급선 다각화를 통하여 영향력을 약화하는 방향으로 전략적 접근을 하고 있다.

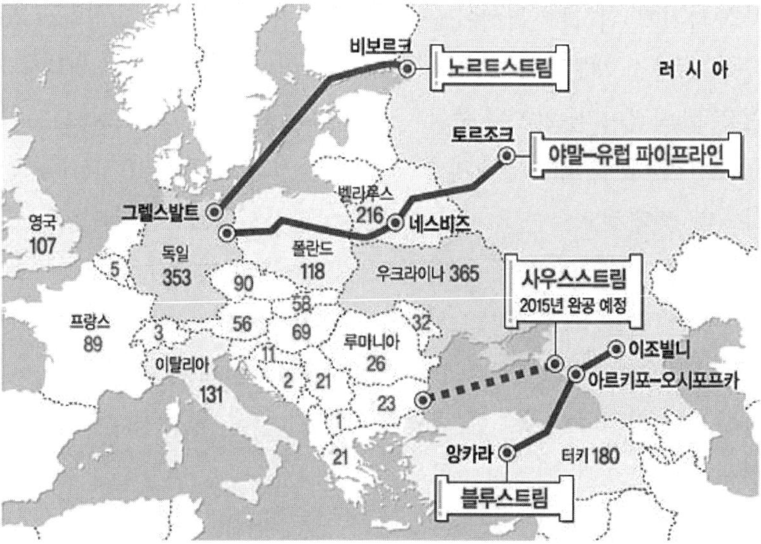

[그림 5] 우크라이나를 우회하는 대 유럽 러시아 천연가스 파이프라인[55]

---

54) APEC Secretariat, APEC at a Glance(2012); APEC Policy Support Unit, APEC Economic Trends Analysis(2012. 5. 31); IMF, World Economic outlook(2012. 4).

55) http://www.munhwa.com/news/view.html?no=2014030601070832071001 '미 셰일가스 즉각 수출 러 아킬레스건 끊자' (검색일:2014.3.06)

3. 동북아 석유가스 에너지시장 확보 전략과 유라시아 정책 추진

러시아가 새로운 가스 에너지 시장 확보를 위하여 기존의 유럽 가스시장에서 탈피하여 동북아시아 가스 에너지시장으로 방향을 선회하고 있다. 최근 아시아 지역에서 천연가스 수요가 폭발적으로 성장하고 있다.[56] 동아시아 가스시장은 최근 10년간 2배 이상 성장하였다. 일본의 경우 후쿠시마 원전사태 이후 가스 수입량이 매년 20%씩 상승하고 있다. 한국, 중국, 일본, 대만 4개국이 세계 LNG 수입의 61%를 차지한다. 원유도 한중일 동북아 3개국이 세계의 19%를 소비한다. 이에 러시아는 전통적인 가스 수출대상이었던 유럽에서 동북아 특히, 중국가스시장으로 진출을 추진하고 있다. 기존 아시아 시장의 주 천연가스 공급원은 중동과 호주 지역이었다. 동북아 지역은 PNG형태가 아니라 LNG형태로 가스를 공급받고 있었다. LNG 세계최대 공급국가인 카타르는 14개 액화설비를 가동하여 매년 7,700만 톤의 LNG를 생산 수출하고 있다. 2011년 기준으로 이중 약 47.4%를 아시아 시장에 그리고 42.3%를 유럽으로 수출하고 있다. 카타르는 유럽과 아시아지역 천연가스 공급에 있어 가격 차별화를 추진하고 있다. 아시아 프리미엄이라 불리는 석유가격 연동 계약으로 인하여 비싼 LNG를 카타르로부터 아시아 국가들이 공급받고 있다.[57]

---

56) http://newsland.com/news/detail/id/1302677/Константин Смирнов, (2014.1.7). Сланцевый газ и "Газпром". Newsland.

57) LNG 가격은 액화/기화 과정과 운임 비가 거리, 지역에 따라 7-9 달러가 소요된다. 이러한 복잡한 과정을 포함한 국제시세가 12-16달러로 형성되어 있다.

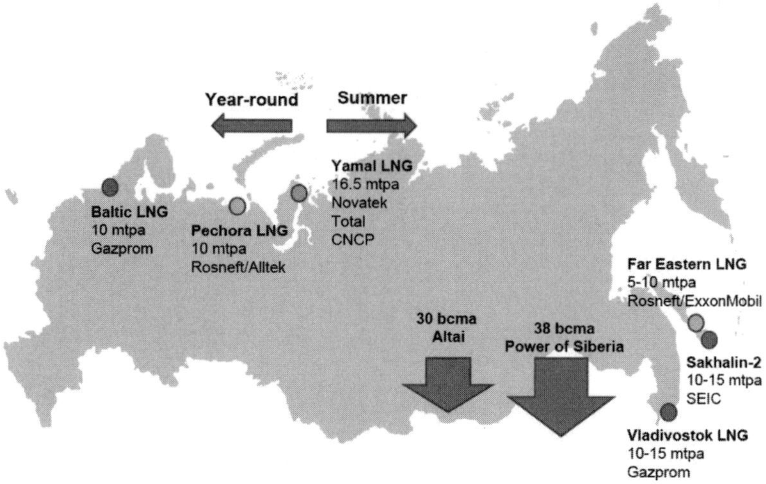

[그림 6] 러시아 LNG 공급과 PNG 공급 2030 프로젝트[58)]

러시아는 아시아 LNG가스 공급 시장을 확보하려는 전략을 구상하고 있다. 최근 러시아의 동아시아 수출은 2005년 1,380억m^3에서 2012년 2,830억m^3로 증가하였다. 2012년 10월 29일 러시아는 450억 달러를 투자하여 동부시베리아 야쿠티야 가스전에서 블라디보스토크까지 3,200킬로미터 가스관 공사를 추진하기로 하였다. 2017년 완공을 목표로 추진하는 이 가스 파이프라인공사는 동북아 특히 한국과 중국을 겨냥한다고 본다. 이 가스파이프라인은 러시아 극동의 LNG 사업과 연계되어 진행된다. 러시아 노바텍(Нова-тэк) 사는 프랑스 토탈 사와 합작으로 야말반도 LNG 프로젝트를 진행하고 있다. [그림 6]에서 보듯이 연 550만 톤 규모의 '야말 LNG 프로젝트는 2017년부터 2019년까지 3기의 LNG공장이 설립된다. 이

58) https://www.asiapacific.ca/blog/russia-natural-gas-supplier-asia-pacific-region-conversation "Russia as a Natural Gas Supplier to the Asia-Pacific Region: A Conversation with Dr. Michael Bradshaw," (검색일: 2015. 4.3)

이외에도 가스프롬 사는 연해주에 1,500만 톤, 사할린에 500만 톤 규모의 LNG공장을 건설할 예정이다. 블라디보스토크에 2020년 완공을 목표로 한 LNG액화 설비 프로젝트를 건설하기로 결정 하는 등 아시아 천연가스 시장을 향한 러시아의 접근 속도가 빨라지고 있다.[59)]

러시아는 셰일가스로 인한 유럽시장 축소에 대응하기 위하여 발 빠르게 중국시장으로 접근하고 있다. 2013년 2월 러시아 푸틴대통령과 중국의 시진핑 주석 정상회담에서 2018년부터 연간 380억m^3, 30년간 가스관을 통하여 중국에 수출하기로 합의하였다.[60)]

세계 최대의 셰일가스 매장량을 자랑하고 있는 중국도 러시아의 전통적 가스도입을 추진하고 있다. 이는 중국이 필요로 하는 천연가스의 양이 많은 이유도 있지만, 셰일가스 개발의 불확실성을 보완한다는 측면도 있다. 연이어 2014년 5월 시진핑 국가 주석과 푸틴 대통령은 상하이 정상회담에서 10년 이상 끌어오던 양국 간 가스 공급협상을 타결하였다. 2014년 9월 1일 사하 공화국 수도 야쿠츠크에서 푸틴대통령과 중국 장가오리(張高麗) 공산당 상무위원과 '시베리아의 힘'(Сила Сибири) 가스관 기공식을 열었다. [그림 7]에서 보듯이 시베리아 이르쿠츠크 코빅타 가스전과 사하공화국 차얀다 가스전에서 극동 러시아까지 연장 4,000km의 가스 파이프라인 공사이다. 2014년 러시아 경제는 세계에너지 가격의 급락 여파로 성장률이 0% 대로 주저앉았다. 유럽시장에는 미국 수출용으로 생산하였

59) 이대식, 2014년 춘계공동학술대회 논문집, pp. 84~85.
60) http://www.hankyung.com/news/app/newsview.php?aid=2013022675191 '7년 끌어온 러-중 천연가스협상'(검색일:2013.11.27) 2006년 이후 가스도입협상이 지지부진한 이유는 가스 가격에 대한 양측의 견해 차이가 크기 때문이었다. 러시아는 중국에 유럽으로 수출하는 가격인 400$/1000㎥를 제시하였고 중국은 250$을 러시아에게 제안하였다.

다가 판매처를 찾지 못한 중동산 LNG가 현물시장 가격을 크게 하락 시키고 있다. 대니얼 예긴은 중기적 전망으로 셰일혁명으로 가스가격이 석유가격에 구애받지 않고 국제시세가 형성될 것으로 보고 있다. 이는 국제유가와 연동된 가격으로 장기 가스 수출 계약을 맺어온 러시아의 대유럽시장의 입지를 흔들어 놓게 된다. 러시아는 천연가스 가격 경쟁력을 저해하는 '유가연동제'폐지, 가스프롬 구조개혁과 동시에 유럽시장의 대체지인 동아시아 시장개척을 적극적으로 하고 있다.[61)]

동북아 가스시장을 선점하기 위한 노력과 병행하여 러시아는 동북아 원유 수출을 위하여 시베리아-태평양 송유관 공사 2단계 공사를 2012년 12월 24일, 예정보다 1년 공정을 앞당겨 중국에 원유를 공급하기 시작하였다. 2013년 3월 22일 중국의 시진핑 부석과 푸틴과의 정상회담에서 2018년 까지 ESPO[62)]를 통하여 매일 100만 배럴의 석유를 공급하기로 합의하였다. 이는 중국이 독일을 제치고 러시아 제 1의 원유수입국이 된다는 내용이다. ESPO를 통하여 공급되는 원유는 중동산 원유와 비교하여 그 수송기간이 크게 줄어들어 경쟁력이 있다. 러시아산 원유는 ESPO를 통하여 북태평양 동해안에 위치한 코즈미노 원유 터미널에서 동북아 국가들인 중국,

---

61)윤성학. "시베리아의 힘 가스관 어디로 달려가는가?." 『Russia-Eurasia FOCUS』, 289호. 용인: 한국외대 러시아연구소, 2014.

62) http://article.joins.com/news/article/article.asp?total_id=10261349&cloc=olink|article|default (검색일: 2015년 4월 3일) 시베리아-태평양 송유관(ESPO) 시베리아 이르쿠츠크에서 극동 블라디보스토크 근처인 코즈미노 항구까지 총연장 4,745km로 1단계 공사는 2009년 12월 28일 타이셰트와 스코보로디노까지 2,700km를 완성 개통하였다. 2단계 공사는 스코보로디노에서 코즈미노까지 2,045km 2012년 12월 완성하여 중국 등 아태지역으로 일일 160만 배럴까지 공급이 가능하다 . 이 물량은 러시아 총 원유 수출 일일 440만 배럴의 1/3 수준까지 증가하게 된다.

[그림 7] 시베리아의 힘 가스관 노선 출처:www.vestifinance.ru

일본, 한국까지 운송하는데 걸리는 기간은 5일 정도로 중동에서 운반하는 2주보다 크게 짧다. 2011년 기준 아시아 석유수요는 19.2백만B/D로 세계 전체의 22%, 이중 동북아 3개국은 16.3백만B/D로 세계 전체의 19%를 차지한다.[63)]

63) 김연규. "미국셰일혁명과 동북아 에너지 시장/지정학 변화." 『Russia-Eurasia FOCUS』, 311호. 용인: 한국외대 러시아연구소. 2015.

V. 결론

러시아와 미국의 글로벌 가스대전은 동북아 뿐 아니라 동유럽에서도 접전을 벌이고 있다. 에너지 전문가들은 현하 진행되고 있는 우크라이나 사태의 본질 중 하나가 천연가스의 맹주인 러시아가 셰일가스를 앞세운 미국의 공략으로 그 주도권을 잃어 가는 과정에서 나타난 사건이라고 보고 있다. 러시아는 장기적인 세계 가스 수급 전략에서 셰일가스공급 파장이 앞으로 러시아의 에너지 패권에 심대한 도전과 타격으로 이어질 것이라고 예견하고 있다. 동유럽에서 개발 중인 셰일가스 뿐 아니라 미국이 유럽 가스수출국으로 부상하는 가까운 장래에 천연가스를 무기로 영향력을 행사하던 러시아의 대 유럽 외교력이 쇠퇴할 수밖에 없다. 미국이 추구하는 셰일가스 저변에 깔린 세계적 전략은 세계 에너지 시장에 있어 에너지 주도국들의 패권적 지위를 약화시키고 미국 국가이익을 강화시키는 것이 핵심이다. 미국이 셰일 혁명을 주도하고 확산하는 이면에는 러시아와 같은 에너지 패권국이 에너지를 무기로 공급자 우위에 서 있는 구조적 관계를 수요자 중심 구조로 전환하겠다는 혁명적 발상이 깔려있다. 이러한 변화가 러시아 국내로 민주주의가 확산되고 궁극적으로 러시아 국내정치구조에 영향을 미칠 것으로 판단하고 있다. 한국의 경우도 셰일가스의 개발로 인하여 저렴한 가스를 공급받는다는 점과 에너지 수입선이 다변화하면서 에너지 수급안정성 확보라는 측면에서 유리하다. 러시아는 이러한 전방위적인 셰일가스 파고 속에서 석유 가스 종주국의 위치를 지키려고 노력하고 있다. 위축되는 유럽 가스시장을 대체하기 위하여 새로운 아시아 시장 특히, 중국을 위시한 동북아 시장에 공을 들이고 있다. 동북아 시장을 공략하기 위하여 시베리아가스관 공사를 진행중에 있으며 가까운 시일 내 블라디보스토크까지 시베리아 가스관이 건설된다. 서유럽과의 관계에서도 가스 파이프라인을 건설하여 셰일가스개발과 중동산 LNG가스 공급에 대비하여 가격 경쟁력을 갖추고 있다. 가스 파이프라인 건설은 그 지역의 정치적 영향력을 담보하는 중요한 사업이다. 또한, 공세적 셰일가스 개발 기술을 이용하여 러시아 국내 셰일오일을 개발하여 막대한 석유자원을 채굴하는 성공을 거두고 있다. 가스는 특성상 채굴단가 보다는 액화, 운송과정에 단가가 상승하기 때문에 PNG가스와 가격 경쟁력 비교는 어렵다. 그러나 셰일가스의 버블현상과 막대한 채굴비용, 환경문제 그리고 천연가스하락에도 불구하고 셰일가스 개발은 지속될 것이다.

셰일혁명은 세계 에너지 패권 구도에 커다란 영향을 주었다. 전통적 에너지 강대국인 러시아와 중동의 양대 구도가 미국이라는 새로운 게임체인저의 등장으로 삼각구도로 재편성되었다. 러시아는 전통적 영향권 안에 놓여 있었던 동유럽과 포스트소비에트와 같은 근외 지역에서 석유 가스에너지를 무기로 영향력을 행사해 왔던 점성권력이 약화되는 현상에 직시하고 있다. 에너지 안보와 에너지 주권을 확보하려는 동유럽 국가들과 포스트소비에트 국가들의 셰일가스 개발과 에너지 공급지 전환은 러시아에게 큰 위협으로 다가오고, 이러한 위기에 러시아는 셰일오일 개발과 동북아로의 새로운 시장개척으로 맞서고 있다. 세계 에너지 패권 전략에서 러시아의 점성권력을 약화시켜 미국의 국가 이익을 확보하려는 셰일의 파고는 계속될 것이며 2015년 이후에도 우크라이나에서 두 국가의 대립은 당분간 지속될 것으로 전망된다.

III

러시아 국가경쟁력 분석과 강화 방안

(IMD와 세계경제포럼의 국가경쟁력지수를 중심으로)

III. 러시아 국가경쟁력 분석과 강화 방안
(IMD와 세계경제포럼의 국가경쟁력지수를 중심으로)*

이종문(부산외국어대)

I. 서론

21세기 뉴 밀레니엄 시대가 개막되면서 국가권력의 개입을 가능한 억제하고 시장의 자율조정기능과 기업의 자유로운 경제활동을 중시하는 신자유주의(Neo-liberalism)가 세계 경제를 지배한 핵심 사상으로 자리 잡았다. 시장의 "보이지 않는 손(invisible hand)'이 가장 효율적이라는 전제 아래 정부의 규제 및 개입을 최소화하고, 민간기업의 자유로운 경제활동을 보장하고, 자본의 자유로운 이동을 최대한 보장하는 것이 생산성을 극대화시키고 나아가 개인 및 국가 전체의 부(富)를 증진시킬 것이라는 시장만능 사고가 세계 경제를 휩쓸면서 자유화(liberalization)가 글로벌 경제의 핵심 키워드가 되었다. 또한 정보통신 및 항공·교통기술의 발달로 세계화(globalization)가 급속히 진전되며 상품과 서비스 시장의 규모는 물론 자본시장의 규모가 급격히 증가하였고, 브라질, 러시아, 중국, 인도 등 브릭스(BRICs)를 필두로 한 신흥경제국들의 세계시장 참여가 확대되면서 전 세계는 거대한 하나의 시장으로 재편되었다. 국가 및 국경 간 경

* 본 논문은 부산외국어대학의 「국제통상경영논집」 2015년 제28집에 게재된 것을 수정, 보완한 것임.

계가 무너지고 경쟁이 세계화 되는 등 글로벌 시장 환경이 변하면서 기업들은 적자생존의 무한경쟁에 내몰렸고 생존을 위한 새로운 전략을 마련해야 했다. 생존 경쟁력을 확보하지 못한 기업들은 글로벌 시장에서 설자리를 잃고 도태되었다. 글로벌 시장에서 경쟁력 강화를 위한 개별 기업의 노력뿐만 아니라, 기업이 직면한 법률적·제도적·사회적 환경과 인적·물적 인프라와 같이 국가 차원에서의 우호적인 비즈니스 환경(business-friendly environment)을 창출할 수 있는 역량 결집 또한 중요한 화두가 되었다. 스위스국제경영개발대학원(IMD. International Institute of Management Development)과 세계경제포럼(WEF. World Economic Forum) 등이 국가경쟁력(competitiveness of nation)이란 개념을 제시하면서 이를 지수(index)로 산정하여 평가하였다. 세계경제포럼은 실증분석(empirical analysis)을 통해 자신들이 고안한 글로벌경쟁력지수(GCI. Global Competitiveness Index)는 경제의 생산성 수준을 평가하는 지표로서 신뢰성을 갖추고 있으며, 1인당 국내총생산(GDP)과 GCI간에는 강력한 정(+)의 상관관계를 보이며, 1인당 GDP 변동의 약 2/3가 GCI에 의해 설명될 수 있다고 주장하였다.[1] 삼성경제연구소는 국가경쟁력이 강할수록 소득 수준이 높고(상관계수 0.69), 외부충격에 대한 복원력도 강한(상관계수 0.80) 것으로 분석하였다.[2]

오늘날 스위스국제경영개발대학원과 세계경제포럼을 위시한 주요 국제기관들은 경제, 사회, 제도, 인프라 관련 지표들을 이용해서 매년 세계 각국의 국가경쟁력지수를 작성, 발표해 오고 있다. IMD는 경제협력개발기구(OECD)를 중심으로 한 세계 주요 60개 국가들의 '세계경쟁력지수(World Competitiveness Scoreboard: WCS)'를, 세계경제

1) WEF, Global Competitiveness Report 2014-2015. 2014. p. 46.
2) 손민중 외, '한국 국가경쟁력 분석과 정책적 시사점 : WEF 금융경쟁력 지수를 중심으로", 삼성경제연구소2010. 12. p. 3.

포럼은 IMD보다 많은 140개 이상의 국가들을 대상으로 한 '글로벌 경쟁력지수(Global Competitiveness Index: GCI)'를, 한국의 산업정책연구원(IPS)은 2001년부터 세계 60여개 국가를 대상으로 '국가경쟁력순위(National Competitiveness Rankings: NCS)를 발표해오고 있다. 그 외에도 세계은행(World Bank), 헤리티지재단(Heritage Foundation), 국제투명성기구(Transparency International) 등에서도 국가경쟁력 순위를 발표해오고 있으나 특정 분야에 국한되어 있다. 그 중에서도 특히 IMD와 세계경제포럼의 국가경쟁력지수는 세계 각국, 특히 이머징마켓 국가들의 정책결정자 및 기업경영자들에게 많은 영향을 미치고 있다.

본 논문에서는 러시아가 시장경제지위(MES. Market Economy Status)[3]를 획득하고 Moody's와 Standard and Poors(S&P) 등 국제신용평가기관으로부터 BBB이상의 투자적격의 국가신용등급 평정을 받아 세계경제로의 본격적 편입이 이루어진 2005년부터 2014년까지 10년 동안 국가경쟁력 추이를 고찰하고 강점 및 취약 요인을 분석함으로써 경쟁력 향상을 위한 정책적 방안을 제시하는 것을 목적으로 한다. I장 서론에 이어 II장에서는 국가경쟁력 개념 및 평가방법에 대해 살펴본다. III장에서는 IMD와 세계경제포럼의 국가경쟁력지수를 이용해 2005년부터 2014년까지 10년간 러시아 국가경쟁력 수준의 변화를 점검하고 강점 요인과 취약 요인을 분석한다. IV장에서는 러시아 국가경쟁력 취약 요인을 중심으로 경쟁력 향상을 위한 정책 방안을 제시한다.

---

3) 시장경제국지위(MES)란 정부의 간섭 없이 원자재 가격이나 임금, 환율, 제품 가격 등이 시장의 자율가격 메커니즘(mechanism)에 의해 결정되는 경제체제를 갖추고 있음을 인정한 것으로 반덤핑조사에 적용되는 개념이다.

II. 국가경쟁력 개념 및 평가 방법

1. 국가경쟁력 개념

현대적 의미의 국가경쟁력 연구는 전략경영의 대가인 마이클 포터(M. Porter)가 1990년 그의 저서 '국가경쟁우위(The Competitive Advantage of Nations)'에서 제시한 다이아몬드 모델(Diamond Model)을 계기로 본격화되었다. 마이클 포터는 다이아몬드 모델을 통해서 이전까지 기업과 산업 차원에 적용되던 경쟁력의 개념을 국가 차원으로 확장시켰다. 그는 동 모델에서 어떤 국가가 특정 산업에서 국제적으로 성공하는 것은 현지 기업들이 경쟁하고, 경쟁우위의 창출을 촉진하거나 방해하는 환경을 형성하는 국가의 4가지 결정요인(determinants)에 달려있다고 보았다. 요소조건(factor conditions), 수요조건(demand conditions), 관련 및 지원 산업(related & supporting industries), 기업 전략 · 구조 및 경쟁(firm strategy, structure and rivalry)을 4가지 결정요인으로 제시했다. 요소조건은 주어진 산업에서 경쟁하기 위해 필수적인 숙련된 노동력과 인프라 같이 생산요소에서 국가의 포지션(보유 현황)을 말하며, 수요조건은 특정산업의 제품이나 서비스에 대한 본국 수요의 특성을 말한다. 관련 및 지원 산업은 해당 국가에 국제적으로 경쟁하는 지원 산업들과 관련 산업들의 존재 유무를 말한다. 국제 경쟁력을 갖춘 기업이나 산업을 발전시키려면 개별기업이나 산업에 의존해서는 안 되고 관련 및 지원분야가 종합적으로 발전해야 한다. 기업 전략 · 구조 및 경쟁은 '기업들이 어떻게 생겨나고 조직되며 관리 되는가'를 지배하는 국가의 제반 여건과 국내 기업들 간의 경쟁관계를 말한다. 포터는 이러한 4가지 결정요인들이 국가 "다이아몬드"를 구성하며 하나의 시스템으로서 다이아몬드가 가장 유리한 조건을 가질 때 산업 또는 산업의 세분화 부문에서 기업들이 국제적으로 성공할 가능성이 크다고 주장하였다.[4] 동시에 그는 우연한 사건(chance)과 정부(government)를 2가지 추가적인 변수로 제시하며 한 국가의 다이아몬드에 중요한 영향을 미친다고 보았다. 우연한 사건은 순수한 발견, 기초기술에서의 획기적 발전, 전쟁, 외부의 정치적 발전, 해외시장의 주요 변동 등과 같이 기업이나 국가의 정부가 통제할 수 없는 사건으로 산업구조를 변화시키고 그로 인해 한 국가의 기업들이 다른 국가의 기업들을 대체할 수 있는 기회를 제공하며, 많은 산업에서 경쟁우위를 이동시키는데 중요한 역할을 한다. 그리고 반독점정책, 규제, 교육에 대한 투자, 정부 구매 등 정부의 정책 선택에 따라 국가경쟁 우위가 강화되거나 약화될 수도 있다고 보았다.[5]

다이아몬드 모델은 국가경쟁력의 원천을 체계적으로 구성하여 제시함으로써 학계는 물론 정부, 기업 등으로부터 주목을 받았으며 현재까지도 대표적인 경쟁력 분석틀로 활용되고 있다. 그러나 국제경쟁과 인적자원 등 중요한 경쟁력 원천에 대한 고려가 부족하다는 비판 또한 존재하고 있다.[6]

하지만 오늘날 일반적으로 활용되고 있는 국가경쟁력 모델은 정교한 이론적 배경에 바탕을 두기 보다는 통념상 국가경쟁력에 가장 근사한 것으로 판단되는 변수를 포함하여 비교하여 활용하는 방식

---

4) Porter, M. E.,「The Competitive Advantage of Nations」, N.Y. Free Press, 1990. p. 71~72

5) ibid, p. 73.

6) Moon, Rugman & Verbeke(1995, 1998), Cho, Moon & Kim(2006) 등은 GDD(Generalized Double Diamond), 9-Factor DDD(Dual Double Diamond) 등 새로운 경쟁력 이론을 제시하여 다이아몬드 모델을 수정 · 보완하였다.

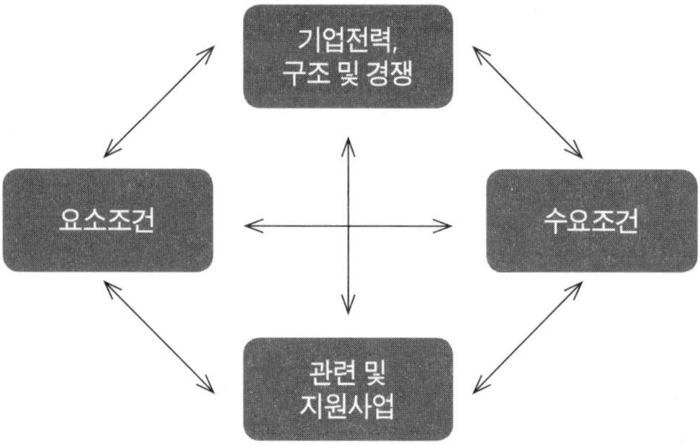

[그림 1] 국가우위 결정요소(The determinants of national advantage)

자료 : Porter, M. E., 「The Competitive Advantage of Nations」, Free Press, 1990. p. 72.

을 취하고 있다. 가장 대표적인 모델이 세계경제포럼(WEF)과 스위스 국제경영개발대학원(IMD)의 국가경쟁력 모델로 다수의 국가를 대상으로 포괄적인 경쟁력 원천을 포함하고 있다.

스위스 다보스에서 매년 초 총회가 열려서 "다보스포럼(Davos Forum)"으로 더 잘 알려진 세계경제포럼은 세계의 저명한 경제학자, 재계 및 금융계의 최고경영자, 각국의 정치 지도자, 국제기구 수장 등 글로벌 오피니언 리더들이 참가하여 세계경제의 현안 및 발전 방안 등을 논의하는 세계 최정상 경제포럼이다. 세계경제포럼은 1979년에 클라우스 슈밥(Klaus Schwab) 교수의 주창에 의해 경쟁력연구(Competitiveness Report)를 시작하였고 1989년부터 1995년까지 IMD와 공동으로 세계경쟁력보고서(World Competitiveness Report)를 발간했다. 그러나 1996년에 국가경쟁력에 대한 개념과 방법론에 대한 의견 차이로 세계경제포럼은 글로벌경쟁력보고서(Global Competitiveness Report. GCR)를, IMD는 세계경쟁력연감(World Competitiveness Yearbook.

WCY)을 서로 독립적으로 발간하며 경쟁력 연구에서 경쟁 구도를 형성했다. 세계경제포럼은 국가경쟁력을 기초요인(basic requirements), 효율성증진요인(efficiency enhancers), 혁신 및 성숙도요인(innovation and sophistication factors)의 3대 분야로 나누어 평가하고 있다. IMD는 경제운영성과(economic performance), 정부행정효율(government efficiency), 기업경영효율(business efficiency), 인프라(infrastructure) 등 4개 분야로 나누어 각국의 종합 경쟁력을 평가한다. 산업정책연구원(IPS)의 국가경쟁력 모델은 마이클 포터의 다이아몬드 모델(Diamond Model)을 발전시킨 'DD를 기반으로 한 9-팩터모델(Double Diamond based 9-Factor Model)'로 국내 및 국제 차원에서 한 국가의 산업이 보유한 물적 요소와 인적 요소를 통해 국가경쟁력을 평가하고 있다. 물적 요소는 생산조건, 수요조건, 관련 산업, 경영여건으로 이루어져 있고 인적 요소는 근로자, 정치가 및 행정관료, 기업가, 전문가로 구성되어 있다. 그리고 기회요인을 추가적 변수로 제시했다.[7] 한편 유럽연합의 'EU경쟁력보고서(European Competitiveness Report)'와 아일랜드의 '아일랜드경쟁력보고서(Ireland Competitiveness Report)'는 특정 국가가 경쟁 상대국과 비교하여 자국의 경쟁력 원천을 연구, 분석하는 방식을 취하고 있다. 세계은행의 기업환경평가지수(Doing Business Index), 헤리티지재단의 경제자유도지수(Index of Economic Freedom), 국제투명성기구의 부패인식지수(Corruption Perception Index) 등은 국가경쟁력을 구성하는 특정 분야에 초점을 맞춘 모델이다.[8]

오늘날 국가경쟁력의 개념에 대해서는 경쟁력 평가 기관에 따라 다양하게 정의되고 있지만 경제 및 비경제적 요소가 모두 포함된 광

7) 산업정책연구원, 국가경쟁력연구 평가지표 및 평가방법론.
http://www.ips.or.kr/site/IPS/research/download/brochure_k.pdf

8) 기획재정부, "2011년 국가경쟁력보고서", 2011. 12. p.5.

의의 개념으로 인식되고 있다. IMD와 세계경제포럼은 종합적인 국가경쟁력 순위를 발표하는 대표적 기관으로 일국의 경제 환경과 제도 및 구조적 문제점을 파악하는데 널리 활용되고 있다.

IMD는 국가경쟁력을 '기업이 더 많은 가치를 창출하고, 국민이 더 많은 번영을 지속 하도록 제반 여건을 창출하고 유지할 수 있도록 해주는 국가의 능력(ability of a nation to create and maintain an environment that sustains more value creation for its enterprises and more prosperity for its people)'으로 정의하고 있다.[9] IMD는 국가경쟁력을 설명해 나가는 과정에서, 기업은 정치, 사회, 문화적 차원에 대처해야 하기 때문에 한 나라의 경쟁력이 단순히 국내총생산이나 생산성만으로 감소할 수 없다고 보았다. 따라서 국가는 기업들의 경쟁력을 고양시키는 가장 효율적인 구조, 제도 및 정책 환경을 제공해야 한다고 주장하였다.[10] 즉, IMD는 국가경쟁력을 기업들이 그 잠재력을 최대한 발휘할 수 있도록 생산 및 투자 활동을 최대한 보장해 주는 제반 시스템의 구축으로 정의하여 평가하였다. IMD가 발표하는 국가경쟁력 순위는 초국적기업(TNC)들이 해외직접투자를 결정하고 입지(location)를 선정함에 있어 활용할 수 있는 유용한 정보를 제공하며, 기업의 경쟁력을 뒷받침하는 국가의 능력이라는 측면에서 정부정책이나 기업경영 등에도 유용한 자료로 활용되고 있다.

세계경제포럼은 국가경쟁력을 '한 국가의 생산성 수준을 결정하는 제도, 정책 및 제반 요소들의 집합체(define competitiveness as the set of institutions, policies, and factors that determine the level of productivity of a

9) IMD, "World Competitiveness Yearbook 2014." IMD World Competitiveness Center. June 2014. p. 485.

10) ibid. p. 480.

country)'로 정의하였다.[11] 그리고 생산성 수준은 경제가 도달할 수 있는 번영의 수준을 설정하며, 생산성 수준은 경제에 투자하여 얻는 수익률을 결정하며, 경제성장률의 핵심 동인으로 보았다. 그리고 경쟁력이 있는 경제체제가 시간이 경과함에 따라 보다 빠른 경제성장을 이룩하는 경향이 있다고 보았다.[12] 즉 세계경제포럼은 높은 1인당 국내총생산(GDP) 성장률을 유지하는 국가의 능력으로 지속적 경제성장과 장기적인 번영을 가능하게 하는 정책, 제도 및 제반요소를 국가경쟁력으로 보았다.

상기 기관들 외에도 한국의 산업정책연구원(IPS)은 '국가경쟁력은 한 국가가 다른 국가들과 경제적 측면에서 경쟁하여 이길 수 있는 능력'으로 규정함으로써 국가경쟁력의 개념을 상대적인 측면에서 보았다.[13] 반면 한국의 기획재정부는 "2011년 국가경쟁력보고서"에서 국가경쟁력을 '국민의 생활수준(standard of living)과 삶의 질(quality of life)을 지속적으로 향상시킬 수 있는 한 국가의 총체적인 역량"으로 정의하였다. 동 정의가 국가 경제력과 혼동되는 것을 피하기 위해 경쟁력은 세계경제에서 다른 국가와 경쟁하여 우월한 지위를 유지할 수 있는 능력을 의미한다고 규정하였다.[14]

---

11) WEF, The Global Competitiveness Report 20132014. Geneva, 2013. p. 4.

12) Ibid. p. 4. "The level of productivity, in turn, sets the level of prosperity that can be reached by an economy. The productivity level also determines the rates of return obtained by investments in an economy, which in turn are the fundamental drivers of its growth rates. In other words, a more competitive economy is one that is likely to grow faster over time."

13) 삼성경제연구소, "한국 국가경쟁력 분석과 정책적 시사점 : WEF 금융경쟁력 지수를 중심으로", 2010.12. p, 1.

14) 기획재정부, "2011년 국가경쟁력보고서", 2011. 12. p. 2.

[표 1] 주요 평가기관의 국가경쟁력 정의

평가 기관	국가경쟁력 정의
국제경영개발대학원(IMD)	기업이 더 많은 가치를 창출하고, 국민이 더 많은 번영을 지속 하도록 제반 여건을 창출하고 유지할 수 있도록 해주는 국가의 능력
세계경제포럼(WEF)	높은 1인당 GDP성장률을 유지하는 국가의 능력으로, 한 국가의 생산성 수준을 결정하는 제도, 정책 및 제반 요소들의 집합체를 의미.
산업정책연구원(IPS)	한 국가가 다른 국가들과 경제적 측면에서 경쟁하여 이길 수 있는 능력.
한국 기획재정부	국민의 생활수준과 삶의 질을 지속적으로 향상시킬 수 있는 한 국가의 총체적인 역량.

자료 : IMD, WEF, IPS, 기획재정부.

이상에서 본 바와 같이, 국가경쟁력 개념은 이를 측정하는 기관이 초점을 어디에 두느냐에 따라 다소 다르게 정의되고 있다. 국가경쟁력은 글로벌 시장에서 일국의 기업이 다른 나라 기업들과 성공적으로 경쟁할 수 있도록 하는 효율적인 정치, 사회, 경제구조와 제도 및 정책을 제공하는 국가의 총체적인 능력으로 개인의 역량, 기업의 경쟁력, 정부의 효율성, 지식 창출과 관련된 교육 및 기술 경쟁력, 사회시스템, 국가이미지, 환경 등을 포함하는 포괄적 개념으로 인식되고 있다. 흥미로운 사실은 국가경쟁력 개념도 시대에 변하고 있다는 점이다. 과거에는 기업 경영활동을 활성화시키고 경제의 생산성과 효율성을 촉진하는 요인을 분석하는데 초점이 두어졌다면, 현재에는 사회시스템, 환경, 보건 등 다양한 비경제적 분야도 적극적으로 수용하는 방향으로 전개되고 있다. 사회시스템의 안정과 사회통합, 환경 등을 도외시하고는 경제성장의 지속성을 담보하고, 질적 측면에서 국민생활의 풍요를 달성하기가 어렵다는 인식이 확산되고 있기 때문이다.

2. 국가경쟁력 평가 구성

1) 국제경영개발대학원(IMD)의 국가경쟁력 평가 구성

IMD는 1989년부터 매년 통계자료와 전 세계 기업경영진을 대상으로 한 설문조사를 바탕으로 '세계경쟁력연감(World Competitiveness Yearbook)'을 출간하면서 경제협력개발국가(OECD)를 포함한 세계 주요 국가들의 국가경쟁력 순위를 발표하고 있다. 초기에는 26개 OECD회원국과 신흥경제 20여 국가를 구분하여 순위를 발표하였고, 1994년부터는 통합하여 순위를 매겼다. 2003년에는 인구 2,000만 명을 기준으로 국가 그룹을 2분화하여 순위를 산정하였다가 2004년부터 다시 통합하여 순위를 발표하고 있다. 동시에 지역별(유럽-중동-아프리카, 아시아-태평양, 아메리카), 인구 규모별(2,000만 이상, 2,000만 미만), 1인당 GDP별(20,000달러 이상, 20,000달러 미만) 순위도 함께 발표하고 있다. 평가 대상국가 수는 매년 약간의 변동을 보이고 있는 데 2013년부터 세계 경제에서 핵심적 역할을 담당하는 60개 국가를 대상으로 하고 있다.

IMD의 국가경쟁력 평가에는 경제운영성과(Economic Performance), 정부행정효율(Government Efficiency), 기업경영효율(Business Efficiency), 인프라(Infrastructure) 등 4개 부문의 경쟁력 요인(competitiveness factor)이 종합적으로 고려되고 있다. 경제운영성과는 경제부문 국가경쟁력의 최종 결과물로 국내경제에 대한 거시경제지표 평가에 초점을 두었으며, 정부행정효율은 정부정책과 제도적 여건 및 사회적 제반 여건 등이 경쟁력 향상에 기여하는 정도를 평가하며, 기업경영효율은 기업경영 성과를 높이기 위한 혁신 능력, 이윤추구, 경영책임성의 기준을 평가하며, 인프라는 기본, 기술, 과학, 보건 및 환경, 교육 등의 사회기반시설 및 구조가 기업의 요구를 얼마나 충족시키는지를 평가한다. 이러한 4개의 경쟁력 요인은 다시 각각 5개의 하위요인(sub-factor)으로 구성되어 있으며, 각 하위요인은 최소 6개(물가)에서 최다 26개(국제무역, 보건 및 환경)의 세부지표(criteria)로 구성되어 있다(표 2 참조).

세부지표는 경성자료(hard data)와 연성자료(soft data)로 구성된다. 경성자료는 객관적인 사실에 근거한 통계자료로 경제협력개발기구(OECD)등 평가대상 국가별 통계자료를 통해 수집되는데 세계 55개 정책연구 파트너 기관들과의 협력을 통해 통계의 신뢰성과 정확성 등을 검토하는 절차를 거친다. 연성자료는 정량적으로 측정하기 어려운 항목을 평가하기 위한 것으로 매년 기업 경영진을 대상으로 직접 설문조사(Executive Opinion Survey)를 실시하여 수집한다. 통계적 대표성을 위해 각 국가의 국내총생산 비율을 반영하여 샘플의 규모를 결정하고 설문 대상은 산업별로 1차 산업, 제조업, 서비스업 등 모든 영역을 종합적으로 포괄하여 전체 경제를 대표할 수 있도록 구성한다. 설문 대상자는 각 항목에 대해 가장 낮은 1점에서 가장 높은 6점까지 주관적 판단에 기초하여 응답한다. 전체 세부지표의 수는 연도별로 약간씩 차이가 있는 데 2008년부터는 대략 320~330개를 전후로 유지되고 있다.[15)]

15) 전체 지표수는 2005년 314개, 2006년 312개, 2007년 323개, 2008년 331개, 2009년 329개, 2010년 327개, 2011년 331개, 2012년 329개, 2013년 333개, 2014년 338개였다.

[표 2] IMD 2014년 국가경쟁력 평가 요인 및 세부 지표

<table>
<tr><th colspan="3">I. 경제운영성과
(Economic Performance)</th><th colspan="3">II. 정부행정효율
(Government Efficiency)</th></tr>
<tr><td rowspan="5">5대
하위요인
(83개
지표)</td><td>국내경제</td><td>25개 지표</td><td rowspan="5">5대
하위요인
(70개
지표)</td><td>공공재정</td><td>12개 지표</td></tr>
<tr><td>국제무역</td><td>26개 지표</td><td>재정정책</td><td>13개 지표</td></tr>
<tr><td>국제투자</td><td>18개 지표</td><td>제도적 여건</td><td>13개 지표</td></tr>
<tr><td>고용</td><td>8개 지표</td><td>기업관련법</td><td>20개 지표</td></tr>
<tr><td>물가</td><td>6개 지표</td><td>사회적 제반여건</td><td>12개 지표</td></tr>
<tr><th colspan="3">III. 기업경영효율
(Business Efficiency)</th><th colspan="3">IV. 인프라
(Infrastructure)</th></tr>
<tr><td rowspan="5">5대
하위요인
(71개
지표)</td><td>생산성/효율성</td><td>11개 지표</td><td rowspan="5">5대
하위요인
(114개
지표)</td><td>기본인프라</td><td>25개 지표</td></tr>
<tr><td>노동시장</td><td>24개 지표</td><td>기술인프라</td><td>23개 지표</td></tr>
<tr><td>금융</td><td>20개 지표</td><td>과학인프라</td><td>23개 지표</td></tr>
<tr><td>기업경영관행</td><td>9개 지표</td><td>보건 및 환경</td><td>26개 지표</td></tr>
<tr><td>태도 및 가치관</td><td>7개 지표</td><td>교육</td><td>17개 지표</td></tr>
<tr><th colspan="6">총 4개 부문(factor), 20개 하위요인(sub-factor), 338개 세부지표(criteria)</th></tr>
</table>

자료 : IMD, World Competitiveness Yearbook, 2014.

IMD의 2014년 국가경쟁력 순위 조사에는 경제협력개발기구(OECD) 34개 회원국과 신흥경제국 26개 등 총 60개 국가가 대상이 되었고, 338개 세부지표가 사용되었다. 지표 중 2/3는 국제통화기금(IMF), 경제협력개발기구(OECD), 세계은행(World Bank), 국제노동기구(ILO) 등의 국제기구와 민간연구소(CB Richard Ellis, Mercer HR Consulting, PriceWaterhouseCoopers 등)의 통계자료(hard data)가, 1/3은 2014년 1~4월에 60개국에서 기업 활동을 수행하는 4,300명 민간기업 최고 또는 중간 관리자(executives in top and middle management)를 대상으로 실시한 설문조사자료(Survey data) 결과가 활용되었다. 설문은 1~6점 척도로 조사하며, 0~10점 척도로 환산하여 사용되었다.[16)]

16) http://www.imd.org/wcc/wcc-factors-criteria/

전체 세부지표 338개 중 58개는 단지 정보 제공을 위한 참고자료(background data)로 제시되었고, 실제 순위 평가에 반영된 지표는 253개로 정량지표(hard data) 135개와 설문지표(survey) 118개로 구성되었다. 이를 구체적으로 살펴보면 다음과 같다. 먼저 경제운영성과 부문에는 국내경제(25개), 국제교역(26개), 국제투자(18개), 고용 및 실업(8개), 물가 및 생계비(6개)와 관련된 지표 83개가 이용되었으며, 정부행정효율 부문에는 공공재정(12개), 재정정책(13개), 제도적 여건(13개), 기업관련 법규(20개), 사회적 여건(12개)과 관련된 지표 70개, 기업경영효율 부문에는 생산성&효율성(11개), 노동시장(24개), 금융/자본조달(20개), 기업경영관행(9개), 태도 및 가치관(7개)와 관련된 지표 71개, 인프라 부문에는 기본인프라(25개), 기술인프라(23개), 과학인프라(23개), 보건 & 환경(26개), 교육(17개)과 관련된 지표 114개가 이용되었다(표 2참조). 4개 경쟁력 요인에서 각 세부지표들이 미치는 영향력은 다음과 같았다. 경제운영성과와 관련해 전반적으로 국민소득(GDP)수준 및 증가율이 높을수록, 무역의존도, 특히 수출비중이 높을수록, 해외직접투자 및 외국인직접투자가 활발할수록, 실업률과 물가상승률이 낮을수록 경쟁력이 높았다. 정부행정효율과 관련해서는 재정건전성이 높고, 정부 규모가 작고, 조세율이 낮을수록, 정부정책이 일관성 있고 투명하며 규제 완화가 심화되어 있을수록 경쟁력이 높았다. 기업효율과 관련해서는 생산성 및 효율성이 높을수록, 노동비용이 낮고, 노사관계가 우호적이며 국내외 우수인력 수급이 용이할수록, 금융시장의 개방성이 클수록, 주주 중심의 기업경영관행이 정착되어 있을수록 경쟁력이 높았다. 인프라와 관련해서는 기초인프라가 잘 구비되어 있고, 기술 및 산업인프라가 발달되어 있으며, 연구개발(R&D)에 대한 관심도가 높고, 보건·환경·교육에 대한 투자수준이 높을수록 경쟁력이 높게 나타났다.

2) 세계경제포럼(WEF)의 국가경쟁력 평가 구성

세계경제포럼은 IMD와 더불어 세계 각국의 국가경쟁력을 평가하는 대표적 국제기관이다. 세계경제포럼은 1976년부터 '경쟁력보고서(Competitiveness Report)'라는 제목으로 국가경쟁력 관련 평가를 실시하였고, 1987년부터 1995년까지는 IMD와 공동으로 '세계경쟁력연감(World Competitiveness Yearbook: WCY)'을 발간하였고, 1996년부터는 '글로벌경쟁력보고서(The Global Competitiveness Report)'를 발간하면서 독립적인 평가를 시작하였다. 그리고 2000년부터 경쟁전략의 세계적 권위자인 마이클 포터(M. Porter) 교수와 공동으로 현재 수준에서의 성장과 번영을 지원하는 일련의 제도, 시장구조, 경제정책에 중점을 둔 '현시경쟁력지수(Current Competitiveness Index)'를 개발하였고, 2001년에는 하버드대 국제개발센터의 제프리 삭스(J. Sahs) 교수와 '성장경쟁력지수(Growth Competitiveness Index)'를 만들었는데 이는 중기적(향후 5년) 측면에서 높은 경제성장률을 지원하는 일련의 제도 및 경제정책에 초점을 두었다. '현시경쟁력지수'는 2002년부터 기업의 투자활동과 관련된 경영환경에 중점을 둔 '비즈니스경쟁력지수(BCI. Business Competitiveness Index)'로 바뀌었다. 그리고 2005년부터 기존의 성장경쟁력지수를 '글로벌경쟁력지수(Global Competitiveness Index)'로 개편하였는데 지수 산정에 시장효율성, 교육, 혁신 등의 요소가 추가되었고, 경쟁력과 지속가능한 성장간의 복잡한 관계를 규명하기 위한 시도로 사회적, 환경적 배경(societal and environmental context)까지 고려하였다. 세계경제포럼은 2005년 글로벌경쟁력지수(GCI)를 산정하며 3대 분야(subindex), 9개 부문(pillar)으로 세분하여 각국의 경쟁력을 평가하였다. 2007년부터 시장효율성 부문(pillar)을 상품시장효율성, 노동시장효율성, 금융시장발전, 시장규모의 4개 부문(pillar)으로 세분하여 3대 분야 12개 부문으로 구성하였고 그

후 현재까지 그 틀을 유지하고 있다.

2014년 현재 세계경제포럼의 글로벌경쟁력지수(GCI)는 3대 분야, 12개 부문, 112개 항목으로 구성되어 있다. 3대 분야는 기초요인(basic requirements), 효율성증진 요인(efficiency enhancers), 혁신 및 성숙도 요인(Innovation and sophistication factors)으로 구성되어 있다. 기초요인은 제도(institution), 인프라(infrastructure), 거시경제환경(macroeconomic environment), 보건 및 초등교육(health & primary education)의 4개 부문 43.5개 항목(indicators. 통계 14개, 설문 29.5개)으로 구성되어 있다. 효율성증진 요인은 고등교육 및 훈련(higher education & training), 상품시장효율성(goods market efficiency), 노동시장효율성(labor market efficiency), 금융시장발전(financial market development), 기술수용성(technological readiness), 시장규모(market size)의 6개 부문 51.5개 항목(통계 17개, 설문 34.5개)으로 이루어져 있다. 혁신 및 성숙도 요인은 기업성숙도(business sophistication)와 연구개발혁신(R&D innovation)의 2개 부문 17개 항목(통계 1개, 설문 16개)으로 구성되어 있다. 항목(indicator) 수는 총 112개 이지만 4개 항목의 가중치가 1/2로 한 부문 이상에서 사용됨에 따라 평가에 사용된 실제 항목 수는 116개이다(표 3 참조).

경쟁력지수 산정에는 유엔(UN), 경제협력개발기구(OECD), 세계은행(World Bank), 국제통화기금(IMF), 세계보건기구(WHO) 등 국제기구로부터 입수한 통계 항목과 기업경영자를 대상으로 한 설문항목 자료가 사용되었다. 2014년의 경우 32개 통계 항목과 148개 국가에서 비즈니스 활동을 수행하는 14,000명 이상의 경영진을 대상으로 한 80개 설문조사 결과 등 총 112개 자료를 토대로 144개국의 국가경쟁력을 평가하였다.

세계경제포럼은 국가의 경쟁력을 결정하는 요소들은 상당히 다

[표 3] 글로벌 경쟁력 지수 평가 체계(2014년 기준)

분야	부문(비중, 항목)	(비중, 항목)
I. 기초 요인 비중 : 20~60% 항목 : 43.5개	① 제도 (25%, 20.5개)	■공공부문 (75%, 15.5개) ■민간부문 (25%, 5개)
	② 인프라 (25%, 8개)	■운송 (50%, 6개) ■전력 및 전화 (50%, 2개)
	③ 거시경제환경 (25%, 5개)	
	④ 보건 및 초등교육 (25%, 10개)	■보건 (50%, 8개) ■초등교육 (50%, 2개)
II. 효율성 증진 요인 비중 : 35~50% 항목 : 51.5개	⑤ 고등교육 및 훈련 (17%, 8개)	■고등교육의 양 (33%, 2개) ■고등교육의 질 (33%, 4개) ■직장훈련 (33%, 2개)
	⑥ 상품시장 효율성 (17%, 16개)	■경쟁 (67%, 14개) ■수요조건의 질 (33%, 2개)
	⑦ 노동시장 효율성 (17%, 9.5개)	■유연성 (50%, 5개) ■재능의 효율적 활용 (50%, 4.5개)
	⑧ 금융시장 발전 (17%, 8개)	■효율성 (50%, 5개) ■신용 및 신뢰도 (50%, 3개)
	⑨ 기술수용성 (17%, 8개)	■기술채택 (50%, 3개) ■ICT사용 (50%, 5개)
	⑩ 시장규모 (17%, 2개)	■국내시장규모 (75%, 1개) ■해외시장규모 (25%, 1개)
III. 혁신 및 성숙도 요인 비중 : 5~30% 항목 : 17.0개	⑪ 기업성숙도 (50%, 9.5개)	
	⑫ 연구개발혁신 (50%, 7.5개)	
총 3개 분야(subindex), 12개 부문(pillar), 112개 항목(indicator)		

자료 : WEF, Global Competitiveness Report 2014-2015. pp.49-51.

양하며, 국가의 발전 단계에 따라 각 요소가 차지하는 중요성은 다르다는 관점에서 3대 분야별로 가중치를 달리하는 차별화된 방법론을 적용하여 글로벌경쟁력지수(GCI)를 산정하고 있다. 국가 발전 단계는 마이클 포터의 경제발전 단계 정의를 적용하여 요소주도형 경제, 효율성주도형 경제, 혁신주도형 경제, 한 경제 단계에서 다른 경제 단계로 이동하는 2개의 중간 단계 등 총 5개 단계로 분류하고 있다. 각 국의 발전 단계는 다음의 2가지 기준을 기초로 해서 구분된다. 첫 번째 기준은 1인당 국내총생산(GDP)으로 평가 대상국에 대한 국제적으로 비교 가능한 임금에 대한 통계가 없기 때문에 그 대용지표(proxy)로 사용된다. 두 번째 기준은 해당 국가의 자원집약도로 재화와 서비스를 포함한 전체 수출에서 1차 제품의 수출비중으로 측정된다. 해당 국가의 1인당 GDP가 높더라도 석유, 천연가스 등의 광물제품의 수출 비중이 70% 이상인 경우 요소주도형 단계로 분류하고 있다. 발전 단계에 기초한 국가들의 최종 점수 산정에 사용되는 분야별 가중치는 다음과 같다. 1인당 국내총생산이 2,000달러 미만인 요소주도 경제의 경우 기본요인에 60%, 효율성증진에 35%, 기업혁신 및 성숙도에 5%의 가중치를 부여하며, 1인당 GDP가 3,000달러 이상 9,000달러 미만인 효율성주도 경제에 대해서는 각각 40%, 50%, 10%의 가중치를, 1인당 GDP가 17,000달러를 초과하는 혁신주도 경제는 각각 20%, 50%, 30%의 가중치를 적용한다. 요소주도에서 효율성주도 경제로, 효율성주도에서 혁신주도 경제로 전환 과정에 있는 과도기 단계 경제의 경우 각 국가별로 가중치에 차이를 두고 있다(표 4 참조). 동 기준에 근거해 세계경제포럼은 2014년 발행한 글로벌경쟁력보고서에서 인도를 위시한 37개국을 요소주도형 경제로, 중국을 포함한 30개국은 효율성주도형 경제로, 미국을 중심으로 37개국은 혁신주도형 경제로 분류하였다. 그리고 아제르바이잔 등 16개국은 요소주도형에서 효율성 주도로, 러시아를 포함한 24개국은 효율성주도에서 혁신주도로 넘어가는 과도기 과정에 있다고 보았다.

[표 4] 세계경제포럼의 국가경제구조 발전 단계(2014년 기준)

단계		특징	기준(1인당GDP)	단계별 가중치(%)	해당국가 수(2014-2015)
1단계	요소주도 경제	비숙련 노동력과 천연자원 등에 의존. 가격경쟁력에 기반으로 저임금, 저생산성 기초 제품/상품 판매하는 단계. 경쟁요소: 기본요인	2,000$ 미만	기본요인(60), 효율성증진(35), 기업혁신/성숙도(5)	37개국 (인도, 키르기즈, 타지키스탄)
중간 단계	요소주도→효율성주도		2,000~2,999	국가별 상이 기본요인(40~60), 효율성증진(35~50), 기업혁신/성숙도(5~10)	16개국 (아제르바이잔, 쿠웨이트)
2단계	효율성주도 경제	효율적인 제품 공정을 도입하여 제품의 질을 개선해 나가는 단계. 경쟁요소: 효율성증진	3,000~8,999	기본요인(40), 효율성증진(50), 기업혁신/성숙도(10)	30개국 (중국, 인니, 우크라이나)
중간 단계	효율성주도→혁신주도		9,000~17,000	국가별 상이 기본요인(20~40), 효율성증진(50), 기업혁신/성숙도(10~30)	24개국 (러시아, 브라질, 터키)
3단계	혁신주도 경제	기업들이 신제품, 혁신적인 제품들로 경쟁하는 단계로 고임금 및 높은 삶의 질을 유지해 나간다. 경쟁요소: 기업혁신/성숙도	17,000$ 초과	기본요인(20), 효율성증진(50), 기업혁신/성숙도(30)	37개국 (OECD 회원국 외)

자료 : WEF. Global Competitiveness Report 2014-2015. pp.9-11.

III. 러시아 국가경쟁력 현황 및 추이

1. IMD의 러시아 국가경쟁력

1) IMD의 러시아 국가경쟁력 추이

러시아 경제가 미국과 유럽연합(EU) 등으로부터 시장경제지위(MES: market economy status)를 인정받으면서 자본주의 시장경제로의 체제전환을 완성한 2005년부터 2014년까지 10년 동안 IMD의 세계경쟁력지수(World Competitiveness Scoreboard: WCS)'를 통해 러시아 경쟁력 추이를 분석한 결과는 표 5와 같다.

2005년 러시아는 IMD로부터 세계경쟁력평점에서 43.591점을 취득하며 평가대상 60개국 중 54위를 차지하며 최하위 10%에 포함될 정도로 경쟁력이 대단히 취약한 국가로 인정받았다. 미국발 글로벌 금융위기 전인 2007년 러시아 국가경쟁력 순위는 43위로 뛰어오르며 2006년 대비 11단계나 상승하였으나 평가대상국이 61개국에서 55개국으로 6개국 줄어든 것을 고려할 때 큰 폭의 상승이라 하기는 부족하다. 실제로 경쟁력평점에서 2.577점 상승하는데 그쳤다. 2008년 글로벌 경제위기 여파로 과도한 에너지 의존형 경제구조를 지닌 러시아가 다른 이머징마켓 국가와 비교해 상대적으로 큰 타격을 입으면서 2010년 러시아 국가경쟁력 순위는 다시 50위권 밖으로 밀려났다. 그 후 국제원자재가격 상승에 따른 경기회복으로 경제운영성과 지표들이 개선되기 시작하면서 국가경쟁력도 빠른 속도로 향상되었다. 2013년 러시아는 국가경쟁력에서 42위로 최고치를 기록하였고, 2014년에는 평가대상 60개 국가 중에서 38위를 차지하며 최고 순위를 다시 갱신했다. 최근 10년간 상승폭을 기준으로 경쟁력이 향상된 국가를 살펴보면 인도네시아가 59위에서 37위

[표 5] IMD의 4대 부문별 러시아 국가경쟁력 추이(2005~2014년)

	2005	2006	2007	2008	2009	2010	2011	2012	2013	2014
전체 순위	54	54	43	47	49	51	49	48	42	38
(평점)	43.591	44.738	47.315	45.736	52.770	49.318	58.376	55.195	56.809	57.997
I. 경제운영성과	57	59	52	49	49	49	42	45	34	41
(평점)	32.331	25.673	28.571	26.679	29.567	25.922	42.410	40.795	41.259	32.753
1. 국내경제	30	23	34	25	30	47	36	30	23	29
2. 국제무역	7	17	25	13	7	44	25	31	35	44
3. 국제투자	33	33	27	20	9	17	14	15	13	10
4. 고용	46	39	41	26	25	30	23	27	13	13
5. 물가	60	61	55	55	56	57	58	58	57	59
II. 정부행정효율	46	44	39	30	39	40	46	45	43	37
(평점)	37.285	36.711	41.189	40.093	35.116	37.629	40.442	39.722	33.686	33.551
1. 공공재정	3	2	2	4	4	21	15	14	12	11
2. 재정정책	18	23	22	27	19	14	20	22	21	21
3. 제도적여건	52	50	47	38	49	50	46	45	47	32
4. 기업관련법	58	57	48	52	55	56	57	57	57	57
5. 사회적여건	54	51	46	49	48	43	57	56	59	53

	2005	2006	2007	2008	2009	2010	2011	2012	2013	2014
III. 기업경영효율	55	53	48	49	54	53	54	53	53	53
(평점)	15.331	18.990	21.155	16.761	13.425	15.302	26.573	25.652	22.648	21.871
1. 생산성/효율성	47	51	34	38	41	57	50	53	54	53
2. 노동시장	49	42	39	41	45	18	27	23	42	41
3. 금융	59	56	51	51	55	43	48	49	43	42
4. 기업경영관행	54	54	52	55	54	57	58	57	57	54
5. 태도 및 가치관	52	49	47	45	50	50	54	51	52	48
IV. 인프라	46	51	37	45	38	38	38	38	39	35
(평점)	31.597	27.355	35.940	20.923	26.755	33.517	40.385	39.914	36.915	34.347
1. 기본인프라	55	58	33	36	41	37	43	42	44	38
2. 기술인프라	55	57	46	51	43	44	41	34	31	27
3. 과학인프라	21	24	22	24	23	23	24	23	25	23
4. 보건 및 환경	59	59	51	52	49	53	52	54	50	49
5. 교육	27	37	36	39	34	37	38	38	39	36
평가대상국가 수	60	61	55	55	57	58	59	59	60	60

자료 : IMD, World Competitiveness Yearbook, 각년도.

로 22단계 상승하며 1위를 차지하였다. 폴란드가 57위에서 36위로 21단계 상승하며 그 뒤를 이었고, 러시아는 말레이시아(28위에서 12위)와 함께 16단계 상승하며 3위를 차지하였다. 비교 대상인 브릭스(BRICs) 국가군에서는 중국이 31위에서 23위로 8단계 상승하며 가장 강한 경쟁력을 유지한 반면, 브라질은 51위에서 54위로, 인도는 39위에서 44위로 추락하며 러시아에 추월당하는 부진한 성과를 거두었다.

2014년 러시아 경쟁력평가 결과를 2005년 및 2006년 최저 순위와 대비해 4대 부문(factor)별로 살펴보면 다음과 같다. 경쟁력이 가장 개선된 부문은 경제운영성과로 59위에서 41위로 18단계 상승하였다. 그러나 평점은 32.331에서 32.753으로 거의 변동이 없어 다른 경쟁 국가들의 경제운영성과가 악화되면서 러시아가 반대급부를 얻은 결과로 볼 수 있다. 인프라 부문은 51위에서 35위로 16단계 상승하였고 평점 또한 31.597에서 34.347로 향상되었다. 정부행정효율부문은 46위에서 37위로 다소 순위는 올랐으나 평점은 37.285에서 33.551로 더 악화되었다. 반면 기업경영효율부문은 지난 10년 동안 53위에서 55위권을 벗어나지 못하며 가장 부진한 부문으로 남았다. 평점은 15.331에서 21.871로 개선되었으나 여전히 가장 낮은 수준에서 벗어나지 못하고 있음을 보여주었다. 이와 같이 순위와 평점사이에 적지 않은 괴리가 발생하는 것은 러시아가 4대 부문에서 개선되었기 보다는 다른 국가들의 실적이 더 부진했다고 판단할 수 있다.

하위부문(sub-factor) 20개 영역별로 경쟁력 추이를 살펴보면 다음과 같다. 경쟁력이 향상된 분야는 국제투자(33위→10위), 고용(46위→13위), 제도적여건(52위→32위), 금융(59위→42위), 기본인프라(58위→38위), 기술인프라(57위→27위), 보건 및 환경(59위→49위), 노동시장(49위→41위) 부문이었다. 반면에 경쟁력에서의 약화가 발생한 부문은 국제무역(7위→44위), 공공재정(2위→11위), 생산성(47위→53위). 교육인프라(27위→36위) 분야였다. 그 외에 국내경제(30위→29위), 재정정책(18위→21위), 태도 및 가치관(52위→48위), 과학인프라(21위→23위), 물가(60위→59위), 기업관련법(58위→57위), 사회적 여건(54위→53위), 기업경영관행(54위→54위) 등에서는 큰 순위 변화가 없었다. 20개 하위부문 중에서 러시아가 국제적 경쟁력을 지닌 부문은 국제투자(10위), 공공재정(11위), 고용(13위) 등 3개에 불과했고, 물가(59위), 기업관련법(57위), 기업경영관행(54위), 사회적 여건(53위), 생산성(53위) 부문은 대단히 취약한 것으로 나타났다.

2) IMD의 러시아 국가경쟁력의 지표별 강점과 약점

본 절에서는 2005년부터 2014년까지 IMD가 국가경쟁력 지수 산출에 사용한 모든 세부지표(criteria)의 추이를 통해 러시아 국가경쟁력 현황을 지표 수준에서 강점과 약점을 분석해 보았다. 세부지표 중 순위산정에 포함되지 않은 참고자료(background information)로 사용된 지표는 제외하고 실제 평가에 반영된 정량지표와 설문지표를 사용하여 2014년 기준 상위 10위안에 드는 상위권 세부지표와 하위 10위 안에 드는 하위권 세부지표의 지난 10년간 추이를 분석하였다.

러시아가 3위권 내에 드는 최고 경쟁력을 가지고 있는 세부지표로는 피고용자 사회보장분담금율(1위), 문자해독율(1위), GDP대비 일반정부지출(2위), 수출대상국 다변화(3위), 해외직접투자액(3위), 외국인직접투자 유치액(3위), 이동통신 가입자수(3위), 개인R&D 지출액(3위) 등 8개 항목이었다. 그 외에 외환보유액(4위), 산업용전기요금(4위), GDP대비 일반정부부채(5위), 경작면적(5위), 고정광대역요금(5위)

등에서도 최고에 버금가는 경쟁력을 지닌 것으로 나타났다. 전체 253개 세부지표 가운데 러시아가 상위 10위권 이내에 드는 강점지표는 총 33개였는데 2005년 33개와 비교해 변화가 없었으나, 2013년 35개에 비해서는 2개가 줄어들었다. 특히 러시아경제의 성장 전망에 힘입어 해외직접투자액와 외국인직접투자유치액 부문이 중위권인 10위권 후반에서 3위로 뛰어 올랐고, GDP대비 일반정부지출은 재정수입의 확대로 30위권에서 2위로, 이동통신가입자수는 최하위 50위권에서 3위로 상승하며 강점 요인으로 전환되었다. 강점 세부지표를 하위부문별로 살펴보면 기본인프라(5개)와 기술인프라(4개), 국제무역(3개), 국제투자(3개) 분야에 집중되었다. 반면 기업관련법, 사회적여건, 기업경영관행, 태도 및 가치관 부문에서는 1개도 10위권에 들지 못했다. 흥미로운 사실은 강점 항목의 경우 통계자료와 관련된 경성지표가 대다수인 32개를 차지한 반면, 설문조사(survey)을 통한 연성지표는 실질 개인세금부담(10위) 1개에 불과했다는 점이다. 이는 러시아에서 기업 활동을 수행하는 경영자들이 피부로 느끼는 투자환경에서의 양호한 측면이 거의 없다는 것을 보여준다.

2014년 기준 최하위권인 56위권 이하에 포함되며 러시아가 가장 취약한 경쟁력을 가진 것으로 평가받은 지표는 전체 253개 항목 중 12개였다. 2005년 53개 항목에 비교해서는 41개나 줄었고, 2013년 38개에 비해서는 26개가 줄어든 것으로 나타났다. 이와 같은 최하위권 지표에서의 눈에 띠는 개선이 러시아 전체 경쟁력 상승을 이끈 것으로 판명되었다. 최하위 경쟁력을 지닌 항목을 살펴보면 경제활동인구대비 유아 및 노령인구를 나타내는 부양비율이 60위로 최하위를 차지했고, 기업에 대한 국가지배(58위), 경영진의 국제경험(58위), 에너지집약도(58위), 녹색(재생에너지)기술(58위), 사무실임대료(57위), 관광수입(57위), 경제구조다변화(56위), 소비자물가지수(56위), 생계

[표 6] IMD의 러시아 국가경쟁력 강점 세부지표

	2014	2013	2012	2011	2010	2009	2008	2007	2006	2005
I. 경제운영성과										
교역대상국 다변화	3	4	-	-	-	-	-	-	-	
해외직접투자($bn)	3	8	8	7	7	12	11	14	17	15
외국인직접투자($bn)	3	9	8	8	7	6	12	16	14	13
고용	6	6	6	6	6	6	6	6	6	6
가솔린가격	6	6	6	6	6	7	-	-	-	-
국내총생산GDP(PPP)	6	6	6	6	6	6	7	9	10	10
국내총생산(GDP)	8	8	9	11	11	8	11	11	13	15
해외직접투자증가(%))	8	20	15	14	14	22	20	26	25	22
상품수출($bn)	10	8	9	12	13	9	12	13	13	14
서비스수출증가(%)	10	10	5	30	44	6	16	6	12	23
II. 정부행정효율										
피고용자사회보장분담금율	1	1	1	1	1	1	1	1	1	1
일반정부지출(GDP대비)	2	9	9	32	32	-	-	-	-	-
외환보유액($bn)	4	3	3	3	3	3	3	3	5	7
일반정부부채(GDP대비)	5	2	2	3	5	5	6	7	8	7
실질 개인세금부담*	10	7	7	3	1	3	11	8	17	13
III. 기업경영효율										

	2014	2013	2012	2011	2010	2009	2008	2007	2006	2005
고용 및 등록실업자 수	6	6	6	6	6	6	6	6	6	6
M&A 활동 (백만$)	6	10	-	-	-	-	-	-	-	-
IV. 인프라										
문자해독율	1	1	1	1	1	1	1	1	1	1
개인 R&D지출액	3	3	3	3	3	3	2	2	2	2
이동통신가입자수	3	2	2	4	6	20	21	30	43	53
산업용 전기비용	4	5	4	5	4	5	3	2	2	4
경작면적	5	5	4	4	4	4	3	3	3	4
고정광대역요금	5	5	5	8	8	3	-	-	-	-
인구 - 시장규모	6	6	6	6	6	6	6	6	6	6
컴퓨터 수	6	6	7	8	7	7	9	9	15	18
고등교육 성과	6	29	36	35	33	30	29	30	23	23
중등교사 1인당 학생수	7	19	5	3	3	3	4	7	15	14
특허건수	8	7	6	6	6	6	5	5	5	6
수자원	8	8	8	8	8	7	-	-	-	-
이동통신비용	8	7	5	11	10	18	14	14	16	45
의료인력	8	10	10	8	8	7	12	7	6	4
인구 - 시장규모	6	6	6	6	6	6	6	6	6	6
국내에너지생산비중	9	8	8	8	7	7	5	5	5	5

자료 : IMD, World Competitiveness Yearbook, 각년도.

[표 7] IMD의 러시아 국가경쟁력 약점 세부지표

	2014	2013	2012	2011	2010	2009	2008	2007	2006	2005
I 경제운영성과										
사무실임대료	57	56	54	54	53	50	-	-	-	-
관광수입(GDP대비)	57	57	55	54	55	52	50	48	49	44
경제구조다변화*	56	57	58	58	57	56	54	54	-	-
소비자물가지수(CPI)	56	51	56	52	55	52	53	52	60	58
생계비지수	56	55	54	56	52	56	53	51	55	57
수출상품 다변화	54	-	-	-	-	-	-	-	-	-
교역/GDP	51	52	50	47	45	46	45	45	42	41
식료품비	51	-	-	-	-	-	-	-	-	-
II. 정부행정효율										
기업에 대한 국가소유*	58	60	59	58	55	54	55	52	-	-
경쟁관련법*	56	60	56	56	58	55	54	53	61	58
세관행정규제*	55	57	55	57	57	56	54	54	60	60
관세장벽	54	50	49	52	50	47	-	-	-	-
자본시장접근성*	53	57	54	55	51	54	51	52	58	59
정부기업보조금(GDP대비)	53	54	53	55	51	54	37	43	54	54
여성의회진출(%)	53	53	50	46	48	47	53	52	58	55
공공조달대외개방*	52	58	57	58	57	53	51	54	60	60

	2014	2013	2012	2011	2010	2009	2008	2007	2006	2005
개인안전 및 사유재산권*	52	57	56	58	52	54	52	51	60	58
외국인내국경영권취득*	51	57	55	53	54	52	53	52	61	56
외국인투자 인센티브*	51	52	49	51	50	49	40	45	57	52
III. 기업경영효율										
경영진의 국제경험*	58	57	53	53	53	54	55	50	57	60
핵심인재 유치 및 적응*	56	54	49	55	43	51	48	46	-	-
두뇌유출위험*	55	56	57	57	50	55	52	48	59	60
건강, 안전, 환경에 대한 기업의 관심*	55	60	58	58	58	-	54	55	61	60
인력생산성*	54	57	-	-	-	-	-	-	-	-
대기업효율성*	55	55	56	55	57	55	51	46	57	54
중소기업효율성*	54	58	59	56	57	55	47	49	56	59
근로자동기부여*	54	56	54	55	46	50	53	53	58	57
기업의 사회적 책임*	54	60	59	59	58	55	55	54	58	60
규정준수/규제 순응*	53	-	-	-	-	-	-	-	-	-
주주가치구현*	52	56	57	57	57	53	54	54	61	59
이사회 활성화*	52	55	57	57	56	53	51	47	54	23
기업가 정신*	52	55	55	54	48	41	32	30	31	36
세계화에 대한 태도*	52	53	53	52	52	51	49	46	50	55
변화에 대한 기업적응력*	51	54	51	57	52	53	50	48	54	55

	2014	2013	2012	2011	2010	2009	2008	2007	2006	2005
경영진 신뢰도*	51	56	55	57	54	53	54	52	58	52
고객만족*	51	56	59	53	58	50	46	49	55	55
IV. 인프라										
부양비율	60	60	59	56	55	51	48	8	56	30
에너지집약도(소비)	58	58	56	56	56	55	54	-	-	-
녹색(재생에너지)기술*	58	59	58	59	58	-	-	-	-	-
기대수명	55	55	54	54	55	54	53	53	58	57
혁신역량*	55	58	58	53	54	-	-	-	-	-
CO2 배출	54	57	55	54	54	54	53	54	60	59
물류관리*	54	-	-	-	-	-	-	-	-	-
건강문제*	54	55	57	58	57	54	48	51	58	59
도로	54	55	52	51	55	55	55	55	61	47
항공운송의 질*	53	54	55	56	49	55	50	47	57	54
생활의 질*	53	56	55	55	54	54	52	52	58	59
초등교사 1인당 학생수	52	47	41	40	36	34	27	26	23	27
기술규제*	52	51	55	56	58	55	51	49	59	57
과학 및 공학 학위자 비중	51	52	52	51	51	48	48	-	-	-

* : 정량(survey) 지표
자료 : IMD, World Competitiveness Yearbook, 각년도.

비지수(56위), 핵심인재 유치 및 적응(56위), 경쟁관련법(56위) 등이 최하위권에 포함되었다. 이를 하위부문(sub-factor)으로 분류할 경우 물가(inflation)와 관련된 지표가 3개로 가장 많았고, 기업관련법규 관련 지표가 2개, 노동시장 관련 지표가 2개, 보건 및 환경분야 관련 지표가 2개를 차지했다.

하위 10위권(51위~60위)에 포함된 약점 지표는 총 50개로 나타났는데 2005년 89개, 2013년 78개에 비해 급격히 줄어들었음을 보여주었다. 이를 하위부문(sub-factor)별로 살펴보면 정부규제와 관련이 깊은 기업관련법은 평가대상 20개 지표 중 9개가 약점지표였고, 기업지배구조와 관련된 기업경영관행은 9개 평가대상 지표 중 7개가, 물가부문은 5개 지표 중 4개가, 생산성 및 효율성 부문은 7개 중 3개가 약점지표였다. 보건 및 환경은 15개 중 6개, 기본인프라는 18개 중 4개, 노동시장은 20개 중 4개, 국제무역은 13개 중 3개, 금융이 2개, 과학인프라 및 사회적 여건 관련 지표가 각각 2개, 국내경제, 태도 및 가치관, 기술인프라, 교육인프라 지표는 각각 1개를 차지하는데 그쳤다. 국제투자 및 고용 부문 등에서는 51위 이하 등수를 기록한 항목이 없었다. 2005년과 비교해 제도적 여건은 6개에서 0개로, 사회적 여건은 7개에서 2개로, 금융은 13개에서 2개로, 기술인프라는 8개에서 1개로, 기업관련법은 14개에서 9개, 태도 및 가치관은 4개에서 1개로 줄어들며 경쟁력 개선에 기여한 반면, 국제무역은 0개에서 3개로, 물가와 생산성 및 효율성 분야는 각각 2개에서 4개로 늘어나며 경쟁력 약화에 일조했다.

2014년을 기준으로 2005년과 비교 가능한 195개 지표를 대상으로 분석한 결과 순위가 10계단 이상 떨어지면서 악화된 지표는 29개로 나타났는데 수출을 포함한 교역관련 지표가 6개로 가장 많았고, 국내총생산(GDP) 관련 지표 3개, 조세관련 지표 2개, 성차별 관련 2개, 기업경영관행 2개, 교육관련 지표가 4개였다. 반면에 등위가 10계단 이상 상승하며 개선된 지표는 49개로 나타났는데 제도적 여건 관련 지표가 10개로 가장 많았고, 기술인프라 9개, 국제투자 6개, 사회적 여건 4개, 고용 4개, 기업관련법 3개, 노동시장 3개 순이었다. 국제무역, 재정정책, 과학인프라, 보건 및 환경인프라, 금융, 태도 및 가치관 부문은 각각 1개 지표만 개선되는데 그쳤다. 그러나 물가, 공공재정, 생산성 및 효율성, 기업경영관행, 기초인프라 부문에서는 1개의 지표 개선도 이루어지지 않았다.

50위권 이하의 약점 항목 50개를 통계수치인 경성지표와 전문가 의견조사를 통해 도출된 설문지표인 연성지표로 나누어 살펴보면 경성지표가 17개, 설문조사가 33개로 연성지표가 압도적으로 많음을 보여주었다. 특히 기업경영효율부문의 경우 17개가 약점지표로 분류되었는데 그 모두가 연성지표였고, 정부행정효율부문은 11개 약점지표 중 8개가, 인프라부문은 14개 약점지표 중 7개가 연성지표였다. 반면 경제운영성과의 경우 연성지표는 1개에 불과했다. 경쟁력을 갖춘 것으로 평가받고 있는 강점 항목의 경우 주관적 지표인 설문조사 자료보다 통계자료를 바탕으로 하고 있는 정량지표가 절대적으로 많은 반면 경쟁력이 취약한 것으로 평가받고 있는 약점 항목의 경우 설문조사가 압도적으로 많은 것으로 분석되었다. 이는 경영자들이 기업활동을 수행하면서 감성적으로 느끼는 주관적 판단이 수치로 객관화된 통계적 자료보다 러시아의 국가경쟁력 평가에 더 큰 영향을 미치고 있음을 보여준다.

2. 세계경제포럼(WEF)의 러시아 국가경쟁력

1) 세계경제포럼의 러시아 국가경쟁력 추이

세계경제포럼이 세계 각국의 국가경쟁력을 비교, 평가하는 지표로 제시하고 있는 글로벌경쟁력지수(GCI)에 따르면 2014년 러시아는 평가대상 144개 국가 중에서 53위를 차지하며 148개국 중 64위를 기록한 2013년 보다 11단계나 상승하며 경쟁력이 가장 향상된 국가 중의 하나로 분류되었다. 그러나 역대 가장 높은 순위를 기록했었던 2008년의 51위(134개국 대상)에 비해서는 2단계 낮은 수준이다. 글로벌경쟁력지수를 구성하는 핵심 축인 3대 분야(subindex) 별로 세분해 러시아 국가경쟁력을 분석해 보면 기초요인이 47위에서 44위로 3단계 상승하는데 그친 반면, 효율성 증진요인은 51위에서 41위로 10단계 올라섰고, 혁신 및 성숙도 요인은 99위에서 75위로 24단계나 뛰어 오르며 전체 순위의 상승을 이끌었다. 경제발전단계에 있어 러시아는 2010년 효율성주도형 경제로 분류되었으나, 2011년에는 최상위 단계인 혁신주도형 경제로 넘어가는 이전 단계 국가군에 포함된 후 2014년까지 유지되고 있다.

[표 8] 전체 및 3대 분야별(sub-index) 러시아 국가경쟁력 순위 변화.

연도	전체		3대 분야						대상 국수	경제 발전 단계
			기초요인		효율성 증진		혁신 및 성숙도			
	순위	점수	순위	점수	순위	점수	순위	점수		
2005	53	4.1	60	4.53	53	3.87	66	3.53	117	2단계
2006	62	4.1	66	4.4	60	3.9	71	3.6	125	2단계
2007	58	4.2	68	4.4	48	4.2	77	3.5	131	2단계
2008	51	4.3	56	4.5	50	4.3	73	3.6	134	2-3단계
2009	63	4.2	64	4.4	52	4.2	73	3.5	133	2-3단계
2010	63	4.2	65	4.5	53	4.2	80	3.4	139	2단계
2011	66	4.2	63	4.6	55	4.2	97	3.2	142	2-3단계
2012	67	4.2	53	4.8	54	4.3	108	3.2	144	2-3단계
2013	64	4.2	47	4.9	51	4.3	99	3.3	148	2-3단계
2014	53	4.4	44	4.9	41	4.5	75	3.5	144	2-3단계

12개 부문(pillar)을 기준으로 최근 10년간 러시아의 경쟁력 순위 추이를 살펴보면 표 9와 같다. 러시아가 가장 강한 경쟁력을 보인 부문은 시장규모로 평가 기간 동안 10위 내에 랭크되었는데 2012년부터는 줄곧 7위를 유지하고 있다. 거시경제환경은 2013년 19위를 기록하며 경쟁력을 갖춘 부문으로 평가받았으나, 경기둔화의 영향으로 2014년에는 31위로 12단계 떨어지며 유일한 하락 부문으로 기록되었다. 반면 금융시장 발전은 110위, 상품시장 효율성은 99위, 제도는 97위, 기업성숙도는 86위로 경쟁력이 대단히 취약한 부문으로 평가받았다. 2013년과 비교해 순위 상승이 가장 컸던 부문은 상품시장 효율성과 노동시장 효율성으로 각각 126위에서 99위, 72위에서 45위로 27단계 상승하였다. 제도는 121위에서 97위로 24단계, 기업성숙도는 107위에서 86위로 21단계, 보건 및 초등교육은 71위에서 56위로 15단계, 연구개발혁신은 78위에서 65위로 13단계 상승하였다. 반면 인프라는 45위에서 39위로 6단계, 고등교육 및 훈련은

[표 9] 12개 부문별 경쟁력 순위 변화

연도	기초요인				효율성 증진						혁신 및 성숙도	
	제도	인프라	거시경제 환경	보건/ 초등교육	고등교육/ 훈련	상품시장 효율성	노동시장 효율성	금융시장 발전	기술 수용성	시장 규모	기업 성숙도	연구개발 혁신
2005	104	53	36	60	34	65*	-	-	74	-	77	49
2006	114	61	33	77	43	60*	-	-	74	-	77	59
2007	116	65	37	60	45	84	33	109	72	9	88	57
2008	110	59	29	59	46	99	27	112	67	8	91	48
2009	114	71	36	51	51	108	43	119	74	7	95	51
2010	118	47	79	53	50	123	57	125	69	8	101	57
2011	128	48	44	68	52	128	65	127	68	8	114	71
2012	133	47	22	65	52	134	84	130	57	7	119	85
2013	121	45	19	71	47	126	72	121	59	7	107	78
2014	97	39	31	56	39	99	45	110	59	7	86	65

* : 2005년, 2006년 상품시장 효율성 순위는 시장효율성 순위를 말함.

47위에서 39위로 8단계 상승하는데 그쳤고, 기술수용성은 59위로 제자리걸음하였다.

2) 부문별 항목(indicator) 경쟁력 분석

본 절에서는 2007년부터 2014년까지 12개 부문을 구성하는 각 항목(indicators) 수준에서 경쟁력 추이를 평가해 보았다. 평가기간 동안 활용된 항목 수는 총 124개였고 그 중 설문조사인 연성자료(soft data)가 84개, 통계자료인 경성자료(hard data)가 40개였다. 경성자료는 별표(*)로 표시하였다. 지수 산출에서 적합성이 떨어진다고 판단되는 일부 지표는 다른 지표로 변경되거나 퇴출되었다.

(1) 제도(Institution)

제도는 개인, 기업, 정부 등 모든 경제주체가 한 나라의 경제 내에서 부를 창출할 수 있는 기반을 형성하는 것으로 경쟁력 및 성장과 밀접한 관련을 맺고 있다. 물적 및 지적재산에 대한 소유자의 권리가 법률에 의해 제대로 보장되어야만 투자가 활성화되고 공식적이고 정상적인 경제 활동이 조장되어 역동적인 성장을 도모할 수 있다. 법률의 틀뿐만 아니라 시장과 그 작용의 효율성에 대한 정부의 태도 또한 중요한 요소로 작용한다. 기업 수준에서의 제도 또한 부의 창출 과정에서 중요한 요소다.

제도 부문을 구성하는 항목은 총 21개로 그 중 20개가 기업 경영진의 설문조사로 구성되어 있고 1개(투자자보호의 강도)만이 통계자료인 정량지표이다. 개별 항목 전반에서 경쟁력 개선이 이루어진 것으로 평가할 수 있으나 다른 국가들과 비교한 상대적 경쟁력은 여전히 낮은 것으로 판단된다. 2007년 100위권 밖이었던 항목이 14개, 100위권 이내 항목이 4개였던 것이 2010년에도 각각 16개, 5개로

제도	2007	2008	2009	2010	2011	2012	2013	2014
물적재산권 보호	122	122	121	128	130	133	133	120
지적재산권 보호	115	98	102	119	126	125	113	107
공공자금의 전용(轉用)	94	102	106	109	120	126	113	102
정치인에 대한 대중의 신뢰	104	111	80	69	72	86	84	74
비정상적인 지급 및 뇌물	-	-	-	111	115	120	109	102
사법부 독립	106	109	116	115	123	122	119	109
공무원의 의사결정시 정실주의	107	88	96	106	117	127	111	87
정부지출의 낭비	100	82	81	82	94	103	99	87
정부규제 부담	118	118	124	128	132	130	120	111
법체계의 효율성(분쟁해결 측면)	106	107	109	114	123	124	118	110
법체계의 효율성(규제개선 측면)			111	115	123	127	120	99
정책결정의 투명성	118	119	114	105	115	124	101	68
테러에 따른 기업비용	108	100	80	93	116	118	112	104
범죄 및 폭력에 따른 기업비용	86	80	71	90	100	90	80	70
조직범죄	103	105	96	112	119	114	111	101
경찰 공권력에 대한 신뢰성	111	105	112	128	132	133	122	114
기업경영윤리	120	112	112	112	117	119	101	72
감사 및 회계기준의 강도	95	108	119	116	120	123	107	106
기업이사회의 유효성	38	35	74	113	123	124	98	64
소수주주의 이익보호	125	128	127	132	135	140	132	118
투자자보호의 강도(*)	-	-	-	77	77	94	100	98

큰 변함이 없었는데, 2014년에는 9개 항목이 100위권 내에 포함되었고 100위권 밖은 12개로 축소되었다. 특히 기업이사회의 유효성(64위)과 정책결정의 투명성(68위) 항목은 가장 높은 평가를 받았을 뿐만 아니라 개선 폭이 가장 컸다. 그러나 여전히 60위권으로 중위권에 머물렀다. 정치인에 대한 대중의 신뢰, 공무원의 의사결정에서 정실주의(情實主義), 범죄 및 폭력에 따른 기업비용, 기업경영윤리 등의 항목에서 경쟁력이 다소 향상된 것으로 평가되었다. 반면에 물적 재산권 보호, 사법부 독립, 경제규제 부담, 분쟁해결 측면에서 법체계의 효율성, 경찰 공권력에 대한 신뢰, 소수 주주의 이익 보호 등의 항목에서는 눈에 띄는 개선이 이루어지지 않으며 110위권 밖에 머물며 가장 경쟁력이 취약한 항목으로 평가되었다.

(2) 인프라(infrastructure)

인프라는 경제활동의 기반을 형성하는 시설 및 제도를 의미하며, 전력공급 시설과 도로, 철도, 항만, 항공 등의 교통시설, 전화, 전신 등의 통신네트워크를 포함한다. 높은 수준의 인프라는 상품, 서비스, 노동, 자본의 효율적인 이동을 가능하게 하여 한 나라의 전체적인 경제 효율성을 제고하는 기능을 수행한다. 또한 인프라는 경제활동의 영역을 결정하고, 지역 간의 상호작용을 촉진하여 시장의 내부통합을 활성화시키고, 다른 국가와의 인적, 물적 교류 및 연계를 발전시킨다.

인프라 부문은 6개의 설문자료와 3개의 통계자료 항목으로 구성되어 있다. 인프라 관련 항목에서 나타난 가장 두드러진 특징은 설문 항목들은 경쟁력이 취약한 것으로 분석된 반면, 통계자료를 바탕으로 한 항목들은 상당한 경쟁력을 갖춘 것으로 인정받았다. 가장 낮은 평가를 받은 것은 도로 인프라의 질(質)로 최근 5년간

120~130위권에 머무르며 이전보다 더 악화된 것으로 분석되었다. 전체 인프라와 항만운송 및 항공운송 인프라의 질적 수준, 전력공급의 질적 수준 등 설문조사 항목은 중하위권인 70~80위에 머물렀다. 반면 철도 인프라의 질(質)은 8년 동안 20~30위권을 유지하며 설문 항목 중 가장 높은 경쟁력을 갖춘 것으로 평가받았다. 정량지표인 여객운송 능력, 인구 100명당 이동전화 가입자 수, 인구 100명당 유선전화 수의 항목에서는 각각 11위, 20위, 39위로 상위권에 포진되었다.

인프라	2007	2008	2009	2010	2011	2012	2013	2014
전체 인프라의 질(質)	81	78	86	94	100	101	93	74
도로 인프라의 질(質)	106	104	118	125	130	136	136	124
철도 인프라의 질(質)	29	32	33	31	29	30	31	26
항만운송 인프라의 질(質)	72	76	87	93	97	93	88	81
항공운송 인프라의 질(質)	79	88	92	104	105	104	102	79
여객기 운송 능력(*)	14	11	13	13	13	12	11	11
전력공급의 질(質)	76	65	73	80	84	84	83	73
이동전화 가입자 수(*)	-	-	-	8	7	5	6	20
유선전화 선(*)	44	39	40	39	38	41	38	39

(3) 거시경제환경(macroeconomic environment)

거시경제환경은 한 국가의 전반적인 경제력을 결정하는 핵심 요소로 기업 투자활동에 중요한 영향을 미친다. 정부의 대내외부채나 재정건전성, 국가신용등급 등은 국가의 거시경제안정성을 보여주는 대표적인 지표로 동 지표의 불안정은 국가 경제의 불확실성을 증폭시켜 경제위기를 촉발시킬 수 있다. 높은 물가상승률은 기업들의 경제적 의사결정에서 불확실성으로 작용하여 투자활동을 위축시킨다. 거시경제환경의 안정이 동반되지 않고서는 경제성장을 도모할 수 없다.

거시경제환경 부문은 평가 항목이 모두 통계자료로 구성되어 있다. 2010년부터 국가신용등급이 포함되면서 6개 항목이 지수 산정에 사용되었으나 2012년 이자율 스프레드가 제외되면서 평가 항목 수가 5개로 축소되었다. 정부부채 항목은 최근 5년간 상위 10위권 내에 들며 가장 경쟁력이 양호한 항목으로 평가되었다. 반면 물가와 관련된 인플레이션 항목은 100위권 밖에 맴돌며 경쟁력이 가장 취약한 항목으로 분류되었다. 그 외 재정수지, 총저축률, 국가신용등급 등은 37위~41위를 기록하며 중상위권을 유지했다. 특히 재정수지는 2007년 9위로 높은 경쟁력을 인정받았으나 미국발 글로벌 금융위기로 인한 국제원자재 가격의 폭락으로 재정수입이 감소하면서 2010년에는 106위까지 떨어졌다. 그 후 연방정부의 적극적인 재정안정화 정책에 힘입어 다소 개선되는 추세를 보였다. 인플레이션을 제외한 항목들에 있어 러시아는 상대적으로 양호한 경쟁력을 갖춘 것으로 평가되었다.

거시경제환경	2007	2008	2009	2010	2011	2012	2013	2014
재정수지(*)	9	19	17	106	67	20	23	39
총저축률(*)	30	27	25	58	44	28	32	41
인플레이션(*)	113	109	112	125	111	111	91	115
이자율 스프레드(*)	77	62	79	87	58	-	-	-
정부부채(*)	11	11	10	8	7	9	10	10
국가신용등급(*)	-	-	-	49	45	39	39	37

(4) 보건 및 초등교육(health & primary education)

건강한 노동력 확보는 기업 및 국가 경제의 지속적 성장과 생산성에 매우 중요하다. 질병은 근로자들의 결근을 동반하며 근무능력

저하를 야기하여 기업에 심각한 비용부담을 초래하여 생산의 효율성을 떨어뜨린다. 짧은 기대수명은 건강한 노동력 유지를 어렵게 할 뿐만 아니라 경제활동 기간을 단축시켜 경제의 성장잠재력을 약화시킨다. 초등교육은 경제의 효율성을 높이고, 개인 노동자의 생산성을 증대시키는 기초 요인이다.

보건 및 초등교육 부문은 2010년부터 교육비지출 항목이 제외되면서 보건 8개, 초등교육 2개 총 10개 항목으로 구성되었다. 기후 조건으로 인해 말라리아와 관련된 항목에서 러시아는 대단히 안전하며 기업비용 또한 부담이 거의 없는 것으로 평가되었다. 인간면역결핍 바이러스(HIV) 발병률은 대단히 높은 반면 HIV가 기업활동에 미치는 영향은 상대적으로 낮은 것으로 평가되었다, 결핵 발병률 및 이것이 기업활동에 미치는 영향은 개선되기 보다는 다소 악화된 것으로 평가되었다. 영아 사망률은 평가대상기간 동안 50위권에서,

보건 및 초등교육	2007	2008	2009	2010	2011	2012	2013	2014
말라리아 발병률(*)	1	1	1	1	1	1	1	1
말라리아가 기업 활동에 미치는 영향	41	36	1	1	1	1	1	1
결핵발병률(*)	90	90	90	90	91	93	94	89
결핵이 기업 활동에 미치는 영향	59	47	53	66	65	70	74	75
HIV 발병률(*)	100	103	102	106	106	105	107	110
HIV가 기업 활동에 미치는 영향	39	28	37	62	63	56	65	60
영아 사망률(*)	56	51	50	59	56	52	58	53
기대수명(*)	96	96	97	99	99	100	101	95
초등교육의 질	46	31	47	65	58	62	61	57
초등학교진학률(*)	68	81	(2)	(3)	80	73	79	54
교육비 지출(*)	79	89	86	-	-	-	-	-

기대수명은 100위를 기준으로 소폭의 등락을 거듭했다. 초등교육의 질이나 초등학교 진학률은 50위권에 머무르며 개선되지 않았다. 보건 항목의 경우 글로벌 경제위기로 경제상황이 악화되면서 나빠졌다가 최근에 다소 개선되기는 했지만 위기 이전인 2007~2009년 수준을 회복하지 못하고 있다.

(5) 고등교육 및 훈련(higher education & training)

고등교육 및 직장훈련은 교육시스템의 질적 측면을 보여준다. 고등교육을 통한 우수한 인력자원 배출은 국가 경제발전의 장기적 토대가 된다. 고등교육은 전문적인 지식이나 높은 차원의 기술을 요하는 업무를 수행하게 하여 첨단 및 지식산업에서의 경쟁력 확보를 가능하게 한다. 직장에서의 훈련은 직원들의 직무능력을 향상시키고 변화하는 기업활동 환경에 잘 적응할 수 있게 함으로써 경쟁력 유지와 생산성 향상에 도움을 준다.

고등교육 및 훈련 부문 경쟁력은 통계자료 2개, 설문자료 6개 등 총 8개 항목으로 구성되어 있다. 러시아가 가장 경쟁력을 지닌 항목은 고등교육 진학률로 10위권을 유지했다. 반면 '매니지먼트스쿨의 질'은 최하위 수준인 104위를 기록하며 70위권이었던 2007~2008년과 비교해 무려 30단계나 순위가 하락하였다. 나머지 6개 항목은 40위~80위권에 머물렀다. 교육시스템의 질, 수학 및 과학 교육의 질 항목은 2007~2008년과 비교해 순위가 하락하며 경쟁력이 약화된 것으로 평가되었다. 반면 중등교육 진학률, 학교에서의 인터넷 접근도, 연구 및 훈련 서비스의 이용가능성 등에서는 순위가 오르며 경쟁력이 다소 개선되었다. 기업의 직원훈련 정도는 80위 후반을 유지하며 변동성이 적었다.

고등교육 및 훈련	2007	2008	2009	2010	2011	2012	2013	2014
중등교육 진학률(*)	47	76	78	77	75	72	75	56
고등교육 진학률(*)	14	16	14	12	13	12	14	19
교육시스템의 질(質)	46	36	56	78	82	86	85	84
수학 및 과학교육의 질(質)	38	24	42	54	50	52	56	59
매니지먼트스쿨의 질(質)	78	72	93	92	107	115	113	104
학교에서의 인터넷 접근도	55	59	63	62	62	70	54	41
연구 및 훈련서비스의 이용가능성	79	71	69	67	77	80	76	59
기업의 직원훈련 정도	96	80	91	90	82	89	88	89

(6) 상품시장효율성(goods market efficiency)

시장경쟁은 가격이나 품질, 디자인 면 등에서 가장 경쟁력 있는 상품을 공급할 수 있는 기업만이 생존하게 함으로써 자원 배분의 효율성을 유도하여 기업의 생산성을 높인다. 시장경쟁의 공정성과 완전성을 보장하기 위해서는 과도한 세금이나 제한적이거나 차별적인 정부 간섭에 의해 건전한 기업활동이 제약되지 않아야 한다. 공급자뿐만 아니라 고객지향도나 구매자 성숙도와 같은 수요 측면 또한 시장효율성에 영향을 미친다.

상품시장효율성 부문은 정부 규제가 민간 기업의 활동을 간섭하는 정도, 상품시장이 경쟁력을 고취시키는 정도 등의 측정과 관련된 통계자료 5개, 설문자료 11개 등 총 16개 항목으로 구성되어 있다. 러시아는 상품시장과 관련된 거의 모든 항목에서 경쟁력을 갖추지 못한 것으로 평가되었으며 2007년과 비교해서 훨씬 악화된 것으로 나타났다. 44위를 기록한 구매자 성숙도가 유일한 50위권내 항목으로 가장 높은 경쟁력을 보였다. 시장지배의 정도 등 6개 항목이 중하위권인 70위~90위권에 속했고, 나머지 9개 항목은 100위권 밖으로 하위권에 포진되었다. 특히 투자인센티브에 대한 조세의 효율성(122위), 농업정책의 비용(125위), 외국인의 기업 지분 정도(124위), GDP대비 수입비율(133위)은 최하위 영역에 해당되었다. 2007년과 비교해 현지시장 경쟁의 강도 항목만 순위가 다소 개선된 반면 투자인센티브에 대한 조세의 효율성, 총조세율, 창업 행정절차 수, 창업 소요 시간 등의 항목에서는 크게 악화되었다.

상품시장효율성	2007	2008	2009	2010	2011	2012	2013	2014
현지시장 경쟁의 강도	92	108	106	115	124	124	113	74
시장지배의 정도	78	79	92	88	101	107	93	75
반독점정책의 효율성	106	95	107	108	111	124	116	102
투자인센티브에 대한 조세 효율성	97	94	99	97	106	121	125	122
총조세율(*)	90	94	87	95	95	105	124	116
창업 행정절차 수(*)	27	44	60	88	94	97	88	78
창업 소요 시간(*)	52	66	80	93	98	104	78	75
농업정책의 비용	117	104	108	121	130	133	134	125
무역장벽 정도	104	114	125	133	134	132	124	111
관세율(*)	108	125	125	111	109	106	103	102
외국인의 기업 지분 정도	129	127	120	126	129	133	132	124
FDI규제에 따른 기업활동 충격정도	127	129	124	127	123	128	121	118
통관절차의 부담	110	121	130	132	137	137	124	95
GDP대비 수입비율(*)	-	-	-	-	132	135	139	133
고객지향도	67	79	122	132	136	134	113	83
구매자 성숙도	58	74	60	50	54	61	57	44

(7) 노동시장효율성(labor market efficiency)

노동자들이 적재적소에 배치되어 그 능력을 최대한 발휘할 수 있고, 노동에 대한 합당한 인센티브를 제공받아야만 노동시장의 효율성이 제고된다. 효율적인 노동시장은 노동자들로 하여금 하나의 경제활동 분야에서 다른 곳으로 빠르게 이동시킬 수 있도록 규제로부터 자유로워야 하며, 큰 혼란이나 분쟁 없이 임금의 변동성을 허락하는 유연성을 가져야 한다. 남녀 간 평등 또한 노동시장 효율성에 있어 중요한 요소가 된다.

노동시장효율성 경쟁력 평가는 2014년 기준 통계자료 2개, 설문자료 8개 등 총 10개 항목으로 구성되어 있다. 2007년과 비교해 비임금부문 인건비, 고용지수의 경직도, 두뇌유출 항목이 제외된 반면 근로 인센티브에 대한 조세 효율성, 재능을 유지할 수 있는 국가능력, 재능을 유인할 수 있는 국가능력 항목이 추가되었다. 경쟁력 순위에 있어 각 항목별 차이가 큰 것으로 나타났다. 임금결정의 유연

노동시장 효율성	2007	2008	2009	2010	2011	2012	2013	2014
노사 협력	67	82	97	116	125	125	112	89
임금결정의 유연성	31	56	59	78	83	69	41	28
비임금부문 인건비(*)	107	112	-	-	-	-	-	-
고용지수의 경직도(*)	79	87	89	90	94	-	-	-
고용 및 해고 관행	15	23	43	75	85	90	77	41
해고비용(*)	27	28	28	29	29	81	85	83
근로 인센티브에 대한 조세 효율성	-	-	-	-	-	-	122	115
보수 및 생산성	14	11	35	47	61	65	46	24
전문경영진에 대한 신뢰도	70	58	77	101	112	110	105	85
재능을 유지할 수 있는 국가능력	-	-	-	-	-	-	112	103
재능을 유인할 수 있는 국가능력	-	-	-	-	-	-	97	92
두뇌유출	49	44	53	82	98	111	-	-
여성 경제활동 참가율(*)	18	21	21	25	18	38	41	41

성(28위)과 보수 및 생산성(24위)은 양호한 반면, 근로 인센티브에 대한 조세 효율성(115위), 재능을 유지할 수 있는 국가능력(103위), 재능을 유인할 수 있는 국가능력(92위)은 부진하였다. 노사협력이나 전문경영진에 대한 신뢰도는 최근 수년간 개선된 것으로 나타났다. 그러나 해고비용 항목은 20위권에서 80위권으로 큰 폭으로 떨어지며 악화되었고, 여성경제활동 참가율 또한 최근 3년 동안 20위권에서 41위로 추락하며 경쟁력이 약화되고 있다.

(8) 금융시장발전(financial market development)

자금의 수요자와 공급자 간에 돈의 융통이 조직적으로 이루어지는 장소인 금융시장은 자금의 효율적 배분을 촉진시켜 경제 전체의 후생을 증가시킨다. 금융시장이 발전할수록 시장 참가자들은 금융거래에 들어가는 탐색비용과 정보비용 등 각종 비용과 시간을 줄일 수 있을 뿐만 아니라 다양한 자금운용 및 차입기회를 얻게 된다. 따라서 금융부문에서 가장 중요한 것은 기업들의 자금조달이 얼마나 용이하고 편리하며, 금융시스템에 대한 기업의 신뢰가 어느 정도인지가 중요한 측정 수단이 된다.

금융시장효율성 경쟁력 평가는 2014년 기준 통계자료 1개, 설문자료 7개 등 총 8개 항목으로 구성되어 있다. 2007년과 비교해 금융시장 성숙도, 자본이동에 대한 규제, 투자자보호 강도 항목이 제외된 반면 2010년부터 금융서비스 이용가능성, 금융서비스 구입능력 항목이 추가되었다. 8개 항목 중 50위권에 진입한 항목이 하나도 없을 정도로 전반적으로 경쟁력이 취약했다. 새로운 항목인 금융서비스 이용가능성(71위)과 금융서비스 구입능력(69위), 대출의 용이성(56위) 항목에서의 순위 향상이 제법 크게 나타난 반면 은행건전성(118위)과 법적 권리 지수(113위)는 여전히 부진했다.

금융시장발전	2007	2008	2009	2010	2011	2012	2013	2014
금융서비스 이용가능성	-	-	-	109	119	117	91	71
금융서비스 구입능력	-	-	-	92	112	118	95	69
금융시장 성숙도	88	89	92	-	-	-	-	-
국내주식시장을 통한 자본조달	81	87	96	107	98	100	90	86
대출의 용이성	86	86	99	107	91	86	68	56
벤처자본 이용가능성	60	64	86	95	88	85	70	61
자본이동에 대한 규제	118	125	122	119	-	-	-	-
투자자보호 강도(*)	45	67	71	-	-	-	-	-
은행 건전성	108	107	123	129	129	132	124	118
증권거래 관련 규제	103	110	113	118	116	114	102	91
법적 권리 지수(*)	94	93	98	103	105	118	118	113

(9) 기술수용성(technological readiness)

기술수용성은 한 국가 경제가 산업 생산성을 향상시키기 위해 다른 국가나 경제에 존재하고 있는 기존의 기술을 흡수하고 활용하는 능력을 말한다. 기술 격차가 기업간, 국가간 생산성 차이의 많은 부분을 설명해 준다는 점에서 기술수용성은 중요한 의미를 지닌다. 운송 및 통신의 발달로 지식의 이전이 증가하고, 정보-통신-기술의 이용이 일반화되면서 국가의 경쟁력 향상을 위한 기술수용의 중요성이 증대하고 있다.

기술수용성 부문은 총 7개 항목으로 통계지표 4개와 설문조사 3개로 구성되어 있다. 러시아는 첨단기술 이용가능성(108위)과 기업의 기술흡수 적극성(98위), 외국인직접투자와 기술 이전(128위) 등 기술수용의 민첩성 측면에서는 대단히 부진한 반면, 광대역 이동통신 사용자 수(29위), 인터넷이용자 수(49위), 광대역인터넷 가입자 수(43위) 등 통계지표와 관련된 항목에서는 상대적으로 양호한 평가를 받았다.

기술수용성	2007	2008	2009	2010	2011	2012	2013	2014
첨단기술 이용가능성	99	98	102	122	121	129	124	108
기업의 기술흡수 적극성	103	105	104	120	130	141	126	98
ICT관련 법규	85	79	93	-	-	-	-	-
FDI와 기술 이전	115	99	103	120	129	135	125	123
인터넷이용자 수(*)	63	67	74	52	57	57	62	49
광대역 인터넷 가입자 수(*)	60	59	68	50	47	47	46	43
국제 인터넷 대역폭(*)	-	-	-	-	41	44	52	61
개인 컴퓨터(*)	56	58	56	-	-	-	-	-
광대역 이동통신 사용자 수(*)	36	25	14	-	-	17	25	29

(10) 시장규모(market size)

시장의 규모가 클수록 기업은 대량생산에 따른 단위당 비용이 감소함으로써 이익이 증대되는 규모의 경제(economy of scale) 효과를 누릴 수 있게 되므로 시장규모는 기업의 생산성과 수익성에 영향을 미친다. 특히 2000년대 글로벌화의 촉진으로 경제규모가 작은 국가 기업들에 있어 규모의 경제를 실현하기 위한 해외시장 진출의 중요성이 강조되고 있다.

시장규모는 4개의 정량지표로 구성되어 있다. 러시아는 국내시장 규모 지수(7위), 해외시장 규모 지수(9위), 구매력평가 국내총생산(6위) 항목에서 세계 Top 10내에 포함되며 최고의 경쟁력을 갖춘 것으로 평가받았다. 반면 국내총생산 대비 수출비율에서는 100위권 밖에 포진되며 부진한 것으로 드러났다.

시장규모	2007	2008	2009	2010	2011	2012	2013	2014
국내시장 규모 지수(*)	10	8	8	9	9	9	8	7
해외시장 규모 지수(*)	7	6	7	7	8	7	7	9
구매력 평가 GDP(*)	-	-	-	-	-	-	6	6
GDP대비 수출비율(*)	-	-	-	-	-	-	101	104

(11) 기업 성숙도(Business sophistication)

세계경제포럼은 기업성숙도를 현지 공급업자들의 질과 양, 클러스터(cluster), 생산과정을 포함해 부가가치 창출에 직·간접적으로 연관된 활동인 기업가치사슬(value chain) 등을 통해 측정하며 기업 생산성에 있어 매우 중요하다고 보았다. 또한 기업의 성과와 생산성은 기업의 권한이양에도 영향을 받는 것으로 판단하였다.

기업성숙도 부문은 총 9개 설문자료 항목으로만 구성되어 있다. 러시아는 기업성숙도를 구성하는 거의 모든 항목에서 경쟁 우위를 갖추지 못한 것으로 평가되었다. 기업의 마케팅 정도 항목이 가장 높은 평가를 받았는데 등수는 64위에 불과했다. 클러스터 발전 정도는 118위로 가장 부진했다. 2007년과 비교해 지역 공급자의 양과 수준, 클러스터 발전 정도, 생산공정의 성숙도 항목은 더 악화되었고, 경쟁우위의 본질, 가치사슬 폭, 기업의 국제물류 장악력, 기업의 마케팅 정도 항목은 다소 개선된 것으로 평가받았다.

기업 성숙도	2007	2008	2009	2010	2011	2012	2013	2014
지역 공급자의 양	73	89	102	103	116	121	109	91
지역 공급자의 수준(質)	86	100	110	114	121	122	111	88
클러스터 발전 정도	85	96	90	87	92	114	124	118
경쟁우위의 본질	115	109	103	98	115	125	102	75
가치사슬 폭	120	105	92	104	124	129	114	96
기업의 국제물류 장악력	92	98	85	91	110	119	105	73
생산 공정의 성숙도	79	66	76	93	107	113	105	92
기업의 마케팅 정도	90	90	89	88	101	109	90	64
직원에 대한 권한이양 정도	82	85	99	103	117	117	96	81

(12) 연구개발혁신(R&D Innovation)

연구개발과 혁신은 기업 및 한 나라 경제가 지속가능한 성장을 도모하는데 있어 가장 중요한 요소의 하나다. 특히 효율성주도형 경제에서 혁신주도형 경제로 발전하기 위해서는 기존의 기술을 넘어서는 혁신기술의 창출이 무엇보다 요구된다. 혁신단계에 있는 국가들 또한 최고 경쟁력을 유지 발전시키기 위해 최첨단 제품을 개발하는데 역량을 집중하고 있다.

연구개발혁신 부문은 6개 설문조사와 1개 통계자료 등 총 7개 항목으로 구성되어 있다. 러시아는 7개 항목 대부분에서 경쟁력이 더 약화되고 있는 것으로 분석되었다. 통계지표인 실용특허 건수에서 글로벌 금융위기 이전 수준을 유지하는데 그친 반면, 나머지 7개 항목인 기업의 혁신능력, 과학연구기관의 질, 기업의 연구개발비지출, 연구개발에서의 산학협력, 선진기술제품의 정부구매, 과학자 및 공학자의 이용가능성에서 모두 순위가 적지 않게 하락한 것으로 나타났다. 혁신 부문 중 가장 높은 순위를 기록하고 있는 항목은 실용특허 건수로 41위이며, 가장 낮은 순위는 선진기술제품의 정부구매로 81위를 기록하였다.

R&D 혁신	2007	2008	2009	2010	2011	2012	2013	2014
기업의 혁신능력	54	45	42	38	38	56	64	66
과학연구기관의 질(수준)	44	45	42	53	60	70	65	56
기업의 R&D 지출	50	46	46	50	61	79	69	62
R&D에서 산학협력	61	48	48	61	75	85	64	67
선진기술제품의 정부구매	83	66	69	82	99	124	108	81
과학자 및 공학자의 이용가능성	37	34	48	56	72	90	90	70
실용 특허 건수(*)	45	41	44	49	47	44	43	41

3. IMD와 세계경제포럼의 러시아 국가경쟁력 비교

본 절에서는 2005년부터 2014년까지 10년 동안 IMD와 세계경제포럼(WEF)의 러시아 국가경쟁력 추이를 비교 분석함으로써 평가기관별 특성을 파악하고자 한다. IMD는 60개 국가를 대상으로 하고 있는 반면, 세계경제포럼은 140개국 이상을 대상으로 하고 있어 단순 순위를 비교하는 방법을 취할 경우 해석에서 왜곡 현상이 발생할 수 있다. 평가 기준의 객관성을 담보하기 위해서 세계경제포럼에서 평가하는 대상 국가 중 IMD 평가 대상 국가만을 추출하여 새로이 순위를 매기는 방법을 채택하였다.

먼저 IMD와 세계경제포럼이 발표한 단순 순위를 통해 러시아 국가경쟁력 추이를 살펴보면 2005년을 제외하고는 세계경제포럼이 IMD보다 러시아 국가경쟁력을 더 박하게 평가하고 있음을 보여준다. 그러나 세계경제포럼이 평가대상으로 선정한 국가 수가 IMD에 비해 2배 이상 많기 때문에 객관적 비교가 힘들다. 따라서 세계경제포럼의 러시아 국가경쟁력 순위를 IMD 평가 대상국 수로 환산하여 산정해 보면 흥미로운 사실이 포착된다. 2005년부터 2011년까지 7년 동안 중 2007년을 제외하고는 IMD보다 세계경제포럼이 러시아 경쟁력을 더 높게 평가하고 있다는 점이다. 심지어 2005년의 경우 IMD는 54위로 평가한데 반하여 세계경제포럼의 환산 순위는 42위로 그 격차가 12단계나 차이를 나타냈고, 2008년에는 47위와 39위로 8단계의 격차를 보였다. 그러나 최근 3년 동안(2012년~2014년) 러시아 국가경쟁력 평가에서는 반대로 IMD가 세계경제포럼보다 훨씬 후한 평가를 내리고 있음을 보여주었다. 특히 2013년 IMD가 러시아의 국가경쟁력 순위를 42번째로 배치한데 반해 세계경제포럼은 51위로 선정하면서 그 차이가 9단계나 벌어졌다. 러시아 국가경쟁력의 연도별 등락 폭에 있어서도 양 기관의 변동성이 다른 국가와 비교해 상당히 크게 나타났고, 추세 변화에 있어서도 적지 않은 차이를 드러냈다. 세계경제포럼에 따르면 러시아 국가경쟁력은 2008년 39위를 정점으로 2009년부터 2013년까지 계속해 약화되다가 2014년에 개선되는 추세를 보였다. 반면 IMD 지수에 따르면 2010년 51위를 기점으로 4년 연속 경쟁력이 개선되기 시작해 2014년에는 최고 수준인 38위를 기록하였다.

러시아의 국가경쟁력 순위 추이

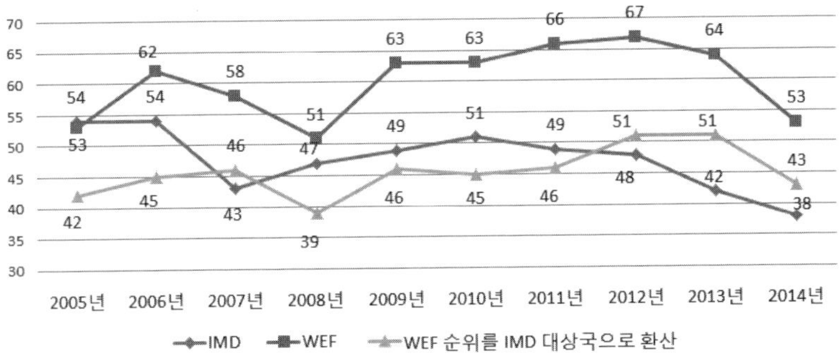

자료 : IMD WCY DB, WEF GCR DB.

이와 같이 러시아의 국가경쟁력 순위 평가에서 IMD와 세계경제포럼이 적지 않은 차이를 보이고 있는 데 이는 무엇보다 경쟁력지수 산정 방법이나 평가대상 자료의 수와 구성, 설문의 내용이나 구성 등이 상이한데 기인한다. 경쟁력 지수 산정에 있어 IMD는 각 세부지표를 Z값(Z-Score)으로 전환한 뒤 경성지표에는 가중치 1을, 연성지표에는 가중치 0.5를 곱하여 합산한 후 세부지표 수로 나누어 하위부문의 값을 구한 후 각 부문별 및 전체 순위를 도출하는 방식을 취한다. 전체 지수를 구성하는 4개 부문(factor)에 대해서는 각각 25%씩의 가중치가 동일하게 부여되었고, 각 부문을 구성하는 5개 하위 부문(sub-factor)간 가중치 또한 각각 5%씩 동일하게 배정되었다. 세계경제포럼은 국가발전단계별로 국가를 5단계로 구분하고, 기초요인, 효율성증진 요인, 혁신 및 성숙도 요인 등 3개 분야에 대해 차등적인 가중치를 부여하는 방식을 취한다. 2014년 러시아는 효율성 주도 경제에서 혁신주도 경제로 넘어가는 과도기 경제로 분류되며 기초요인에 25.5%, 효율성증진 요인에 50.0%, 혁신 및 성숙도 요인에 24.5%의 가중치가 부여되었다.

지수 산정에 포함되는 지표 수와 구성에 있어서도 양 기관은 큰 차이를 보인다. 2014년을 기준으로 할 때 IMD의 경우 총 253개 세부지표(criteria)가 부문별, 전체 경쟁력지수 산정에 사용되었는데 그 중에서 통계자료를 기반으로 한 경성지표가 135개였고, 연성자료로 된 설문지 지표가 118개였다. 이에 반하여 세계경제포럼의 국가경쟁력 지수는 총 112개의 지표(indicators)로 구성되어 있는 데 그 중 경성지표가 32개, 연성지표가 80개로 IMD에 비해 설문지로 구성된 연성지표가 월등히 높은 비중을 차지하고 있다. 설문항목이 많을수록 조사 당시 현지의 정치, 경제적 상황, 사업여건 변화에 따라 지수 변동 가능성이 커질 우려가 상존하기 때문에 통계자료보다 설문자료의 순위 등락 폭이 전체 순위 변동에 미치는 영향력이 커진다. 또한 변수 선정이나 설문조사 표본의 변경 등이 발생할 경우에도 국가경쟁력 순위에 적지 않은 격차를 가져다주게 된다.

IV. 러시아의 국가경쟁력 강화 방안

III장에서 분석한 바에 따르면 러시아는 통화정책과 관련된 물가부문, 규제와 관련된 비즈니스관련 법규 및 제도부문, 기업지배구조가 중심을 이루는 기업경영관행이나 성숙도 부문, 자금조달과 관련된 금융시스템 부문에서 여전히 경쟁력이 취약한 것으로 나타났다. 반면 인프라 부문은 10년 전과 비교해 상당한 개선이 이루어지며 제법 경쟁력을 갖춘 것으로 분석되었다. 인프라 부문은 대규모 자본투자가 집중될 경우 가시적 개선 효과가 크게 나타난다. 러시아는 2000년대 중반까지 지속된 장기간의 국제에너지 가격 상승으로 얻은 GDP의 약 25~35%에 달하는 원유 및 천연가스 렌트(oil &

natural gas rent) 자금을 가스관, 송유관, 도로, 철도, 항만 건설 등 운송인프라와 정보 통신망 구축에 집중 투입하였고 그 성과가 인프라 부문의 경쟁력 개선으로 나타났다. 반면에 지배구조나 경영관행, 기업규제, 사회적 불평등이나 불균형 등은 자본의 효율적, 집중적 배치로 성과를 낼 수 있는 부문이 아니다. 법령이나 규정, 체제, 의식이나 사고의 전환과 같은 법률적, 제도적, 인간행동적 개혁이 요구되는 부문으로 단기간에 가시적 성과를 내기가 대단히 어려운 부문이다. 우월적 지배권을 가진 행정 관료나 기업 소유주, 경영진 등이 자신들의 기득권을 내놓으려하지 않을 경우 더욱 그러하다. 정책적, 제도적, 관행적 측면에서 러시아의 경쟁력 강화 방안을 제시하면 다음과 같다.

먼저 물가부문과 관련해서는 물가안정을 위한 통화당국의 정책적 관심과 실천적 행동이 요구된다. 2008년까지 러시아의 연간 소비자물가상승률(CPI)은 10%이상을 기록한 후 2009~2010년 8%대, 2011~2013년 6%대로 점진적으로 낮아졌지만, 2014년부터 다시 2자리 수로 올라서며 고물가 행진을 계속하고 있다. 러시아의 물가상승률은 서방선진국은 물론 다른 이머징마켓에 비해서 대단히 높다. 러시아 정부는 글로벌 금융위기 전까지는 성장을 경제정책의 최우선순위로 두면서 물가상승을 어느 정도 용인하는 정책을 취하였다. 글로벌 금융위기 이후에는 국제상품 가격 하락으로 수입물가가 떨어지면서 물가상승률이 1자리수로 진입하는 생각지 않은 성과를 얻었다. 그러나 2011년 이후 러시아 경제가 장기 저성장의 침체경향을 보이고 있으며, 러시아 정부의 물가억제에 대한 정책적 효율성이 급격히 떨어지고 있다. 특히 2014년 발생한 우크라이나 사태에 따른 서방의 경제제재와 국제원자재 가격 급락으로 인한 루블화의 가치폭락으로 물가는 앙등하고 경기는 침체국면으로 빠지는 스태

그플레이션(stagflation)이 본격화되고 있다는 점에서 경기회복과 더불어 물가안정에 정책적 관심을 기울여야 한다. 2000년대 중반부터 러시아 정부가 중기경제정책 목표 설정의 일환으로 매년 하반기 작성하는 "향후 3년간 사회-경제발전 계획전망 및 계획"에서 물가안정목표제(inflation targeting)를 도입하여 운영하고 있으나 현실과 동떨어진 목표 설정으로 지금까지 한 번도 그 목표를 달성한 적이 없었다. 이는 러시아 중앙은행이 그 독립성을 스스로 포기하며 크레믈린의 경제정책을 보조하는 기능에 그치며 본연의 의무를 소홀히 하였기 때문이다. 지금부터라도 러시아 통화당국이 독립성을 확보한 후 자신 궁극 목표를 물가안정과 더불어 금융시스템의 거시적 안정에 두어야 한다. 연방정부는 중앙은행의 실질적인 통화정책 독립성을 보장해야하며, 중앙은행은 실현가능한 물가안정목표제를 재설정하고 준칙에 입각한 통화 및 신용관리정책을 추진해야 한다.

둘째, 정부규제 완화를 통한 경쟁력 제고에 총력을 기울여야 한다. IMD기준 개방, 경쟁규제, 노동규제로 구성된 기업관련법 부문 20개 지표 중에서 러시아가 가장 높은 경쟁력을 보인 지표는 실업법안(Unemployment legislation)으로 28위였고 30위권이 4개(해고 비용, 창업소요일, 보조금, 노동법)에 불과했고 나머지 15개는 40위권 밖이었다. 개방과 관련된 7개 지표(관세장벽, 세관행정규제, 보호주의, 공공조달 대외개방, 외국인 국내 경영권 취득, 자본시장 접근성, 외국인투자 인센티브)는 모두가 50위권 밖이었고, 경쟁규제 관련 지표(정부기업보조금, 기업에 대한 국가소유, 경쟁관련법)도 3개가 50위권 밖일 정도로 정부규제와 관련된 지표에서 러시아 경쟁력은 최하위를 나타냈다. 규제에 따른 지나친 정부의 개입은 기업경영이나 생산성 향상에 부담을 주며 시장 환경의 변화에 적절히 대응할 수 있는 능력을 약화시켜 궁극적으로 기업의 생존을 위협할 수 있다. 러시아가 국가경쟁력 제고뿐만 아니라 경제 및 산업구조의 다각화 및 현대화를 위해서는 무엇보다 기업활동을 활성화해야 하며 이는 규제완화를 통한 투자환경의 개선을 통해서만 가능하다. 일반적으로 정부 규제는 크게 6가지로 분류된다. 인허가 규제(인가, 허가, 등록, 신고 등), 기준규제(인·허가 기준, 품질, 의무고용인 등), 행정절차규제(행정절차, 구비서류 및 양식, 관행 등), 행정통계를 위한 규제(통계 목적의 등록과 신고 등), 행정벌(과징금, 과태료 등), 보호·육성·지원정책 관련 규제(산업정책의 시행과 관련된 규제) 등이 여기에 해당된다. 기업하기 좋은 환경을 조성하기 위해서는 상기 규제 중에서 마지막 보호·육성·지원 정책 관련 규제를 제외한 나머지 규제에 대해 러시아 정부가 적극적으로 나서 규제를 최대한 축소하거나 완화하는 획기적 조치를 취해야 한다. OECD를 비롯한 각 경제기구들이 제시하는 바람직한 규제개혁 추진 방안은 러시아 규제개혁을 위한 지침이 될 수 있는 데 그 내용은 다음과 같다. 먼저, 규제개혁은 정부혁신의 일환으로 추진되어 정부 전체적인 입장에서 설계되고 운용되어야 한다. 둘째, 개혁추진의 효율성을 제고하기 위해서는 정부조직과는 별도의 독립적 규제개혁전담기구가 제도적으로 체계가 확립되어야 한다. 셋째, 기본원칙 및 전략을 우선적으로 수립해야 한다. 미국의 규제개혁추진체계인 NPR(National Performance Review)은 '더 적은 비용으로 일은 더 잘하는 정부 창조"를 목표로 구체적 전략을 확립하여 활동을 수행하였고, 네덜란드의 MDW(Functioning of Market, Deregulation and Legislative Quality Program)는 다면적 개혁 프로그램으로 '시장기능 활성화, 규제완화, 입법의 고품질화'라는 원칙하에 세부적 전략을 수립 운영하고 있다. 넷째, 규제개혁 전담기구, 정부, 지방정부, 의회, 민간 등 관련 부문과의 파트너십을 유지하고 전문성을 보강해야 한다.[17] 그리고

17) 임상준, "규제개혁의 정책과제와 발전방향". 한국경제연구원. 2005. p. 58.

싱가포르 정부가 취하고 있는 방식, 즉 외국인 고급인력과 다국적 기업에 대한 인센티브를 강화하여 세금혜택이나 공업단지 입주 등에서 우대혜택을 받을 수 있도록 하고 해외직접투자유치에 우호적인 법과 제도 정비는 물론 교육, 산업인프라 제공에도 적극적인 혜택을 줌으로써 외국인이나 외국인투자 기업에 대해 보호·육성·지원정책 관련 규제들을 중심으로 외국인이 투자하는 기업에 좋은 환경을 구축하는 것도 규제완화 못지않게 중요하다.

셋째, 기업지배구조 및 경영관행의 개선을 위한 제도적 기반의 구축이 필요하다. 기업의 윤리적 경영 실천과 투명성 제고는 이해관계자들에게 높은 신뢰성을 제공하여 기업 성장과 가치를 높이는 원동력으로 감사 및 회계기준, 주주의 이익 보호, 이사회의 유효성 등을 통해 달성된다. 러시아는 기업지배구조와 관련된 평가 점수가 대단히 낮다. 이사회 감독기능, 주주권리보호, 투자자보호는 최근 10년 동안 최하위권을 벗어난 적이 거의 없을 정도로 개선이 거의 이루어지지 않고 있다. 다만 감사 및 회계 관행이 조금 나은 편이지만 역시 하위권에 머물렀다. 그리고 기업가정신, 기업윤리 및 기업의 사회적 책임에 관련된 지표 또한 하위권에서 벗어나지 못하고 있다. 러시아에 있어 취약한 기업지배구조 및 소비자와 주주를 무시하는 경영관행은 러시아 국가경쟁력을 약화시키는 핵심요인으로 작동하고 있다. 구매력평가(PPP)기준 국내총생산(GDP)이 2조 5,000억 달러가 넘는 세계 6위의 경제대국이며, 국가신용등급이 투자적격(BBB)이며, G8 회원국인 러시아의 기업들이 국제 증권시장에서 중국, 인도, 브라질은 말할 것도 없고 파키스탄, 아르헨티나, 필리핀, 이집트 등과 같이 정치혼란 및 경제위기로 흔들리는 불안정한 국가들보다 더 할인된 가격으로 거래되는 비논리적인 현상을 경험하고 있는 것은 러시아 기업들의 낮은 배당정책, 불투명한 지배구조, 공시제도에 대한 인식부족, 투명하지 못한 회계처리 관행, 기업실적의 높은 가변성, 경영진의 독단적인 기업경영 등이 원인으로 지적되고 있다. 이는 무엇보다 2000년대 초반 푸틴정부가 경제성장과 국익 확보라는 명목으로 가즈프롬을 국유화하고 이사회를 실로비키 주도로 개편하고, 최대 민간석유기업인 유코스(Yukos)를 해체한 후 그 자산을 국영기업 로스네프트로 인수시키는 등 에너지를 중심으로 한 주요 산업을 재국유화하고 경제정책과 외교정책에 국유화 기업을 적극 활용하는 노선을 추진한 것이 그 시작이었다. 에너지를 중심으로 한 러시아 핵심 기업들에 있어 실로비키로 지칭되는 정부 관료들의 이사회지배는 사업상의 잠재력에 걸맞지 않는 낙후되고 후행적인 기업지배구조의 틀을 갖추게 만들었고 그 결과 러시아 기업들은 경쟁력 약화와 더불어 시장에서의 엄청난 저평가를 받아들여야 했다.

러시아가 지배구조와 경영관행 부문에서 국가경쟁력을 강화시키기 위해서는 기업지배구조 개선, 회계제도의 투명성 제고, 시장 감시기능의 강화 등을 중심으로 기업경영의 투명성을 높이기 위한 노력이 체계적으로 추진되어야 한다. 경영감독 장치가 부실한 러시아 기업의 특성을 고려할 때 사외이사제도 및 위원회제도의 활성화를 통해 대주주 또는 지배주주의 사적 이익 추구 유인을 견제하고 일반주주의 권익을 옹호하는 역할을 강화함으로써 기업지배구조의 개선을 도모할 수 있다. 이사의 직무집행을 감독하는 이사회 내의 전문위원회인 감사위원회제도를 도입함으로써 명목뿐인 감사제도의 문제점을 보완하고 경영진에 대한 효율적인 견제와 감시기능을 수행하도록 한다. 소수 상장기업(A1, A2 상장기업)에 적용되는 국제회계기준(IFRS)을 모스크바거래소에 등록된 모든 기업들에 의무 적용시킴으로써 기업회계의 투명성을 높이고 회계정보의 신뢰성을 확보할 수 있다. 그리고 과두재벌(올리가르히)의 재무현황이 신뢰성 있게 공시될 수 있도록 결합재무제표제도 도입을 전면 확대하는 것도 반드시 필요한 조치라 하겠다. 무엇보다 기업에 대한 정부 장악을 축소시켜 기업의 자율적인 경영활동을 보장해야 한다. 정부 개입은 러시아 기업들의 지배구조에서 가장 큰 문제다. 따라서 산업전반에서 대규모적인 민영화를 추진하는 것이 가장 우선되어야 한다.

넷째, 사회에 만연한 부패를 극복하기 위한 조치를 시급히 취해야 한다. 러시아에서 기업 활동을 수행하는데 있어 가장 장애가 되는 요인으로 대부분의 투자자나 경영자들이 이구동성으로 제시하는 항목이 부패다. 세계경제포럼은 매년 러시아에서 기업 활동을 수행하고 있는 경영진을 대상으로 비즈니스 애로요인을 묻는 설문조사를 실시해 그 결과를 글로벌경쟁력보고서에 발표해오고 있다 2005년부터 2014년까지 10년 동안의 설문조사에서 나타난 결과를 보면 부패, 정부 관료주의 비효율, 조세제도, 세율, 자본조달의 어려움 등 5개 항목이 항상 1~5위권을 형성하고 있다. 그 중에서 부패는 가장 심각한 장애요인으로 제시된 항목으로 2005년부터 2014년까지 10년 동안 설문조사에서 평균 20%이상을 차지할 정도로 압도적인 1위를 독점하였다. 부정부패와 정실주의는 기업으로 하여금 막대한 경제적 비용을 치르게 하며, 자원의 효율적 배분과 공정한 경쟁의 왜곡을 초래하여 경제발전을 가로막는 거대한 걸림돌로 작용한다. 동시에 부패는 재화 분배의 불평등을 초래하여 빈부격차를 야기하며 경제적 불평등을 심화시킨다. 특히 러시아의 경우 매년 기업부문이 사적 이익과 편의를 제공받기 위해 공공부문에 지출하는 뇌물시장 규모가 GDP의 10~20%에 달할 정도로 세계에서 가장 부패한 국가로 치부되고 있다. 부패는 러시아 기업 및 국가경쟁력을 평가할 때 가장 부정적 기능을 수행하는 영역이다. 부패근절을 위한 근본적이고도 강력한 제도적, 행정적 조치가 강구하는 것이 경제 전반의 효율성을 높이고 지속가능한 성장을 도모하는 가장 중요한 걸음이다.

V. 결론

몇몇 학자들은 국가경쟁력 평가가 아무런 의미도 없다는 국가경쟁력 무위론을 주장하고 있다. 피트 드러커(P. Drucker)는 "엄밀하게 말해 국가경쟁력이란 말은 있을 수 없다. 지금은 국가가 경쟁하는 시대가 아니라 기업과 기업이 경쟁하는 시대이다."라고 말했다.[18] 즉 글로벌 시장에서 경쟁하는 것은 국가가 아니라 기업이고 이 과정에서 국가가 어떻게 해야 하는 역할을 설명하면서 이를 국가경쟁력이라고 IMD와 세계경제포럼이 주장하는 것은 설득력이 없다는 것이다. 폴 크루그만(P. Krugman)은 "국가는 기업과 달리 단순한 지표 하나로 핵심 내용을 표현할 수 없기 때문에 경쟁력 개념은 국가에 적용될 수 없다."[19] "국가경쟁력 개념은 이론적, 경험적 근거가 없는 그릇된 개념일 뿐만 아니라 위험하기 조차 한 개념이다."[20]라고 주장하였다. 토마츠 마키위츠는 "국가경쟁력 순위는 중장기적 측면의 국가경쟁력이 아니라 최근의 경제 상황만을 반영한 것이기 때문에 서유럽에서는 순위 변화에 크게 주목하지 않는다."라고 2008년 11월 삼성경제연구소와의 인터뷰에서 말했다.[21] 국가경쟁력의 원류로

18) 기획재정부, "2011년 국가경쟁력보고서", 2011. 12. p.2
19) P. Krugman, "Competitiveness : A Dangerous Obsession." Foreign Affairs, March/April. 73(2). 1994. pp. 28-44.
20) ibid.
21) 손민중 외, "한국 국가경쟁력 분석과 정책적 시사점: WEF 금융경쟁력 지수를 중심으로,“ 삼성경제연구소, 2010. p.23.

인정받고 있는 마이클 포터 또한 "국가경쟁우위(Competitive advantage of Nations)"에 관한 논리를 전개하고 있지 "경쟁력 있는 국가 : 국가수준에서의 경쟁력(competitive nation : competitiveness at the national level)"과 같은 것은 없고, "국가경쟁력의 실체는 국내산업의 생산성이며, 이러한 산업의 경쟁력에 영향을 미치는 국가적 차원의 요인이다"라고 말한다.[22)]

실제로 국가경쟁력을 평가하는데 있어 가장 어려운 점은 한 나라가 처한 경쟁력 수준이 어느 정도 인지를 개관적으로 파악하기 힘들다는 것이다. 국가경쟁력 순위가 발표연도에 따라, 발표기관에 따라 큰 차이를 보이고 있는 것이 현실이다. 종종 IMD나 세계경제포럼의 국가경쟁력 순위는 현실을 제대로 반영하지 못하고 후행하는 패턴을 보이기도 한다. 특히 글로벌 금융위기 직전 아이슬란드의 국가경쟁력에 대한 평가가 이를 잘 설명해준다. 세계경제포럼은 아이슬란드의 국가경쟁력을 2007년 23위에서 2008년에는 20위로 3단계 상승한 것으로 평가했다. 그러나 당시 아이슬란드는 글로벌 금융위기의 여파로 국가부도의 위기에 직면하며 국제통화기금(IMF)에 구제 금융을 요청한 상태였다. 거시경제의 안정성이 56위 수준으로 떨어지며 대단히 취약했음에도 불구하고, 보건 및 초등교육(2위), 고등교육 및 훈련(4위), 노동시장 효율성(6위), 기술수용성(6위) 등에서 높은 점수를 받아 경제적 취약성이 희석되었기 때문이다. 그리고 IMD 또한 2007년 아이슬란드의 국가경쟁력 순위를 7위로 평가하였으나, 2008년과 2009년에는 아무런 논평이나 설명도 없이 평가대상에서 제외시키는 악수를 두면서 신뢰성에 큰 상처를 입었다.

---

22) M.E. Porter, "The Competitive Advantage of Nations." Harvard Business Review. March/April. 1990.

그리고 IMD와 세계경제포럼의 국가경쟁력은 지수 산정에서의 또한 IMD와 WEF는 2014년 러시아 국가경쟁력이 글로벌 금융위기 이후 가장 높은 것으로 평가하였다. 그러나 실상 러시아는 2014년 초 발생한 우크라이나 사태로 미국 및 유럽연합(EU)으로 부터의 경제제재와 미국의 셰일오일 및 가스개발로 인한 국제유가의 급락으로 물가는 급등하고 경기는 침체하는 스태그플레이션에 본격적으로 진입하면서 장기저성장이라는 심각한 상황에 빠졌다. 러시아의 국경쟁력에 심각한 타격이 발생하고 있음에도 불구하고 IMD나 WEF가 러시아 국가경쟁력을 높게 평가하고 있는 것은 이 지수가 예시적인 선행지표로서의 기능을 수행하지 못하고 있음을 보여준다. 무엇보다 지수 산정에 포함되는 지표 선정에 있어 설문조사 의존도가 지나치게 높다. 설문의 경우 통계가 존재하지 않거나 추정이 어려운 문화, 제도, 관행, 가치관, 태도 등과 관련된 항목에 많이 포함되어 있어 자료 조사의 객관성을 담보하기 어렵고, 가중치를 자의적으로 설정함으로서 공정성을 잃고 있다. 또한 설문조사 시 응답자들의 비율이 높지 않고 응답자 수도 많지 않으며 설문조사 응답자들이 주로 다국적 기업가들로 그 자체가 응답의 건전성을 크게 해칠 수 있다는 한계점을 지닌다. 문화나 교육 부문 전문가가 아닌 기업가들이 해당 국가의 문화나 교육에 대해서 인식을 좋지 않게 가질 경우 결국 문화나 교육 시스템에 대한 부정적 인식으로 연결되어 경쟁력을 왜곡시킬 수 있다.

이와 같이 IMD와 세계경제포럼의 국가경쟁력지수가 일부 평가항목에 있어 경쟁력 지표로 불합리한 측면이 있고 설문조사의 신뢰성과 객관성에 있어 문제를 노출하고 있음에도 불구하고 많은 학자 및 실무자들은 국가경쟁력 개념의 필요성과 평가 결과에 대해서 나름대로 의미를 부여하고 있다. 특히 신흥경제국 정책결정자들은 경제성과 뿐만 아니라, 정부행정, 기업경영, 제도적, 인프라, 교육, 기술혁신 등의 제 부문들에서 자국의 경쟁력이 어느 정도인지를 파악함으로써 정부 정책을 수립하는데 있어 지침으로 활용할 수 있다.

IV

러시아 시장경제의 국가의 역할: 은행을 중심으로

IV. 러시아 시장경제의 국가의 역할: 은행을 중심으로

조 원 호(경상대)

I. 서론

러시아 주간지 「비즈니스와 권력」(Бизнес и власть)은 경제의 주요 부문에 국가의 참여 정도를 당해 기업의 주식가치에서 국가의 비중을 추정하는 방법으로 분석하였다. 이 분석에 따르면 러시아에서 국가참여가 가장 높은 부문은 철도, 원유 및 천연가스 파이프라인 등 운송부문으로 국가가 자산의 75% 정도를, 그리고 다음에는 항공부문과 조선업으로 약 57%, 천연가스 생산부문이 50% 정도로 비교적 높게 나타나고 있으며 기계 부문이 15%, 통신부문 14%, 건설부문 9% 정도로 나타났다. 석유산업은 23%, 정유부문은 8% 정도였으며 비철금속생산부문은 국가가 3%정도, 철강산업은 민간자본이 압도적 우위를 점하고 있다.

러시아 통계청자료에 따르면 2012년 공공부문의 근로자숫자는 경제활동인구의 25.7%로 2011년 24.9%, 2009년 24.6%였다. BNP Paribas의 분석에 따르면, 원유생산부문은 1998년, 1999년의 10%에서 40~45%, 금융부문은 49%, 수송부문은 73%를 국가부문이

점유하고 있다.[1] 러시아통계청(Росстат)자료에 따르면, 2012년 통신부문은 13.8%, 전기, 가스, 수자원분야는 2009년 14%에서 2012년 25.8%, 그리고 광업부문은 2009년, 2010년 10% 내지 11%에서 16.5%로 급증하였다.

메드베데프(Медведев Дмитрий Анатольевич) 러시아수상은 2000년대 초 러시아경제에서 국가의 비중은 약 25%였으나 2013년 약 50% 이상을 차지하고 있으며, 따라서 대부분의 선진국 경제에서 국가의 비중이 약 1/3 정도라고 했을 때 러시아의 비중은 너무 높다는 것을 지적하면서 러시아경제에서 국가의 비중 감소를 주장하고 있다.[2]

가이다르연구소의 추산에 따르면, 2006년 국가부문은 약 38%, 2008년은 약 40%가 넘는다고 추산하고 있다. 2013년에는 약 50%에 이르며 2015년 현재는 이보다 더 높을 것으로 예상하고 있다.[3]

러시아경제발전부 자료에 따르면 러시아경제에서 국가부문이 차지하는 비중은 국내총생산의 약 50%에 달하며 2018년까지 20%로 낮아질 것으로 예상하고 있다.[4] 이러한 러시아경제발전부의 견해는 2014년 1월 가이다르 포럼에서 제1부수상인 이고리 슈발로프(Игорь Шувалов)의 견해에서도 다시 한 번 확인되는데 그는 이 포럼에서 러시아 경제의 국가부문은 2018년까지 적어도 25%까지 감소하여야 한다는 것을 강조하고 있다.[5]

따라서 거시적으로 러시아경제를 분석하여 보았을 때 적어도 러

1) http://www.vedomosti.ru/politics/articles/2012/11/06/esche_odin_byudzhet (검색일: 2014. 7. 11.)
2) http://rus.ruvr.ru/2013_04_30/Rossija-budet-sokrashhat-dolju-gosudarstva-v-jekonomike/ (검색일: 2014. 11. 15.)
3) http://daily.rbc.ru/opinions/economics/24/02/2015/54e727159a7947955d5386a7 (검색일: 2015. 4. 10.)
4) http://www.kommersant.ru/doc/2233355 (검색일: 2014. 12. 15.)
5) http://www.vestifinance.ru/articles/37939 (검색일: 2014. 12. 5.)

시아 경제에서 국가가 차지하는 비중은 2015년 현재 50% 이상이 될 것이라는 데에는 이견이 없는 것 같다. 그러나 러시아경제에서 국가가 차지하는 비중이 시간이 지날수록 점차 증가하고 있다는 명백한 사실은 푸틴대통령의 강력한 정치적 리더십과 맞물려 경제부문에서 러시아 국가자본주의강화에 대한 우려가 제기되게 되었다.

그러나 메드베데프 당시 대통령은 2011년 6월 상트페테르부르크 국제경제포럼에 참석하여 1990년대의 경제적 혼돈을 극복하기 위해서 국가자본주의가 필요하였으나 러시아에서 국가자본주의는 더 이상 필요치 않다고 주장하고 있다. 여기에 한 걸음 더 나아가 메드베데프는 "러시아는 국가자본주의를 구축하지 않을 것이다"라고 주장하고 있다.[6] 또한 2011년 9월 소치에서 열렸던 투자포럼에서 당시 수상이었던 푸틴은 "국가에 자원이 집중된다고 하여 러시아에 국가자본주의를 건설하는 것은 아니다"라고 주장하고 있다.[7]

러시아 국가 최고지도자의 언급에도 불구하고 러시아 정부의 경제에 대한 지배강화는 2014년 2월의 우크라이나사태를 통하여 새로운 양상을 띠게 된다. 즉 이전의 기업에 대한 직접적인 지분참여를 통한 지배를 국가자본주의 시즌1로 본다면 이제는 금융을 통한 지배형태를 보이고 있으며 이를 국가자본주의 시즌2로 명명하고, 금융을 통한 지배형태는 우크라이나사태이후 서방의 러시아에 대한 경제제재로 러시아의 민간기업이 자금경색에 처하게 되어 크렘린 자금에 의존하게 되면서 더욱 강화되게 되었다.[8]

따라서 본 논문에서는 국가자본주의 시즌2라고 불리는 러시아경

6) http://www.lawinrussia.ru/node/189314 (검색일: 2014. 11. 5.)
7) http://www.dp.ru/a/2011/09/16/Vladimir_Putin_ne_sobirae/ (검색일: 2014. 11. 15.)
8) http://joongang.joins.com/article/385/15157385.html?ctg=1300&cloc=joongang|home|newslist1 (검색일: 2014. 7. 4.)

제에 대한 국가지배의 새로운 형태, 즉 금융을 통한 경제의 지배에서 핵심부문인 러시아 금융부문, 특히 은행부문에서 러시아 정부의 지배형태 및 비중을 분석하고자 한다. 러시아 정부의 금융에 대한 지배형태분석은 글루시코바(Ekaterina Glushkova)와 베르니코프(Andrei Vernikov)의 정의에 따라 분석하였다.

II. 이론적 배경

1. 국가참여은행의 정의

국가참여은행(Банки с государственным участием)은 일반적으로 당해 은행의 자본에 국가를 대표하는 기관이 참여하는 경우 혹은 당해 은행의 의사결정과정에 국가가 상당한 영향력을 행사할 수 있는 경우, 그 해당 은행을 국가참여은행이라고 부른다.[9] 또 다른 정의에 따르면 해당 은행의 자본에 국가 자본뿐만 아니라 민간자본까지 포함될 경우는 국가참여은행이며 오직 국가자본만 참여하고 국가기관이 운영하고 있다면 이 경우는 국가은행(Государственный банк)으로 구분하고 있다.[10] 비록 많은 경우, 국가참여은행을 영어로 국유은행(State-owned banks)이라고 번역하고 있지만 본 논문에서는 글루시코바와 베르니코프의 정의에 따라 구분하여 사용하고자 한다.

러시아 중앙은행은 2002년(отчете о развитии банковского сектора и банковского контроля 2002 года)에서 국가에 의해 통제되는 은행을 러

9) http://www.banki.ru/wikibank/bank_s_gosudarstvennyim_uchastiem/ (검색일: 2015. 4. 6.)

10) http://www.realtypress.ru/article/article_1330.html

시아 연방 및 지방정부, 그리고 러시아 연방에 속한 연방국가단일기업(Федеральное государственное унитарное предприятие: ФГУП), 연방주체에 속한 국가단일기업(Государственное унитарное предприятие: ГУП)이 50%이상의 자기자본을 소유하고 있는 경우로 정의하고 있다. 그러나 2013년도에는 국가에 의해 통제되는 은행을 당해 은행의 자기자본을 국가가 50%이상 소유하고 있는 은행으로 정의하면서 국가의 범주에 러시아 중앙은행, 대외경제은행(ВЭБ), 러시아 예금보험공사(АСВ)를 포함시키고 또한 국가에 의하여 통제되는 은행이 지주은행이 되는 은행집단에 속한 은행들도 포함시키고 있다. 후자의 정의가 러시아 금융권에 대한 러시아 국가참여를 보다 더 잘 반영하고 있는 것으로 보인다.

국가가 은행을 통제하는 방식은 러시아 중앙은행의 경우처럼 100% 국가가 소유한 은행에서부터 은행을 소유한 기업들의 주식을 국가가 소유하여 간접적으로 은행에 영향을 미치는 경우까지 매우 다양하게 나타나고 있다. 이에 더하여 러시아 중앙은행이나 예금보험공사가 감독관을 파견하여 금융기관을 통제하는 방식도 있다. 중앙은행이 감독관을 파견하는 경우는 주로 국가 혹은 중앙은행이 상업은행에 대규모 신용제공을 할 때 주로 나타난다. 또한 러시아 연방 정부 및 지방정부의 행정기관, 연방정부와 주정부의 국가단일기업, 러시아 중앙은행 및 러시아연방재산기금(Российский фонд федерального имущества(РФФИ))이 은행의 자본에 참여하는 방식이 있다. 예를 들면 러시아 중앙은행은 러시아 최대은행인 러시아 저축은행 주식의 지배지분을 가지고 있다.[11]

---

11) 지배지분(controlling stake)는 일반적으로 투표권을 가진 주식의 20%이상을 의미하는 것으로 이러한 지배지분을 가진 주주를 지배주주라 부르며 이들은 기업의 미래를 결정하기에 충분한 양의 주식을 보유하고 있다고 본다.

그러면 일반적으로 우리는 어떠한 경우를 국유은행이라고 정의하고 있는가? 국유은행(state-owned bank)은 국가가 최대주주이며 20%이상의 주식을 소유하고 있는 경우 혹은 50%이상의 주식을 소유하고 있는 경우로 정의하고 있다.[12] 50% 이상의 주식을 소유하고 있는 경우를 국유은행으로 정의하고 있는 경우는 다른 논문에서도 찾을 수 있다.[13] 이아노타, 노세라와 시로니(Iannotta, Nocera, and Sironi)는 중앙정부나 지방정부가 은행 자기자본(equity capital)의 24.9%이상을 소유하고 있으며 다른 단일 주주가 이보다 더 많은 주식을 보유하고 있지 않은 경우 이를 국유은행으로 정의하고 있다.[14]

베르니코프는 광의의 국가(broad state)개념을 도입하여 여기에 국가소유(state-owned), 국가지배기업(state-controlled companies), 국가기관(state organization) 소유 은행까지 포함하고 있다.[15] 법적인 기준으로는 러시아의 중앙은행이나 시(市)정부는 국가기관이 아니나 베르니코프는 러시아의 제도적 특징으로 이들 기관이 소유하거나 지배하고 있는 금융기관을 공공은행(public bank)으로 정의하고 있다. 또한 명목상으로는 개인 혹은 공기업이 지배하고 있으나 실제 국가가 지배하고 있는 은행을 또한 공공은행(public banks)에 포함시키고 있

12) Porta, R.L., Florencio Lopez-de-silanes, and Andrei Shleifer, "Government Ownership of Banks," *The Journal of Finance*, Vol. LVII, No. 1, (Feb. 2002), p. 270

13) Barth, J.R. Gerard Caprio, Jr., Ross Levine, "Bank Regulation and Supervision: What works Best," *NBER Working Paper Series, 9323*, (Nov. 2002), p.14.

14) Iannotta, Giuliano, Giacomo Nocera, and Andrea Sironi, "Ownership structure, risk and performance in the European banking industry," *Journal of Banking & Finance*, 31, (2007), p. 2130.

15) Vernikov, Andrei V., "Russia's banking sector transition: Where to?," *BOFIT Discussion Papers*, (2007), pp.9-10.

다.[16)]

러시아 중앙은행은 자산규모 200대 은행 중 국가가 자기자본의 50%이상을 소유하고 있는 은행의 비중을 추산하여 발표하고 있다. 여기서 국가는 러시아 행정부, 연방정부 및 지방정부지배의 국가단일기업, 러시아 중앙은행, 러시아 연방 자산기금 등을 포함하고 있다.[17)]

라이페이센(Raiffesisen, 2006)과 무디(Moody's, 2007)는 국가가 총자산의 약 35내지 40%를 차지하고 있으며 로스비즈니스컨설팅(RosBusinessConsulting, 2007)은 총자산의 약 43%를 국가가 소유하고 있다고 추정하고 있다. 베르니코프는 2005년 말 현재 광의의 국가가 약 45%를 차지하고 있다고 추정하고 있다. 이반테르(Ivanter, 2009)는 국유은행, 국유기업, 지방정부, 그리고 대외경제은행, 예금보험공사(ACB)와 같은 것을 망라한 국가의 지배하에 있는 금융기관의 비율이 2008년 가을에서 2009년 봄 10% 증가하여 현재 56%로 증가하였으며 이와 같은 증가폭은 2000년부터 2007년까지의 증가폭과 유사하다고 주장하고 있다.[18)]

글루시코바와 베르니코프는 국유기업인 대외경제은행을 국유은행의 범주에 포함시켰다. 실제 대외경제은행은 러시아중앙은행으로부터 은행면허를 취득하지는 못했지만 은행활동과 유사한 활동을 한다는 의미에서 국유은행에 포함시키고 있다. 여기에는 국가에 의해서 민영은행에 제공되는 재정지원이 대외경제은행에 의해서 이루

16) Vernikov, Andrei V., "Russia's banking sector transition: Where to?," *BOFIT Discussion Papers*, (2007), p. 10.
17) Bank of Russia, *Banking Supervision Report 2007*, (2008), p. 86.
18) Ивантер, Александр, "В доле. Без залога," «Эксперт» No.20 (658) (25 май 2009), http://expert.ru/expert/2009/20/v_dole_bez_zaloga/ (검색일, 2014. 9. 11.)

어지고 있을 뿐만 아니라 기업에도 대부를 하기 때문이다.[19)]

글루시코바와 베르니코프는 국가참여의 방식을 소유권, 지배구조 및 정치적 커넥션 등 크게 3부분으로 구분하였다.[20)] 소유권은 크게 다시 직접국유은행과 간접국유은행으로 나누었으며 직접국유은행은 각급 행정부, 러시아 중앙은행 그리고 연방 및 지방자산기금 등이 소유한 은행을 의미하며 간접국유은행은 일반 기업, 비은행 금융기관 및 국가소유은행 등이 소유한 은행을 의미한다. 지배구조에 대한 국가의 참여 역시 크게 직접국가지배은행과 간접국가지배은행으로 나눈다. 국가직접지배은행은 각급 행정부가 당해 은행의 이사회에 참석하는 경우이며 국가간접지배은행은 국유기업 및 국가지배기업의 대표가 당해 은행의 이사회의 구성원일 경우를 의미한다. 정치적 커넥션에 대하여는 고위 공직자나 정치인이 주주, 혹은 이사회의 이사 및 대주주의 친밀한 친구일 경우를 의미한다.

2. 국가참여은행의 비중

글루시코바와 베르니코프의 분석에 따르면 2009년 1월 1일 현재 모두 64개의 은행이 국가참여은행으로 분류가 가능하며 이 중 33개가 국유은행, 11개가 국가지배은행 그리고 나머지 20개가 정치적 커넥션 으로 분류하였다. 러시아의 최대 국유은행 5개는 저축은행(Сбербанк России), 대외무역은행(ВТБ)그룹(ВТБ, ВТБ 24, VTB North-West), 가즈프롬은행, 러시아농업은행(Россельхозбанк) 및 모스크바은행으

19) Glushkova, Ekaterina and Andrei Vernikov, "How big is the visible hand of the state in the Russian banking industry," *MPRA Paper, no. 15563*, (June, 2009), p. 4.

20) Glushkova and Vernikov, pp. 5-6.

로 러시아 은행 총자산의 52.1%를 차지하고 있다고 한다. 그들의 분석에 따르면 국유은행의 자산은 56%, 국가지배은행의 자산을 포함하면 59%, 그리고 정치적 커넥션을 포함하면 63%까지 확대될 것이라고 추정하고 있다.[21)]

키르디나와 베르니코프는 저축은행, 대외무역은행, 러시아농업은행을 핵심국가지배은행으로 분류하며 법적으로는 러시아 중앙은행과 상업은행의 2단계로 나누지만 실질적으로는 3단계라고 주장하고 있다. 또한 그들은 직·간접적으로 국가에 의해 지배되는 은행들의 비중이 2011년 말까지 약 56%에 달한다고 주장하고 있다.[22)]

러시아 중앙은행의 추산에 따르면 국가가 50% 이상의 지분을 소유하고 있는 금융기관은 2003년 1월 1일 현재 23개, 2004년의 경우, 20개가 있다. 2003년은 5개, 2004년은 4개 금융기관이 수권자본의 50%이상을 행정부와 무관한 연방기관이 소유하였다. 예를 들면, 러시아 중앙은행이 저축은행을, 연방자산기금이 대외무역은행, 러시아 수출입은행(Росэксимбанк), 러시아농업은행을 지배하고 있는 것이다. 러시아 중앙은행은 비엔나 소재 도나우(Donau)은행과 룩셈부르크소재 동서유나이티드(East-West United) 은행의 지분 15%를, Ost-West Handelsbank 자본의 51.62%, 파리소재 유로은행(Eurobank)의 지분 87.03%, 런던소재 모스크바인민은행(Moscow Narodny 은행) 지분 88.89%의 지분을 소유하고 있으며 이들 금융기관의 지배구조에 참여하여 경영에 영향을 미치고 있다.[23)]

---

21) Glushkova and Vernikov, p. 8.
22) Kirdina, Svetlana and Andrei Vernikov, "Evolution of the Banking System in the Russian Context: An Institutional View," *Journal of Economic Issues*, Vol. XLVII, no. 2 (June 2013), pp. 474-476.
23) Bank of Russia, *Banking Supervision Report 2003*, (2004), p 12.

III. 러시아 국가참여은행 유형 분석

1. 러시아 은행 현황

2015년 3월 1일 현재 러시아 중앙은행에 등록된 금융기관은 1,046개이며 이중 은행은 972개, 비은행 금융기관은 74개이며 운영중인 금융기관의 숫자는 827개이며 이중 은행은 773개, 비은행 금융기관은 54개이다.[24] 러시아은행의 자산별 구조는 다음과 같다. 2015년 3월 1일 현재 총 827개의 은행이 있으며 자기자본이 100억 루블 이상 27개, 3.3%, 10억 루블에서 100억 루블까지 163개 19.7%, 5억 루블에서 10억 루블까지, 112개, 13.5%, 3억 루블에서 5억 루블까지, 117개, 14.1%, 1억 5천만 루블에서 3억 루블까지, 210개, 25.4%, 6천만 루블에서 1억 5천만 루블까지, 106개 12.8%, 3천만 루블에서 6천만 루블까지, 30개, 3.6%, 천만 루블에서 3천만 루블까지, 39개 4.7%, 3백만 루블에서 천만 루블까지, 13개, 1.6%, 3백만 루블 미만이 10개 1.2%로 구성되어 있다.[25]

러시아 금융기관의 2015년 2월 1일 현재 자산 총액은 80조 7,528억7,200만 루블이며 상위 5대 금융기관의 자산은 43조 2,537억 2,700만 루블이며 다음 6위부터 20위까지의 자산총액은 17조 5,259억 1,200만 루블로 상위 20대 금융기관의 자산총액이 러시아 금융기관 자산총액의 약 75.26%를 차지하고 있으며 상위 50대 금융기관의 자산총액은 러시아 금융기관 자산총액의 약 85.93%를 점

24) http://www.cbr.ru/statistics/print.aspx?file=bank_system/inform_15.htm&pid=lic&sid=itm_43766 (검색일: 2015. 4. 7.)

25) http://www.cbr.ru/statistics/print.aspx?file=bank_system/group_15.html&pid=lic&sid=itm_23162 (검색일: 2015. 4. 7.)

유하고 있다.[26)]

2. 금융기관에 대한 국가의 참여 유형

러시아 금융기관은 이미 앞서 적시한 바와 같이 2015년 3월 1일 현재 827개에 이른다. 이 모든 금융기관에 대하여 전수조사를 하는 것은 실질적으로 불가능한 것으로 보여 본 연구자는 러시아 언론에 언급되어 있는 금융기관을 중심으로 해당 은행의 인터넷 사이트에 발표된 자료를 중심으로 분석하였다.

또한, 러시아 금융기관 총 자산의 약 76%를 차지하는 상위 20대 금융기관은 러시아 언론에 포함되어 있지 않더라도 다시 한 번 해당 인터넷 사이트의 발표 자료를 중심으로 확인하였다. 주요 확인 자료는 주식 소유자의 주식 지분 비중과 주식소유자간의 영향력관계이다.

2.1) 직접소유

러시아 저축은행(Сбербанк)의 주식지분은 100% 국영은행인 러시아 중앙은행이 최대 주주로 2011년 57.6%, 2012년 57.6%, 2013년 50%+1 그리고 2014년 4월 17일 현재 50%+1의 주식을 확보하고 있다. 외국법인의 지분은 2011년 33.4%, 2012년 33.9%, 2013년 44%, 2014년 4월 17일 현재 43.52%의 지분을 차지하고 있다.[27)]

대외무역은행(ВТБ)의 최대 주주는 러시아연방정부(Росимущество)

---

26) Центральный банк Российской Федерации, *Статистический бюллетень Банка России*, No. 3, 2015, c. 112.

27) http://www.sberbank.ru/common/img/uploaded/files/pdf/stockholders/Shareholder_structure_11042013_RU_FINAL.pdf; http://www.sberbank.ru/moscow/ru/investor_relations/information/share_capital_structure/

로 60.9%, 노르웨이 중앙은행이 3.5%, 아제르바이잔 국영석유기금이 2.9%, 러시아 저축은행이 4.4% 등이 대주주이다.[28)]

러시아농업은행(Россельхозбанк)은 2000년에 설립된 국영은행으로 러시아정부가 100%의 주식을 소유하고 있다.[29)]

크라이투자은행(Крайинвестбанк)은 크라스노다르주(Краснодарский край)가 98.04%의 자산을 소유하고 있다.[30)]

카잔은행(Банк Казани)은 카잔시가 41.73%, 유한책임회사인 리스-교역(Лизинг-Трейд)이 58%의 주식지분을 가지고 있다.[31)]

타트폰드은행(Татфондбанк)은 2015년 4월 15일 현재 주요 대주주로 유한책임회사인 "신석유화학(Новая нефтехимия)"이 23.17%, 타타르스탄 공화국이 11.54%, 민영기업인 주식회사 "헬리오-폴리스(Гелио-полис)"가 9.98%, 유한책임회사인 민영기업 "셀레나-신쩨스(Селена-Синтез)"가 9.98%, 부동산개발 주식회사인 "리제르(Лидер)"가 9.92%, 타타르스탄 공화국이 공화국내의 주거문제해결을 위하여 설립한 "타타르스탄공화국 모기지청(Ипотечное агентство Республики Татарстан)"이 9.52%, 유한책임회사로 민영기업인 "아르뚜그-금융(Артуг-Финанс)"이 5.49%의 지분을 가지고 있다.[32)] 따라서 타타르스탄 공화국이 대주주는 아니지만 약 21%의 이상의 지분을 직접보유하고 있다.

루스코은행(Рускобанк)은 유한책임회사인 "에스엠 캐피탈(СМ Ка-

28) http://www.vtb.ru/upload/iblock/88e/VTB_Shareholder_struct_30_09_2014.pdf (검색일: 2014. 10. 2.)
29) http://www.rshb.ru/about/ (검색일: 2014. 10. 2.)
30) http://www.kibank.ru/about/shareholders/ (검색일: 2015. 4. 2.)
31) https://www.bankofkazan.ru/upload/medialibrary/3ab/spisok-i-skhema-_449740-v1_.doc (검색일:2015. 4. 10.)
32) https://tfb.ru/sharer/shareholders/ (검색일: 2015. 4. 28.)

питал)"이 54.83%, 레닌그라드주가 25%+1주, 아나스타샤 코발코바(Ковалькова Анастасия Анатольевна)가 19.5%의 지분을 가지고 있다.[33]

상업은행 "미아(Московское Ипотечное Агентство: МИА)"는 모스크바시가 2000년 설립한 모기지 전문 은행으로 100%의 지분을 가지고 있다.[34]

루시(Русь)은행은 오렌부르크주가 48.6%의 주식을 보유하고 있다. 이외에 주식회사 "오렌부르크 모기지-주택(Оренбургская ипотечно-жилищная корпорация)", 유한책임회사인 "오렌부르크지역 모기지 금융(Оренбургское региональное ипотечное финансовое агентство)", 오렌부르크시 등이 주식을 보유하고 있다.[35][36] 그런데 오렌부르크주가 주식회사 "오렌부르크 모기지-주택(Оренбургская ипотечно-жилищная корпорация)"의 대주주이며 오렌부르크시 또한 정부기관으로 루시은행은 국가의 직접소유의 범주에 있다고 할 수 있다.

하카스 시립은행(Хакасский Муниципальный Банк)은 아바칸시 주택기금(Муниципальный жилищный фонд города Абакана)이 21.2%, 아바칸시 경제위원회(Комитет муниципальной экономики Администрации города Абакана)가 7.08%, 유한책임회사 "아바칸에너지(Абаканэнергосбыт)"가 19.09%, 유한책임회사 "자동차시장(Авторынок)"이 4.49%, 기타 48.15%를 보유하고 있다.[37]

쿠반은행(Кубанский Универсальный Банк)은 끄라스노다르시가

33) http://www.ruscobank.ru/userfiles/Akcioneru.doc (검색일: 2015. 2. 15.)
34) http://www.mia.ru/about-bank/influence-people/download/13/1767/ (검색일: 2015. 4. 2.)
35) http://www.bankrus.ru/about/control/g1/owners (검색일: 2015. 3. 15.)
36) http://www.oigk.ru/Company/AboutOIGK.aspx (검색일: 2015. 3. 15.)
37) http://www.kbhmb.ru/o_banke/uchastniki_banka.php (검색일: 2015. 3. 15.)

98.94%의 지분을 보유하고 있다.[38)]

2.2) 간접소유

세텔렘(Сетелем)은행은 저축은행이 74%의 지분을 가지고 있다. 그러나 러시아 중앙은행이 저축은행의 주식 52.3%를 소유하고 있기 때문에 실질적으로는 러시아 중앙은행이 최대 영향력이 있는 조직이다.[39)]

대외무역은행-24(ВТБ-24)는 대외무역은행(ВТБ)그룹의 산하 은행으로 대외무역은행이 99.9%의 지분을 확보하고 있다.[40)] 앞서 분석한 바와 같이 대외무역은행의 최대 주주가 러시아연방정부이기 때문에 대외무역은행-24 역시 러시아연방정부의 소유라고 볼 수 있다.

레토(Лето)은행 역시 앞서 언급한 대외무역은행-24처럼 대외무역은행(ВТБ)그룹의 산하 은행으로 역시 러시아연방정부의 소유라고 볼 수 있다.[41)]

모스크바은행(Банк Москвы) 또한 대외무역은행(ВТБ)그룹의 산하 은행으로 대외무역은행그룹(Групп ВТБ)이 최대 주주로 96.4%의 주식 지분을 가지고 있다.[42)]

가즈프롬은행(Газпромбанк)은 가즈프롬(Газпром)이 35.5%, 민영연기금(НПФ) 가스폰드(ГАЗФОНД)가 49.6%, 대외경제은행(Внешэконом-

---

38) http://www.kubunibank.ru/index.php?pointermainmenu=rukov (검색일: 2015. 3. 15.)
39) https://www.cetelem.ru/files-pro//b49bddb4ef1d4e49/List_of_decision_makers15012014.pdf (검색일: 2014. 10. 2.)
40) http://www.vtb24.ru/about/Pages/default.aspx?geo=moscow (검색일: 2014. 10. 2.)
41) http://www.letobank.ru/about/data#info_info (검색일: 2014. 10. 2.)
42) http://www.bm.ru/ru/about/ (검색일: 2014. 10. 2.)

банк)이 10.2%의 주식을 확보하고 있다.[43] 따라서 가즈프롬은행에 대한 국가의 간접적인 주식지분율은 95%를 상회하고 있다. 가즈프롬의 이사회 의장은 빅토르 주브코프(Viktor Zubkov)로 그는 2008년부터 이사회 의장이다. 그런데 주브코프는 2007년부터 2008년사이 러시아연방 수상이었으며 2008년부터 2012년 사이는 러시아연방 제1부수상이었다. 2012년 부터는 가스수출국 협력 대통령특사(Специальный представитель Президента РФ по взаимодействию с Форумом стран — экспортеров газа) 자격을 가지고 있다. 또한 가즈프롬의 주식은 러시아연방정부가 38.37%, 러시아연방정부의 통제하에 있는 로스네프티가스(Роснефтегаз)가 10.97%, 로스가즈이피카티야(Росгазификация)가 0.89%를 보유하고 있다.

따라서 가즈프롬은행은 러시아연방정부의 최대 주주인 가즈프롬과 대외경제은행이 최대 주주로 러시아연방정부의 간접적인 소유라고 볼 수 있다.

가즈프롬은행-모기지(ГПБ-Ипотека)는 가즈프롬은행의 산하 은행으로 모기지에 특화되어 있는 은행이다.[44] 가즈프롬은행을 러시아연방정부가 간접적으로 소유하고 있기 때문에 가즈프롬은행의 산하 은행인 가즈프롬은행-모기지 역시 러시아연방정부의 간접적인 소유로 볼 수 있다.

러시아수출입은행(Росэксимбанк)은 대외경제은행(ВЭБ)의 산하 은행으로 국영은행인 대외경제은행이 100%의 지분을 가지고 있으며 러시아 엔지니어링제품의 수출을 지원하기 위하여 1994년에 설립된 은행이다.[45]

---

43) http://www.gazprombank.ru/about/shareholders/ (검색일: 2014. 10. 2.)
44) http://www.gazprombank.ru/group/banks/7118/ (검색일: 2014. 10. 2.)
45) http://www.eximbank.ru/profile/shareholders/ (검색일: 2014. 10. 2.)

마크은행(МАК-Банк)은 러시아 최대 다이아몬드 주식회사인 알로사(АЛРОСА)와 개인들이 지분을 나누어 가지고 있다.[46] 주식회사 알로사는 러시아연방정부가 43.93%, 사하공화국이 25%, 유관 지자체가 8%의 지분을 가지고 있다.[47]

엠에스페은행(МСП Банк)은 러시아 중소기업은행(Российский Банк поддержки малого и среднего предпринимательства»)으로 대외경제은행(ВЭБ)이 100%의 주식지분을 가지고 있다.[48]

글로벡스은행(ГЛОБЭКС Банк)은 대외경제은행(ВЭБ)이 99.99%의 주식을 보유하고 있다.[49]

스뱌지은행(Связь-Банк)은 대외경제은행(ВЭБ)이 99.65%의 주식지분을 가지고 있다.[50]

전러시아지역발전은행(Всероссийский Банк Развития Регионов: ВБРР)은 로스네프티(Роснефть)가 84.67%, 로스아그로네프찌프로둑트(Росагронефтепродукт)가 9.52%, 델타프롬이 3.26% 등의 주식지분을 가지고 있다.[51] 로스네프티의 최대 주주는 러시아연방정부가 100% 지분을 가지고 있는 로스네프티가스(Роснефтегаз)로 69.50%의 지분을 가지고 있으며 BP가 19.75%, 나머지 10.75%는 개인들이 소유하고 있다.[52] 따라서 전러시아지역발전은행은 러시아연방정부가 간접적으로 소유하고 있다고 할 수 있다.

---

46) http://www.makbank.ru/about/info.php (검색일: 2014. 10. 2.)
47) http://www.alrosa.ru/производство/ключевые-факты-о-компании/ (검색일: 2014. 10. 2.)
48) http://www.mspbank.ru/info/O_banke (검색일: 2014. 10. 2.)
49) http://www.globexbank.ru/ru/main/about_bank/akcioner/ (검색일: 2014. 10. 2.)
50) http://www.sviaz-bank.ru/about/stockholders/ (검색일: 2014. 10. 2.)
51) http://www.vbrr.ru/about/shareholders.php (검색일: 2014. 10. 2.)
52) http://www.rosneft.ru/about/Glance/ (검색일: 2015. 4. 3.)

극동은행(Дальневосточный Банк)은 전러시아지역발전은행(ВБРР))의 자회사인 은행이며 앞서 언급한 바와 같이 로스네프티(Роснефть)가 전러시아지역발전은행의 최대 주주이다.[53] 따라서 극동은행은 러시아 연방정부가 간접적으로 소유하고 있다고 할 수 있을 것이다.

바르스은행(Ак Барс)은 타타르스탄공화국이 주식의 20.6%, 타타르스탄 공화국이 100% 출자하여 타타르스탄공화국의 투자 활성화를 위하여 설립한 주식회사인 스뱌지인베스트네프트힘(Связьинвестнефтехим)이 18.49%,[54] 유한책임회사 이크스-루쉬(ИКС-ЛУЧ)가 13.6%, 회사 오스만드 홀딩 리미티드(OSMAND HOLDING LIMITED)가 11.61%, 유한책임회사 투자와 컨설팅(Инвестиции и Консалтинг)이 11.52%, 회사 시넥 투자 및 개발 리미티드(Sinek Investment &Development Limited)가 9.21%, 유한책임회사 가란트 메니즈먼트(Гарант-Менеджмент)가 8.95%의 주식을 소유하고 있다.[55] 따라서 타타르스탄공화국이 약 40%의 은행지분을 확보하여 직간접적으로 소유하고 있다고 볼 수 있다.

에브로피난스 모스나르은행(Еврофинанс Моснарбанк)는 2014년 8월 현재, 베네수엘라 기업인 "FONDO DE DESARROLLO NACIONAL, FONDEN S.A."가 49.99%, 가즈프롬은행이 20.00%, ITC Consultants(Cyprus)가 9.04%, 대외무역은행(ВТБ)이 7.98%, 대외무역은행의 자회사인 "프랑스 ВТБ"가 7.96%, 유한책임회사인 "신금융기술(Новые Финансовые Технологии)"이 5.00%의 주식 지분을 소유하고 있다.[56] ITC Consultants(Cyprus)는 대외무역은행의 자회사

53) http://www.dvbank.ru/about/ (검색일: 2014. 10. 2.)
54) http://sin-x.ru/about/ (검색일: 2015. 4.9.)
55) https://www.akbars.ru/about/free-info/shareholders/ (검색일: 2015. 4. 9.)
56) http://www.evrofinance.ru/ru/our-company/page97/page103/ (검색일: 2015. 2. 15.)

로 알려져 있다.[57)]

아키은행(Акибанк)은 유한책임회사인 "이스트 캐피탈 파이낸셜스 펀드(Ист Кэпитал Файненшлс Фанд АБ)"가 16.24%, 주식회사 "게네리루유샤야(Генерирующая компания)"가 15.06%, 주식회사 "세바야(Сетевая компания)"가 9.01%가 지분을 차지하고 있다. 그러나 타타르스탄 공화국이 주식회사 "세바야(Сетевая компания)"의 주식 80%를 소유하고 있고, 또한 주식회사 "스뱌지인베스트네프트힘(Связьинвестнефтехим)"의 지분 100% 소유하고 있으며 이 기업이 주식회사 "게네리루유샤야(Генерирующая компания)"의 지분 100%를 소유하고 있다.[58)]

포츠토은행(Почтобанк)은 상업은행인 주식회사 "스뱌지은행(Связь-Банк)"이 96.78%의 지분을 보유하고 있으나 대외경제은행이 이 은행의 주식 99.47%를 소유하고 있다.[59)]

국가청산센터(Национальный Клиринговый Центр)는 모스크바 거래소(Московская Биржа ММВБ-РТС)가 100%의 주식지분을 가지고 있다.[60)] 모스크바 거래소의 주식은 2014년 5월 현재 러시아 중앙은행이 13.17%, 저축은행이 9.99%, 대외경제은행이 8.39%, 유럽부흥개발은행(EBRD)이 6.06%, 중국 투자기업인 선동투자기업(Шенгдонг Инвестмент Корпорейшн)이 5.62%, 유한책임회사인 러시아 투자회사

---

57) http://www.bloomberg.com/research/stocks/private/snapshot.asp?privcapId=32630500 (검색일: 2015. 2. 15.)
58) http://www.akibank.ru/netcat_files/165/133/h_52f6aa0edd56070ebed393e537c8ff99 (검색일: 2015. 4. 15.)
59) http://www.uralexpress.ru/files/spisok_lic_pod_kontrolem_libo_znachitelnym_vliyaniem_kotoryh_nahoditsya_bank_05.12.2014_0.doc (검색일: 2015. 2. 15.)
60) http://www.nkcbank.ru/viewCatalog.do?menuKey=7 (검색일: 2014. 10. 2.)

(РФПИ Управление инвестициями-6)가 5.26%의 지분을 가지고 있다.[61] 이미 지적된 바와 같이 러시아 중앙은행, 저축은행 및 대외경제은행은 러시아 정부가 직·간접적으로 소유한 은행으로 따라서 국가청산센터 역시 러시아정부가 간접적으로 소유하고 있다고 볼 수 있을 것이다.

2.3) 국가직접지배

노비콤은행(Новикомбанк)은 러시아 국가기업(Государственная корпорáция)인 로스테흐(Ростех)의 자회사이며 국가기업 로스테흐의 이사회 제1부의장인 블라디미르비치 아르쨔코프(Артяков Владимир Владимирович)가 노비콤뱅크의 이사회 의장을 맡고 있으며 이사회의 이사로 로스테흐의 부대표이사인 이고리 자비야로프(Завьялов Игорь Николаевич), 회계책임자인 나탈리아 보리소바(Борисова Наталья Владимировна), 대외경제은행 부대표인 율리아 카르포바(Карпова Юлия Станиславовна) 및 연방국가단일기업 "중앙항공유체역학연구소(Центральный аэрогидродинамический институт: ЦАГИ)"의 의장인 보리스 알레쉰(Алешин Борис Сергеевич)이 참여하고 있어 전체 이사회 8명중 과반수 이상을 차지하고 있다.[62]

2.4) 국가간접지배

러시아캐피탈(Российский Капитал)은 2009년 이후 예금보험공사(АСВ)가 99.99%의 지분을 가지고 있다.[63] 러시아 예금보험공사는

---

61) http://www.banki.ru/banks/bank/ncc/ (검색일: 2014. 10. 2.)
62) http://www.novikom.ru/ru/about/managment/committee_of_directors/ (검색일: 2015. 4. 14.)
63) http://www.roscap.ru/about/ (검색일: 2014. 10. 2.)

비영리 국영기업으로 러시아 연방정부 재무부장관인 안톤 실류아노프(Anton Germanovich Siluanov)가 이사회 의장을 겸하고 있으며 또한 이사회에 7명의 러시아 행정부관료, 5명의 중앙은행 대표가 참석하고 있다. 따라서 글루쉬코프와 베르니코프의 정의에 따르면 러시아캐피탈은 국가간접지배은행으로 분류할 수 있을 것이다.

압솔류트은행(Абсолют Банк)은 주식회사 "통합신용시스템(Объединенные Кредитные Системы:ОКС)"이 72.577%의 주식지분을 소유하고 있으며 러시아철도공사(Российские железные дороги)가 5.29%의 주식지분을 가지고 있다.[64] 그러나 비국가 연금기금인 "복지(БЛАГОСОСТОЯНИЕ)"가 "통합신용시스템"의 주식 99%정도를 보유하여, 실질적으로 소유하고 있다. 또한 비정부 연금 기금인 "복지(БЛАГОСОСТОЯНИЕ)"의 의장인 블라디미르 야쿠닌은 2000년 10월부터 2002년 2월까지 러시아연방정부 교통부 차관을 지냈으며 2002년 2월에는 러시아연방정부 철도부 제1차관을 역임하였다. 현재 그는 러시아철도공사 사장이다. 러시아철도공사는 2003년 러시아정부령에 의하여 설립되었으며 러시아연방정부가 100%의 지분을 가지고 있다.[65]

2.5) 국가직접소유 및 국가직접지배

대외경제은행(Внешэкономбанк)은 연방정부가 100% 지분을 가지고 있는 은행으로 이사회 9명 중 이사회 의장을 포함하여 8명이 러시아 연방정부의 고위관료다. 러시아 수상인 드미트리 메드베데프가 이사회 의장이며 아르카디 드보르코비치(Дворкович Аркадий Вла-

64) http://www.absolutbank.ru/banktoday/information/shareholders.shtml (검색일: 2014. 10. 2.)

65) http://rzd.ru/static/public/ru?STRUCTURE_ID=628 (검색일: 2014. 10. 2.)

димирович) 부수상, 드미크리 코작(Козак Дмитрий Николаевич) 부수상, 알렉산드르 흘로뽀닌(Хлопонин Александр Геннадиевич) 부수상, 안드레이 벨로우소프(Белоусов Андрей Рэмович) 대통령 보좌관, 안톤 실류아노프(Силуанов Антон Германович) 재무부장관, 알렉세이 울류까예프(Улюкаев Алексей Валентинович) 경제발전부 장관, 이고리 슈발로프(Шувалов Игорь Иванович) 제1부수상 등이 그들이다.[66)]

2.6) 정치적 커넥션

러시아은행(Банк Россия)은 유리 코발추크(Ковальчук Юрий Валентинович)가 37.51%, 니콜라이 샤말로프(Шамалов Николай Терентьевич)가 9.64%, 원유무역회사인 "트랜스오일 독립국가연합(ТРАНСОЙЛ СНГ)"이 8.53%, «ОБЕРОН Истейт»가 8.35%, «Севергрупп»가 5.48%, «Сургутнефтегаз»가 5.41% 등의 지분을 가지고 있다. Банк Россия는 러시아연방 고위관료들의 사금고로 널리 알려져 있으며 코발추크가 최대 주주이다. 코발추크는 러시아 대통령 푸틴을 포함한 러시아 고위관료의 개인 은행가로 그리고 푸틴의 현금주머니의 한 명으로 간주되어 왔다. 이 은행의 최대 주주인 코발추크는 우크라이나 관련 미국 정부의 대 러시아 경제 제재시 푸틴 정부의 핵심층으로 분류되었다.[67)] 또한 "트랜스오일 독립국가연합"은 겐나디 팀첸코(Gennady Timchenko)가 72.78%의 지분을 가지고 있는 데 겐나디 팀첸코는 푸틴과 매우 가까운 사이로 알려져 있다.

---

66) http://www.veb.ru/about/today/#supervisory-board (검색일: 2014. 12. 5.)
67) http://www.treasury.gov/press-center/press-releases/Pages/jl23331.aspx (검색일: 2014. 12. 5.)

2.7) 금융기관에 대한 국가의 참여유형 분석

한티 만시은행(Ханты-Мансийский банк Открытие)과 겔렌드지크은행(Геленджик-Банк) 은 일부 언론에 국가참여 은행으로 분류되어 있지만 2015년 3월 31일 현재 모든 주식은 개인이 소유하고 있으며 이들 개인간의 상호관계에 대한 지분관계가 없기 때문에 실질적으로 국가참여은행으로 볼 수 없다.[68)69)70)]

[표 1] 국가참여 금융기관 및 참여기관의 자산비중, 2015년 2월 1일 현재

금융기관 이름	자산비중	참여유형
СбербанкРоссии	26.87%	직접소유
ВТБ	10.73%	직접소유
Внешэкономбанк1	4.81%	직접소유 및 직접지배
Газпромбанк	6.07%	간접소유
ВТБ24	3.26%	간접소유
Россельхозбанк	2.69%	직접소유
НациональныйКлиринговыйЦентр	2.27%	간접소유
БанкМосквы	2.16%	간접소유
Россия	0.62%	정치적 커넥션
АкБарс	0.56%	간접소유
Связь-Банк	0.50%	간접소유
Глобэкс	0.35%	간접소유
Новикомбанк	0.33%	직접지배
Абсолют Банк	0.27%	간접지배
Российский Капитал	0.24%	간접지배
Всероссийский Банк Развития Регионов	0.20%	간접소유
Татфондбанк	0.19%	직접소유

68) http://www.khmbo.khmb.ru/ru/stakeholders/ (검색일:2015. 3. 2.)
69) http://www.khmbo.khmb.ru/ru/stakeholders/main/ (검색일:2015. 3. 2.)
70) http://gelbank.ru/docs/akz/akz31032015.pdf (검색일: 2015. 4. 3.)

금융기관 이름	자산비중	참여유형
МСП Банк	0.17%	간접소유
Сетелем Банк	0.12%	간접소유
Еврофинанс Моснарбанк	0.06%	간접소유
Лето Банк	0.06%	간접소유
Крайинвестбанк	0.05%	직접소유
Дальневосточный банк	0.03%	간접소유
Акибанк	0.03%	간접소유
Московское Ипотечное Агентство	0.03%	직접소유
Росэксимбанк	0.02%	간접소유
ГПБ-Ипотека	0.02%	간접소유
Мак-банк	0.004%	간접소유
Рускобанк	0.01%	직접소유
Банк Казани	0.009%	직접소유
Русь	0.008%	직접소유
Хакасский Муниципальный Банк	0.007%	직접소유
Кубанский Универсальный Банк	0.003%	직접소유
Почтобанк	0.002%	간접소유
	62.753	
Башпромбанк		국가*
Наратбанк		국가*
Эллипс банк		국가
КИТ Финанс Инвестиционный банк	2014년 4월 18일 Абсолют Банк에 통합	
Алмазэргиэнбанк		국가*
Российский Национальный Коммерческий Банк		국가*

* 표시는 http://finansoviyblog.ru/2014/02/Gosudarstvennye-banki-Rossii-Spisok-bankov-s-gosudarstvennym-uchastiem.html

출처: http://www.sravni.ru/banki/rating/?month=02.2015 에서 필자 계산

위 [표 1]에서 적시된 바와 같이 러시아정부가 직접소유의 형태로 참여한 금융기관의 수는 11개이며, 간접소유의 형태로 참여한 금융

기관의 수는 18개이며, 직접지배의 형태로 참여한 금융기관의 수는 1개이며 간접지배의 방식으로 참여한 금융기관의 수는 2개이다. 대외경제은행의 경우는 직접소유와 직접지배의 결합된 지배방식을 보이고 있으며 정치적 커넥션으로 참여한 금융기관의 수는 1개로 파악되었다.

이와 같은 분석결과는 2009년 1월 1일 현재 국가소유은행 33개, 국가지배은행 11개, 정치적 커넥션에 의한 지배은행 20개라는 2009년 글루시코바와 베르니코프의 분석결과와는 매우 상이하다. 즉 국가소유은행의 숫자는 본 연구결과의 직접소유와 간접소유를 합한 결과인 30개와 크게 다르지 않다. 그러나 국가지배은행의 경우 본 연구결과는 4개, 정치적 커넥션에 의한 지배은행은 1개인 것을 감안하면 상당한 차이가 있다. 이와 같은 결과는 본 연구가 러시아은행 800여개에 대한 전수조사를 한 것이 아니라 언론에 언급된 은행을 중심으로 제한적으로 한 것이기에 어느 정도 예견된 결과이기도 하다.

[표 2] 러시아 중앙은행이 발표한 국가소유은행의 지분율: %[71]

	갯수	자본자본(capital)	자산(assets)
2003.01.01		34.4	37.5
2004.01.01	20	28.4	36
2005.01.01	21	28.0	38.1
2006.01.01	32	33.9	40.7
2007.01.01	31	32.4	37.8
2008.01.01	24	40.8	39.2
2009.01.01	17	47.1	40.5
2010.01.01	22	48.9	43.9
2011.01.01	27	47.3	45.8
2012.01.01	26	50.8	50.2
2013.01.01	25	48.2	50.4
2014.01.01	26	48.6	51.4

러시아중앙은행이 발표한 국가소유은행의 개수는 2014년 1월 1일 현재 26개이며 자기자본은 48.6%, 자산은 51.4%를 차지하고 있다. 이와 같은 러시아 중앙은행의 국가소유은행에 분석은 본 연구와 크게 차이가 나지 않는다. 왜냐하면, 러시아 중앙은행은 국가소유의 개념을 사용하였고 본 연구에서는 글루시코바와 베르니코프의 연구방법론을 이용하여 국가소유개념을 포함하여 보다 포괄적인 국가참여의 개념을 사용하고 있기 때문이다. 국가소유개념만을 고려하면 본 연구가 2015년 2월까지 최근의 자료를 분석하여 국가참여형태 중 국가소유형태는 30개인 반면 러시아 중앙은행의 자료에 의하면 26개로 나타나기 때문이다.

71) Bank of Russia, *Banking Supervision Report 2013*, (2014), p. 117; 2004, p. 17; 2006, p. 81; 2007, p. 86; 2009, p. 87 ???; 2010, p. 83; 2011, p. 85; 2012, p. 89.

그러나 본 연구결과, 국가의 은행에 대한 참여정도는 62.753%로 글루시코바와 베르니코프의 2009년 연구결과 추정치 63%와 크게 다르지 않다. 다시 말하면 오히려 조사대상 범위를 더욱 확대하였을 경우 국가의 은행에 대한 참여정도는 63% 이상일 것으로 예상할 수 있을 것이다. 따라서 국가의 은행에 대한 참여는 메드베데프나 푸틴 혹은 러시아 고위관료들의 예상과 달리, 점차 확대되어 가고 있음을 알 수 있다.

3. 국가참여은행의 러시아 금융시장에서의 비중

2004년 1월 1일 현재 국유은행은 금융기관 총 자기자본(capital)의 28.4%, 총자산(assets)의 36%, 실물경제에 대한 은행대부의 38.2%, 개인저축의 67.7%를 차지하고 있다. 2003년의 경우, 34.4%, 37.5%, 39.2%, 72.1%를 차지하고 있다.

1) 국가참여 금융기관의 자산 비중

[표 3] 2015년 2월 1일 현재 자산 순위: 천 루블[72)]

순위	은행명	자산규모	%	참여형태
1	СбербанкРоссии	21 695 353 709	26.87%	국가
2	ВТБ	8,663,989,019	10.73%	국가
3	Газпромбанк	4 900 240 660	6.07%	국가
4	Внешэкономбанк	3,886,000,000*	4.81%	국가
5	ФКОткрытие	2 667 413 392	3.30%	
6	ВТБ24	2 631 702 672	3.26%	국가
7	Россельхозбанк	2 175 804 909	2.69%	국가

72) http://www.sravni.ru/banki/rating/(검색일: 2015. 4. 13.)

순위	은행명	자산규모	%	참여형태
8	Альфа-Банк	2 079 020 633	2.57%	
9	НациональныйКлиринговыйЦентр	1,836,517,598	2.27%	국가
10	БанкМосквы	1 747 056 531	2.16%	국가
11	ЮниКредитБанк	1 370 378 178	1.70%	
12	Промсвязьбанк	1 068 591 958	1.32%	
13	Райффайзенбанк	891 300 956	1.10%	
14	Росбанк	873 330 549	1.08%	
15	Ханты-МансийскийБанкОткрытие	688 307 964	0.85%	국가
16	МосковскийКредитныйБанк	580 245 067	0.72%	
17	Россия	499 220 726	0.62%	국가
18	Банк Санкт-Петербург	493 837 033	0.61%	
19	АкБарс	454 218 249	0.56%	국가
20	НордеаБанк	432 129 681	0.54%	
	РусскийСтандарт	431 469 753	0.53%	
	Бинбанк	409 189 984	0.51%	
	Ситибанк	408 238 936	0.51%	
	Связь-Банк	406 783 354	0.50%	국가
	Глобэкс	283,584,542	0.35%	국가
	Новикомбанк	264 543 099	0.33%	국가
	Абсолют Банк	217 535 725	0.27%	
	Российский Капитал	196 716 438	0.24%	국가
	Всероссийский Банк Развития Регионов	160 580 023	0.20%	국가
	Татфондбанк	156 352 844	0.19%	국가
	МСП Банк	133 450 126	0.17%	국가
	Сетелем Банк	100 220 749	0.12%	국가
	Еврофинанс Моснарбанк	47 994 718	0.06%	국가
	Лето Банк	46 141 594	0.06%	국가
	Крайинвестбанк	40 750 514	0.05%	국가
	Дальневосточный банк	26 720 755	0.03%	국가

순위	은행명	자산규모	%	참여 형태
	Акибанк	24 512 982	0.03%	국가
	Московское Ипотечное Агентство	20 253 224	0.03%	국가
	Росэксимбанк	14 830 301	0.02%	국가
	ГПБ-Ипотека	13 367 808	0.02%	국가
	Мак-банк	3 500 716	0.004%	국가
	Рускобанк	7 743 064	0.01%	국가
	Банк Казани	7 468 248	0.009%	국가
	Русь	6 393 518	0.008%	국가
	Хакасский Муниципальный Банк	5 582 475	0.007%	국가
	Кубанский Универсальный Банк	2 266 677	0.003%	국가
	Геленджик-Банк	1 532 878	0.002%	국가**
	Почтобанк	1 429 455	0.002%	국가
	Башпромбанк	486 031		국가*
	Наратбанк	334 064		국가*
	Эллипс банк			국가

* 표시는 http://finansoviyblog.ru/2014/02/Gosudarstvennye-banki-Rossii-Spisok-bankov-s-gosudarstvennym-uchastiem.html
출처 : 대외경제은행의 자산은 2014년 말 현재 자산.[73)]

러시아 금융기관 상위 10개 중 국가참여 금융기관은 8개, 상위 20개 금융기관을 고려하면 11개 금융기관이 국가참여 금융기관이다. 따라서 상위 20개 금융기관의 약 55%가 국가참여 금융기관인 것이다.

러시아 금융기관의 상위 20대 자산은 러시아 중앙은행의 발표에 따르면 금융기관 총자산의 75.25%를 차지하고 있으며 특히 상위 5대 은행의 자산은 53.56%를 차지하고 있다.[74)] 위 [표 3]에 따르면 상

73) http://www.vestifinance.ru/articles/56786 (검색일: 2015. 3. 10.)
74) Центральный банк Российской Федерации, *Статистический бюллетень Банка России*, No. 3, 2015, с. 112.

위5대 은행 중 4개가 국가참여은행으로 러시아 금융기관 총 자산의 48.48%를 차지하고 있으며, 상위 20위내의 국가참여 금융기관의 비중은 60.89%를 차지하고 있다. 이와 같은 통계는 상위 20개 금융기관중에서 국가참여 금융기관이 차지하는 비중은 약 81%로 국가참여 금융기관의 비중이 절대적으로 높다는 것을 알 수 있다.

2) 국가참여 금융기관의 저축 비중

2015년 2월 1일 현재 개인 예금(Вклады(депозиты) физических лиц)의 총액은 19조3287억2백만 루블이다.[75]

[표 4] 2015년 2월 1일 현재 저축 비중 순위: 천 루블[76]

순위	은행명	01.02.2015	%	
1	СбербанкРоссии	6 733 494 476	34.84%	국가
2	ВТБ24	1 420 059 018	7.35%	국가
3	Газпромбанк	445 672 131	2.31%	국가
4	Россельхозбанк	288 116 681	1.49%	국가
5	Альфа-Банк	283 557 167	1.47%	
6	БанкМосквы	247 826 335	1.28%	국가
7	Промсвязьбанк	211 776 949	1.10%	
8	Райффайзенбанк	186 450 405	0.96%	
9	Бинбанк	177 353 846	0.92%	
10	Хоум кредит энд финанс банк	176 417 335	0.91%	
11	Ханты-Мансийский банк	166 812 509	0.86%	
12	МосковскийКредитныйБанк	165 451 095	0.86%	

75) http://www.cbr.ru/statistics/print.aspx?file=bank_system/4-2-1a_15.htm&pid=pdko_sub&sid=dpbvf (검색일: 2015. 3. 15.)

76) http://www.sravni.ru/banki/rating/depozity-fizicheskikh-lic/ (검색일: 2015. 4. 15.)

순위	은행명	01.02.2015	%	
13	РусскийСтандарт	159 108 373	0.82%	
14	МДМБанк	154 771 518	0.80%	
15	Уралсиб	151 080 846	0.78%	
16	Росбанк	145 419 133	0.75%	
17	Восточный экспресс банк	124 345 046	0.64%	
18	Банк Санкт-Петербург	122 419 720	0.63%	
19	ФКОткрытие	118 109 044	0.61%	
20	НациональныйБанк Траст	115 838 333	0.60%	
	Российский Капитал	85 711 829	0.44%	국가
	Глобэкс	48 780 136	0.25%	국가
	Связь-Банк	38 856 942	0.20%	국가
	Новикомбанк	31 925 175	0.17%	국가
	Россия	25 681 651	0.13%	국가
	Всероссийский Банк Развития Регионов	15 101 761	0.08%	국가
	Дальневосточный банк	5 551 980	0.03%	국가
	Банк Казани	2 765 429	0.01%	국가
	ГПБ-Ипотека	1 892	0.00%	국가
	Лето Банк	754	0.00%	국가
	Сетелем Банк	133	0.00%	국가
	Росэксимбанк	4	0.00%	
	МСП Банк		0.00%	국가
	Мак-банк		0.00%	국가
	Крайинвестбанк		0.00%	국가
	Эллипс банк			국가
	КИТ Финанс Инвестиционный банк			
	АкБарс		0.00%	국가
			48.58%	

위의 [표 4]에 나타난 결과를 분석하여 보면 가장 특징적인 모습

은 민간 개인들의 예금기관으로서 저축은행의 절대적인 위상이다. 저축은행은 러시아 금융기관 총 예금의 34.84%를 점유하여 민간 예금기관으로서 독보적인 위치를 보여주고 있다.

그 뿐만 아니라 민간 개인들의 예금기관으로서 상위 5대 금융기관 중 국가참여은행은 4개로 금융기관 총 예금의 45.99%를 차지하고 있으며 상위 6개 금융기관 중 국가참여은행은 5개로 총 예금의 47.27%를 차지하고 있다. 국가참여은행은 금융기관 총 예금의 48.58%를 점유하고 있음을 감안하면 상위 5개의 국가참여은행이 러시아 금융기관 전체 국가참여은행의 총 예금 97.3%를 차지하여 적어도 민간 개인들의 예금기관으로서 나머지 국가참여은행들의 역할은 미미하다고 볼 수 있다.

앞서 분석한 결과에 따르면 러시아 금융기관에서 국가참여은행의 자산비중이 60%를 넘는 것을 고려하려 볼 때, 상대적으로 민간 개인들의 예금기관으로서의 역할은 국가참여은행이 작다고 볼 수 있다.

3) 국가참여 금융기관의 대부 비중

[표 5] 2015년 2월 1일 현재 대부 비중 순위: 천 루블[77)]

순위	은행명	01.02.2015	%	
1	СбербанкРоссии	3 952 162 106	35.12%	국가
2	ВТБ24	1 273 325 449	11.31%	국가
3	Газпромбанк	295 756 945	2.63%	국가
4	Россельхозбанк	262 879 788	2.34%	국가
5	Альфа-Банк	234 901 907		
6	Росбанк	222 703 466		
7	Райффайзенбанк	199 753 875		
8	Хоум кредит энд финанс банк	194 553 636		
9	БанкМосквы	180 394 129	1.60%	국가
10	РусскийСтандарт	178 414 891		
11	Восточный экспресс банк	151 276 162		
12	Юникредит банк	143 343 602		
13	Ханты-Мансийский банк	141 152 132		
14	МосковскийКредитныйБанк	122 820 993		
15	НациональныйБанк Траст	121 141 751		
16	ОТП банк	113 126 307		
17	Дельтакредит	104 318 746		
18	Уралсиб	100 995 458		
19	Русфинанс банк	97 891 474		
20	Сетелем Банк	92 430 493		
	Связь-Банк	69 239 114	0.62%	국가
	Лето Банк	42 472 459	0.38%	국가
	Российский Капитал	12 600 552	0.11%	국가
	Всероссийский Банк Развития Регионов	9 280 874	0.08%	국가
	Россия	6 311 446	0.06%	국가

77) http://www.sravni.ru/banki/rating/kredity-fizicheskikh-lic/ (검색일: 2015. 4. 15.)

순위	은행명	01.02.2015	%	
	Дальневосточный банк	4 949 181	0.04%	국가
	Глобэкс	3 566 862	0.03%	국가
	Новикомбанк	2 292 015	0.02%	국가
	Банк Казани	928 601	0.01%	국가
	ГПБ-Ипотека	96 031	0.00%	국가
	Росэксимбанк		0.00%	
	МСП Банк		0.00%	국가
	Мак-банк		0.00%	국가
	Крайинвестбанк		0.00%	국가
	АкБарс		0.00%	국가
			54.35%	

민간 개인에 대한 대출은 러시아 상위 5개 은행 중 상위 4개가 국가참여은행이며 이들의 비중은 금융기관 총 민간 대출의 51.4%를 점유하고 있다. 특히 저축은행이 35.12%, 대외무역은행24가 11.31%를 차지하여 이 상위 2개 은행이 전체 민간 개인에 대한 대출의 46.43%를 점유하고 있다. 비록 상위 20대 은행가운데 5개 은행만이 국가참여은행이지만 이들의 민간 개인에 대한 대출 비율은 53%를 차지하고 있다. 국가참여은행의 대출비중이 러시아 금융기관 총 대출의 54.35%인 것을 감안하면 이들 상위 5개 국가참여은행이 러시아 전체 국가참여은행의 대출비중에서 차지하는 비중은 약 98%를 차지하고 있다. 이는 달리 말하면 민간 개인에 대한 국가참여은행의 대출은 이들 상위 5개 은행이 거의 독점하고 있다고 볼 수 있을 것이다.

4) 러시아 정부의 국가참여은행을 통한 국가자본주의 시즌2 구현

앞서 언급한 바와 같이 러시아의 국가자본주의 시즌2의 핵심은

기업지분의 직접확보를 넘어 러시아정부의 국가참여은행을 통한 경제지배의 강화이다. 이와 같은 현상은 2014년 러시아의 크림반도 귀속과 이에 따른 서방의 두 차례 경제제재 그리고 연이은 우크라이나 동부 내전 등이 지속되면서 러시아에 대한 서구의 정치·경제 제제가 강화 되면서 더욱 심화되었다.

러시아에 대한 서구의 정치·경제 제재는 먼저 러시아 자산에 대한 해외 투자자들의 자본이탈로 나타나기 시작하였다. 얼마나 빠져나갔을까? 러시아 중앙은행은 "2014년 1분기(1~3월)에 510억 달러(약 52조원)가 국외로 흘러나갔다"고 발표했다. 이것뿐일까? 아니다. 또 다른 자료가 2014년 5월 공개됐다. 유럽중앙은행(ECB)은 "자본이탈 규모가 2,200억 달러"라고 추산했다. 좀 과장되기는 하였지만 러시아 수치보다 4배 이상 많다. 러시아 국내총생산(GDP) 2조 1,100억 달러의 10%를 넘는 규모다. 러시아 중앙은행의 자료에 의하면 2014년의 자본유출은 약 1,515억 달러로 러시아 국내총생산의 약 14%로 중앙은행이 자본유출에 대한 자료를 추적하기 시작한 1994년 이후 최대이며 이는 2013년도의 2.5배에 이른다.[78)]

러시아에서 자본이탈이 시작되고 러시아에 대한 유럽연합 및 미국 등 서방국가들의 경제제재가 본격화되면서 러시아 기업들의 자금조달 창구가 사실상 봉쇄되었다. 유럽연합은 회원국의 기업 및 개인에게 5개의 러시아 국영은행 즉 저축은행, 대외경제은행, 대외무역은행, 러시아농업은행, 가프프롬뱅크가 발행한 만기 90일 이상의 신규발행 채권, 주식 등의 매매를 금지하였다. 여기서 주목할 것은 유럽연합이 제재를 가한 러시아 기업들이다. 5개의 러시아 국영은행 및 신하 은행, 3개의 러시아 주요 에너지 기업 및 방위산업체 등

78) http://www.eurasianet.org/node/72446 (검색일: 2015. 3. 20.)

이다. 이에 더하여 위에 언급한 5개의 국영은행은 유럽연합 회원국 및 기업으로부터 금융제공도 금지되었다.

2014년 7월 초에 미국 정부 또한 러시아 주요 국가참여은행인 가즈프롬뱅크, 대외경제은행의 미국 자본시장의 참여를 제한하였을 뿐만 아니라 에너지 기업인 노바텍과 로스네프티도 미국 자본시장의 참여를 제한하였다.[79] 곧이어 동년 7월 말에 대외무역은행, 모스크바은행, 러시아농업은행 및 러시아국영조선사(USC)에 대한 미국인의 금융거래를 금지하였다.

유럽연합과 미국의 러시아에 대한 경제제재는 2014년 9월에 들어 더욱 강화되었다. 러시아기업들의 만기 90일 이상 채권에 대한 유럽연합 및 미국 자본시장에 대한 참여제한이 만기 30일로 단축되었으며 미국은 제재대상 은행에 러시아 최대 은행인 저축은행을 포함시켰다.[80)81]

미국「비즈니스위크」(business week)는 유럽연합, 미국 및 기타 다른 국가들의 러시아에 대한 경제제재로 인하여 "러시아 민간 기업들의 자금 조달 창구가 사실상 봉쇄된 상태"라는 점을 지적함과 동시에 러시아 민간 기업들이 자금조달을 위하여 러시아 정부에 의존할 수밖에 없음을 지적하고 있다.

러시아정부의 러시아 민간 기업에 대한 자금제공은 2014년 4월 한 달 동안에만 1420억 달러나 제공되었으며 이는 2013년 같은 기

---

79) http://www.cbsnews.com/news/u-s-escalating-economic-sanctions-against-russia/ (검색일: 2014. 11. 10.)

80) http://www.nytimes.com/2014/09/12/world/europe/eu-pushes-forward-with-tougher-sanctions-on-russia.html?_r=0 (검색일: 2014. 11. 10.)

81) 서방의 러시아에 대한 경제제재가 얼마나 효과적이었는지 관하여는 다음 문헌을 참조: http://www.diw.de/documents/publikationen/73/diw_01.c.469515.de/DIW_Roundup_28_en.pdf (검색일: 2014. 11. 10.)

간의 두 배가 넘는다고 알려졌다. 로이터통신은 "러시아 중앙은행이 제공하는 특별 자금은 국영 저축은행이나 대외무역은행 등을 통해 민간 기업에 배분되고 있다"고 전했다.

이와 같은 러시아 민간 기업에 대한 러시아정부의 자금지원은 러시아에 대한 서구의 경제제재가 강화되면서 2014년 말에서 2015년 초까지 계속되었다. 러시아 재무부장관인 안톤 실루아노프(Антон Силуанов)는 2015년 1월 20일 최대 30개 은행에 최대 1조 루블의 연방채권(облигации федерального займа:ОФЗ)를 제공할 것이라고 밝혔다. 실제 27개의 은행이 이 정부기금의 수혜자가 되었다. 국가참여은행으로는 대외무역은행, 가즈프롬은행, 러시아농업은행이 최대 수혜자였다. 대외무역은행이 1,930억 루블, 대외무역은행24가 658억 루블, 모스크바은행이 490억 루블, 가즈프롬뱅크가 1,250억 루블, 러시아농업은행이 690억 루블 등이다. 민영은행으로는 알파은행(Альфа-банк)이 628억 루블, 아트크르티예은행그룹(банки группы «Открытие»)이 650억 루블, 프롬스뱌지은행(Промсвязьбанк)이 300억 루블, 모스크바크레디트은행(Московский кредитный банк)이 200억 루블, 러시아은행(банк «Россия»)이 130억 루블, 우랄시브은행(банк «Уралсиб»)이 120억 루블, 엠데엠은행(МДМ Банк)이 90억 루블 등의 국가지원을 받았다.[82)]

러시아정부가 러시아 금융기관에 제공하는 금융지원은 적어도 외형적으로는 금융지원을 받는 금융기관의 경영에는 영향을 미치지 않는 구조를 가지고 있다. 먼저 러시아 정부가 1조 루블의 연방채권(ОФЗ)을 예금보험공사에 제공한다. 그러면 예금보험공사는 이 채권

82) http://top.rbc.ru/finances/23/01/2015/54c28a769a79479a09ce9ea0 (검색일: 2015. 3. 9.)

과 금융지원을 받는 은행의 우선주를 교환하게 되며 따라서 은행들은 "실질화폐(живые деньги)"가 아닌 정부채권을 보유하게 되는 것이다. 은행들이 정부채권을 늘리게 되면 이는 다시 은행의 자산을 외형적으로 증가한다는 것을 의미하는 것이며 이는 다시 은행들이 은행들의 경영권에는 아무런 문제없이 단지 대출능력을 늘리는 효과를 가지게 되는 것이다.[83)]

또 다른 러시아정부의 금융지원방식으로는 후순위대출(subordinated loan)이 있다. 이러한 방식은 저축은행에 적용되었는데, 저축은행은 중앙은행으로부터 6,000억 루블의 후순위대출을 받을 수 있는 데 후순위대출이란 원리금 상환 및 담보권 실행 시 변제 순위가 통상의 대출보다 낮은 채권으로, 실질적으로 지분출자에 참여한 것과 같은 효과가 있음을 고려할 때 이것은 저축은행에 대한 러시아 정부의 직접적인 지원으로 볼 수 있다.

그런데 여기서 정부지원의 기준을 확인하여 볼 필요가 있다. 정부지원의 신청기준은 은행의 자기자본으로 최소 250억 루블 이상이 되어야 하며 모기지론을 제외하고 개인에 대한 대출이 은행 자산의 40%를 초과하여서는 안 된다는 것이다. 그러나 러시아은행연합회는 보다 많은 금융기관들이 정부 지원을 받기 위하여서는 최소자본기준을 현행 250억 루블 이상에서 10억 루블로 낮추어 줄 것을 정부, 러시아 중앙은행, 예금보험공사 등에 요청하고 있다.[84)] 이와 같은 러시아은행연합회의 주장은 러시아정부의 금융지원이 일부 대형은행에 집중되게 되기 때문이다. 실제 러시아정부의 방침대로 적용된다면 2015년 2월 현재 기준 러시아 금융기관 800여개 중

83) 보통주는 의결권을 가지고 있으나 우선주는 의결권이 없기 때문에 우선주의 주주는 기업경영에는 참여할 권리가 없다.

84) http://www.rg.ru/2015/02/26/banki-site.html (검색일: 2015. 3. 09)

약 37개 정도가 러시아정부의 금융지원을 받게 되어 러시아 금융기관의 5% 정도만이 대상이 될 것이기 때문이다.

러시아정부의 러시아 금융기관에 대한 금융지원의 가장 중요한 특징은 상위 40개 정도의 대형은행에 집중되어 있으며 그 중 국가참여은행인 저축은행, 대외무역은행, 가즈프롬은행, 러시아농업은행, 모스크바은행이 50%이상을 금융지원받고 있다는 것이며 이는 러시아정부의 러시아 금융기관 따라서 러시아 경제에 대한 지배를 강화하는 방식을 잘 보여주고 있다는 점이다. 즉 이미 앞서 언급한 바와 같이 지분(출자)를 통한 경제지배방식인 국가자본주의 시즌1에서 이제 국가참여은행을 통한 금융지배를 매개로 경제지배방식을 강화해가는 국가자본주의 시즌2로 나아가고 있음을 보여주고 있는 것이다.

IV. 결론

러시아경제에 대한 국가비중이 다른 선진국들에 비하여 비교적 매우 높다는 것은 이미 잘 알려진 사실이다. 러시아 최고지도자인 대통령 푸틴을 비롯하여 수상인 메드베데프, 그리고 관련 전문가들 모두 인정하고 있다. 특히 메드베데프나 푸틴은 경제의 국가에 대한 과도한 집중과 관련되어 거론되고 있는 러시아의 국가자본주의화에 대하여 직접 그 필요성 혹은 가능성을 부인하고 있다. 그럼에도 불구하고 메드베데프나 푸틴은 경제의 과도한 국가집중화의 완화 필요성을 주장하고 구체적으로 로드맵까지 제시하고 있는 상황이다.

러시아경제의 과도한 국가집중화는 2014년 우크라이나사태가 발생하면서 국가집중화의 패러다임이 변하고 있다는데 특히 주목하여야 한다. 이러한 변화는 소위 국가자본주의 시즌1이니 혹은 국가자본주의 시즌2 등으로 불리어 지고 있다. 즉 종래 기업지분의 직접확보를 통한 국가지배강화에서 이제는 금융지배의 강화를 통하여 경제에 대한 국가지배를 강화해나가는 새로운 경제지배방식을 보여주고 있는 것이다.

따라서 본 논문에서는 러시아경제에 대한 국가 경제지배의 새로운 형태, 즉 금융을 통한 경제의 지배에서 핵심부문인 러시아 금융부문에서 러시아 정부의 지배형태 및 비중을 글루시코바(Ekaterina Glushkova)와 베르니코프(Andrei Vernikov)의 정의에 따라 분석하였다.

러시아 금융기관은 러시아 중앙은행의 발표에 따르면 2015년 3월 1일 현재 827개에 이른다. 이 모든 금융기관에 대하여 전수조사를 하는 것은 실질적으로 불가능할 뿐만 아니라 무의미하기 때문에, 본 연구자는 러시아 언론에 언급되어 있는 금융기관을 중심으로 연구범위를 한정하였으며, 해당 은행의 인터넷 사이트에 발표된 자료를 중심으로 분석하였다. 주요 분석 자료는 주식 소유자의 주식 지분 비중과 주식소유자간의 영향력관계이다.

글루시코바와 베르니코프의 정의에 따라 러시아 금융기관을 분석한 결과, 러시아정부가 직접소유의 형태로 참여한 금융기관의 수는 11개이며, 간접소유의 형태로 참여한 금융기관의 수는 18개이며, 직접지배의 형태로 참여한 금융기관의 수는 1개이며 간접지배의 방식으로 참여한 금융기관의 수는 2개, 직접소유와 직접지배의 결합된 지배방식을 보이고 있는 대외경제은행과 정치적 커넥션으로 참여한 금융기관은 1개로 국가참여은행은 모두 34개로 분석되었다.

이와 같은 분석결과는 2009년 글루시코바와 베르니코프의 분석결과와 비교하여 볼 때 국가소유은행부문에서는 비슷하게 나타나고 있다. 글루시코바와 베르니코프는 2009년 1월 1일 현재 국가소유은행이 33개로, 본 연구는 30개로 나타나기 때문이다, 그러나 이러한 분석은 러시아 중앙은행이 발표한 2009년 1월 1일 현재 국가소유은행 17개와는 상당한 차이를 보이고 있다.

본 연구에 따르면 국가지배은행은 4개, 정치적 커넥션에 의한 국가참여은행은 1개인 반면 글루시코바와 베르니코프는 국가지배은행 11개, 정치적 커넥션에 의한 지배은행 20개라고 분석하여 분석결과에 상당한 차이가 있다. 이와 같은 결과는 본 연구가 러시아은행 800여개에 대한 전수조사를 한 것이 아니라 언론에 언급된 은행을 중심으로 제한적으로 한 것이기에 어느 정도 예견된 결과이기도 하다.

러시아중앙은행이 발표한 국가소유은행의 자기자본은 48.6%, 자산은 51.4%를 차지하고 있다. 그러나 본 연구결과, 국가의 은행에 대한 참여정도는 62.753%로 글루시코바와 베르니코프의 2009년 연구결과 추정치 63%와 크게 다르지 않으나 러시아 중앙은행의 분석과는 다소 차이가 발생한다. 러시아 중앙은행은 국가소유의 개념을, 본 연구는 국가참여의 개념을 사용하여 연구범위가 상이하기 때문에 자기자본과 자산의 비중을 직접 비교하는 것은 의미가 없을 것이다. 그러나 본 연구와 글루시코바와 베르니코프의 연구는 동일한 개념을 사용하나 앞서 언급한 바와 같이 분석 범위는 본 연구가 다소 제한적이었다. 다시 말하면 오히려 조사대상 범위를 더욱 확대하였을 경우 국가의 은행에 대한 참여정도는 63% 이상일 것으로 예상할 수 있을 것이다. 또한 민간 개인의 저축 및 대부 부문에서도 국가참여금융기관의 비중이 48%와 54% 이상을 각각 차지할 뿐만 아니라 저축은행을 포함한 몇몇 대형 국가은행이 매우 큰 비중을 차지하고 있다.

국가참여은행은 앞서 분석된 바와 같이 양적으로는 러시아 전체 금융기관의 5%도 되지 않음에도 불구하고 러시아 금융시장(자산, 예금, 대부)의 50% 이상을 장악하고 있다. 특히 초대형 국가은행인 저축은행, 대외무역은행, 가즈프롬은행, 러시아농업은행, 모스크바은행 등은 국가참여 금융기관의 90% 이상을 차지하고 있다.

이와 같은 국가참여 금융기관의 특징은 우크라이나사태 이후 러시아정부의 러시아 금융기관에 대한 자금지원에서 잘 나타나고 있다. 즉 러시아정부의 러시아 금융기관에 대한 금융지원은 상위 40개 정도의 대형은행에 집중되어 있으며, 그 중 국가참여은행인 저축은행, 대외무역은행, 가즈프롬은행, 러시아농업은행, 모스크바은행에 50%이상을 지원하고 있는 것이다.

이는 러시아정부의 러시아 금융기관 따라서 러시아 경제에 대한 지배를 강화하는 방식을 잘 보여주고 있다는 점이다. 즉 이미 앞서 언급한 바와 같이 지분(출자)를 통한 경제지배방식인 국가자본주의 시즌1에서 이제 국가참여은행을 통한 금융지배를 매개로 경제지배 방식을 강화해가는 국가자본주의 시즌2로 나아가고 있음을 보여주고 있는 것이다.

따라서 러시아경제의 국가의존도는 메드베데프나 푸틴 혹은 러시아 고위관료들의 예상과 희망과는 달리, 향후 점차 확대되어 갈 것이라고 예상할 수 있다.

V

네트워크체제의 유산과 러시아의 민주주의

V. 네트워크체제의 유산과 러시아의 민주주의*

이홍섭(국방대)

현재의 러시아를 민주국가로 보는 사람은 드물다. 프리덤하우스(Freedom House)는 지난 2004년 이후 10년 이상 러시아를 '비민주적' 국가로 평가하고 있다. 실제로 러시아는 2004년 이후 비판세력에 대한 탄압, 주요 중앙언론매체의 재국유화, 종교 단체 및 비정부기구에 대한 규제를 강화하였다. 더불어 지난 2011년 9월, 푸틴의 세 번째 대선 출마 선언은 지난 20여 년간 서구민주주의를 직·간접적으로 경험한 국민에게 정치적 무력감과 좌절감을 가져다주었다. 경제회복과 국가질서회복이라는 성과를 거둔 1, 2기 푸틴정부에게 후한 평가를 해 온 국민도 푸틴의 일방적 출마선언은 자신들을 무시하는 처사로 받아들였다.[1)]

그 결과 2011년 12월 총선과 2012년 3월 대선을 전후하여 이전에

---

* 이 글은 『슬라브학보』제30권 1호(2015)에 "러시아의 네트워크체제와 민주주의의 위기"라는 제목으로 게재된 논문을 수정한 것임.

1) 이미 2008년 봄 여론조사에서 국민은 푸틴의 3선 연임을 위한 개헌에는 찬성(40%)보다 반대(49%) 입장을 보였고, 메드베데프가 대통령이 되고 난 이후에는 국정에 대한 영향력이 푸틴(18%)보다는 메드베데프(42%)가 높아야 한다는 견해를 보였다. Henry E. Hale, "The Myth of Mass Russian Support for Autocracy: The Public Opinion Foundations of a Hybrid Regime," *Europe-Asia Studies*, 63-8 (Oct. 2011), p.1370.

는 볼 수 없었던 대규모 민중시위가 러시아의 주요 도시에서 전개되었다. 이에 대하여 러시아 정부는 강경대응, 온건대응, 그리고 무반응 등 경우에 따라 다른 대응태도로 대처하였다. 그 중 여성그룹 푸시라이엇(Pussy Riot)이 신성한 구세주 그리스도성당에서 反푸틴 기습공연을 벌인 것에 대해서는 엄격한 법적 잣대를 적용하여 국제적 관심을 고조시켰다.

그런데 이 시기에 전개된 국민의 반정부 시위는 이제까지 러시아에서 벌어졌던 시위와 비교하면 전례 없이 큰 규모였지만 전반적으로 정부에 대한 저항은 매우 미약했다. 시위의 규모는 최대 10만 명을 넘지 않았고 조직화되지도 못한 채 잠잠해졌다. 당시 데모에 참여한 시민들도 대부분 민주화를 향한 지속적인 열망때문에 참여했다기 보다는 디지털시대 시민들의 '도덕적 임무'에서 일회적으로 동참하는 모습을 보여주었다.

이와 같이 러시아는 체제 이행 20여년이 지나면서 초기의 자유주의적 경향은 사라지고 오히려 푸틴이 주창한 '강한 국가의 건설'이라는 명분아래 국가의 규제를 강조하는 권위주의적 체제로 변화되고 있다. 더구나 푸틴은 자신의 대리인 메드베데프 시기(2008~2012)를 포함하여 2000년 이후 장기집권을 유지함으로써 푸틴 혹은 푸틴을 중심으로 하는 소수그룹이 곧 '[러시아] 국가'라는 등식을 성립시켰다.[2)] 그에 따른 러시아 정치체제의 비민주적 성격에 대해서는 국가자본주의(state capitalism), 패거리 자본주의(clan capitalism), 조합주의적 권위주의(corporatist authoritarianism), 관료주의적 후원주의(authoritarian patronage), 그리고 일인네트워크(one boy network) 등 많은 개념들이 동

2) Marie Mendras, *Russian Politics: The Paradox of a Weak State* (New York: Columbia University Press, 2012), p.161; Nikolay Petrov, "Is Russian Society Waking Up?" *PONARS Eurasia Policy Memo*, No. 213(Sep. 2012).

원되어 설명되었다.[3] 러시아 민주화의 답보에 대해서도 많은 요인들이 논의되었는데 러시아의 전통, 자원부국이 갖게 되는 특성, 그리고 권력의 집중현상 등과 같은 내용들이 지적되고 있다. 그런데 여기서 주목되는 점은 러시아가 현대 민주국가의 제도들을 거의 모두 도입, 운용함에도 불구하고 그 정치과정은 여전히 후진적 특징을 지니고 있다는 점이다. 즉 다당제, 자유선거, 3권 분립, 언론자유 등이 법적으로 모두 인정되어 있음에도 불구하고 권력은 크렘린에 과도하게 집중되어 있다. 결국 제도는 형식에 그칠 뿐, 실질적으로 운용되지는 못하고 있는 것이다. 여기서 러시아의 특별한 사회 메커니즘인 네트워크체제에 주목하게 된다. 즉 공산주의 시대의 부정적 사회네트워크였던 블라트(блат: blat)의 특성이 체제변동을 거치면서도 사라지지 않고 사회자본의 모습으로 지속되고 있다는 점이다.[4]

본 글은 이와 같은 네트워크체제의 성격에 주목하고 이것이 현 러시아 민주화에 미친 영향을 검토하였다. 즉 네트워크체제가 민주주의의 두 가지 기준인 자유경쟁과 정치참여에 어떤 영향을 미쳤는가를 검토함으로써 네트워크체제와 민주주의간의 관계를 평가한 것이다.

---

3) Mendras, ibid., Ch.8 "The Putin System"; Fiona Hill & Clifford G. Gaddy, *Mr. Putin: Operative in the Kremlin* (Washington, D.C.: Brookings Institution Press, 2013), Ch.9 "The System", Sangjoon Lee, "Are Oligarchs Dead?: The State and Big Business in Russia," 『슬라브학보』23권4호(2008), 장덕준, "러시아 국가-자본관계의 변화: 석유산업의 경우를 중심으로," 『슬라브학보』26권 2호(2011). 한편 푸틴시기 정치체제의 특성에 대한 다양한 논의를 정리하고 있는 국내 연구로는 서동주, "러시아 푸틴시기 정치체제의 특성," 『슬라브학보』28권4호(2013).

4) Alena V. Ledenova, *Russia's Economy of Favors: Blat, Networking and Informal Exchange* (Cambridge, UK: Cambridge U. Press, 1998).

I. 네트워크체제의 기원, 특성과 운용

1. 네트워크체제의 기원

상호호혜제도로 볼 수 있는 블라트는 1930년대 스탈린시대에 등장하였다.[5] 계획경제하에서 매일매일 상품 및 서비스의 구조적 부족은 '블라트'의 등장과 확대를 촉발하였다.[6] 블라트의 주요 원칙은 개인 간 신뢰이다. 블라트의 회원들은 상호 배려, 상품·서비스 등의 비공식적 교환에 참여하고 무엇보다도 밀접하게 엮여있는 신뢰그룹의 일부분이다. 그런데 그 신뢰가 조직 내 특정인들의 사적 이익을 추구하기 위한 도당(clique)을 형성하고 있다는 점에서 조직적으로는 오히려 해로운 요소가 되고 있다는 데 문제점이 있다.[7] 일반적으로 블라트에의 참여는 부탁의 상호성을 요구하는데 단기적으로는 제품 및 서비스를 보충해 주는 것이지만 반드시 그럴 필요는 없고 미래의 호혜적 관계를 보장해 주는 것을 핵심으로 한다.

블라트는 과거 소비에트시대 계획경제체제 하에서 수요에 대한 공급을 제대로 맞출 수 없었던 러시아경제가 운용될 수 있게 한 생존전통이라고도 볼 수 있다. 예컨대 할당된 목표치를 예정대로 수행할 수 없을 경우 현장 책임자인 공장장은 인맥을 이용해 위기를 모

---

5) 블라트가 러시아사회 전반에 걸친 부정적 사회네트워크 모두를 포괄할 수는 없다는 견해도 있지만 대표적인 부정적 사회네트워크라는 점은 일반적으로 받아들여지고 있다. 이 글에서는 네트워크체제와 블라트를 서로 동일한 개념의 연장선상에서 사용한다.

6) Alena Ledeneva, 2009, "From Russia with blat: Can Informal networks help modernize Russia?" *Social Research*, Vol.76, No.1, pp.257-288.

7) 엄구호, "사회네트워크와 부패: 러시아와 중국의 비교," 한양대 아태지역연구센터 러시아·유라시아 연구사업단 엮음, 『유라시아 권위주의: 생성 배경, 동학 및 전망』 (서울: 엠-에드, 2011).

면할 수 있었는데 이러한 사적네트워크인 블라트는 공적생활의 지속적 양상이 되었다.[8] 블라트는 돈이 큰 역할을 하지 못하던 非시장경제사회에서 일이 성사되도록 하는 중요한 수단이었으며 동시에 소비에트질서를 유지시켜주던 조건이었지만 부패의 고리가 됨으로써 훗날 소비에트 질서를 붕괴시킨 근본적인 원인의 하나가 되었다.[9] 즉 블라트로 대표되는 비공식적 네트워크체제는 지시경제가 충족시킬 수 없는 많은 부분들을 보완하는 기제가 되었고, 소비에트체제를 작동시키는데 기여하였지만 궁극적으로 체제발전에 공헌하기 보다는 체제를 더 훼손하였다고 볼 수 있다.[10]

블라트에 의한 관료제도의 개인주의화(personalisation of the bureaucracy)는 러시아문화와 소비에트 스타일의 산물이기도 하다.[11] 오늘날 광범위하게 나타나고 있는 네트워크체제의 기원에 대해서는 다음과 같은 몇 가지 유형으로 구별할 수 있다. 첫째, 기존 권력의 대안 세력이 새롭게 등장하는 것에 대한 두려움에서 생성되었다는 주장이다. 이에 따라 네트워크적 특징에 기반하고 있는 개인주의화된 정권은 엘리트들에게 사회경제적 보상을 하는 대신 반대급부로 자신들은 무소불위의 권력을 행사하는 것이다.[12] 둘째는 강한국가에 대한 노스탤지어 —지도자의 무한권한, 개인자유에 대한 구속의 인내— 를 가지면서 동시에 지도자(정부)에 대한 선출권은 포기하지 못하는 것을 특징으로 하는 위임민주주의(delegative democracy)적

8) Ledenova, 1998, op.cit., p.3.
9) Ibid, p.103.
10) Kenneth Jowitt, "Soviet Neotraditionalism: The Political Corruption of a Leninist Regime," *Soviet Studies* Vol.35, No.3 (July 1983), p.275.
11) Ledenova, 1998, op.cit., p.83.
12) Dmitri Trenin, et al., "The Russian Awakening," *The Carnegie Papers* (Carnegie Moscow Center, 2012), p.3.

특징이다. 셋째는 부패 및 비제도화 현상으로서 네트워크체제를 보는 것이다. 이 주장에 따르면 전체사회가 커다란 희생을 치르더라도 소수의 엘리트들이 지대를 추구, 획득함으로써 국가의 효율성은 하락하지만 권력엘리트들의 결속력은 강화되면서 체제의 안정을 얻는다는 점에서 '네트워크 권위주의'(network authoritarianism)라고[13] 표현된다. 폐쇄적인 인간관계와 호혜성을 바탕으로 상호 후원과 이익추구를 도모함으로써 부패의 원인으로 지목되고 있다. 넷째, 냉혹한 현실에서 적어도 손해를 보지 않기 위한 생존전략으로도 볼 수 있는 데 이는 강한 세력에 영합함으로써 살 수 있었던 러시아역사의 유산이기도 하다. 이와 같이 네트워크체제는 공적영역과 사적영역이 불분명한 사회에서 권력의 개인주의화, 비제도화와 같은 현상을 낳음으로써 가부장주의(patrimonialism), 후견주의(clientelism), 그리고 부패 등의 용어들과 함께 사용되고 있다.[14]

2. 네트워크체제의 특성과 운용

가부장주의의 중심 특징은 정치권력을 장악하고 있는 개인 및 소수엘리트들에 의해 정부가 국가와 동일시되고, 국가가 사적으로 소유되어 공정영역과 사적영역이 분리되지 않는 것이다. 신가부장주의 체제는 지배그룹이 사회를 자신들의 사적 영역으로 간주하고 공공기능의 완수를 자신들의 개인적 부를 위한 정당한 수단으

13) Samuel A. Green, "How Much Can Russia Really Change?: The Durability of Networked Authoritarianism," *PONARS Eurasia Policy Memo*, No.194 (June 2012).

14) Richard Sakwa, "Modernisation, neo-modernisation, and comparative democratisation in Russia," *East European Politics*, Vol.28, No.1 (March 2012), p.47.

로 본다는 것이다. 엘리트층의 공고화는 경쟁을 제한하였고, 공공재(public goods)를 개발하는데 외부인들을 배제시킴으로써 소수 엘리트그룹의 카르텔을 가져왔다. 따라서 이러한 폐쇄적인 관계는 민주화를 촉진시키지 못하고 비공식적 국가포획의 조건을 형성하였으며 소수가 정치 및 경제적 기능을 독점하게 만들었다. 이렇게 되어 엘리트들은 1인 지배체제의 구도에서 살아남기 위해 이너서클인 권력네트워크에 포함되는데 혈안이 되었다. 즉 엘리트들은 출세 및 성공을 위해 푸틴을 중심으로 한 이너서클에 충성을 다하였고, 권력을 유지하기 위하여 자신이 속한 엘리트카르텔을 옮기기도 하였다. 이러한 '변화하는 엘리트 카르텔(changing cartels of elites)'은 사회 제 세력의 견제 없이 정치과정을 주도하였는데, 1990년대 이후 이 엘리트카르텔은 점차 독립적 권위를 갖게 되었다.[15] 엘리트카르텔은 1996년 옐친의 재선과정 및 1999년 옐친의 후임으로 푸틴을 정착시키는 과정에서 나타났다.[16] 이러한 엘리트카르텔의 형성에 의해 대다수 일반국민으로 구성된 사회세력은 쇠퇴하게 되었다.[17] 즉 일반국민은 정치과정의 주체가 되지 못하고 객체로 전락한 것이다. 엘리트카르텔은 국민이 정치에 참여할 기회를 박탈하였고 최고 권력자와의 커넥션은 정치엘리트와 비즈니스엘리트들이 합류하면서 정경유착의 요인이 되었다. 이 결과 네트워크체제를 통한 권력과의 커넥션은 러시아에서 비즈니스 활동을 하는데 가장 필요한 조건의 하나가 되었다.

한편 일반국민도 과거 소비에트체제에서는 당연하게 누려왔던 직

15) Stephen White, ed. *Politics and the Ruling Group in Putin's Russia* (New York: Palgrave Macmillan, 2008), p.4.
16) Ibid. p.7.
17) Ibid.

업보장, 보조금 등과 같은 사회보장이 박탈된 시장경제체제에서의 생존을 위해 네트워크에 대한 심리적, 실질적 의존이 높아졌다. [표 1]에서 보는 바와 같이 러시아 국민은 비즈니스 활동에 가장 필요한 요소로서 돈 다음으로 "권력과의 커넥션," 즉 권력층과의 네트워크 필요성을 지목함으로써 네트워크체제는 권력엘리트와 일반대중 모두에게 러시아의 일상화된 사회현상이 되었다.

[표 1] 비즈니스 활동에 가장 필요한 요소는? (%)

주요 요인	전국	지방
돈	75.6	80.4
권력과의 커넥션	**61.6**	**63.2**
재계와의 광범위한 접촉	30.5	37.0
외국 영향력그룹의 지지	19.7	5.1
대중매체를 통한 PR	15.1	15.0
정당 및 기관의 지원	22.0	16.7
법집행기구의 지원	27.0	22.8
범죄단체의 지원	13.2	22.1
견해 없음	3.8	3.6

출처 : Stephen White, ed., *Politics and the Ruling Group in Putin's Russia*(New York: Palgrave Macmillan, 2008), p.123.

따라서 비공식적 네트워크체제(informal network)로 이해할 수 있는 블라트(blat)는[18] 개인적 네트워크를 넘어 제도적 양상으로 보일 정도로 러시아사회 전반에 고질화되었다. 예컨대 러시아사회에 만연되어 있는 조직범죄조차도 소비에트 시절에 누려왔던 사회보장이 사라진 냉혹한 현실에서 경쟁력을 갖추지 못한 일반인들이 생존을

18) Snejina Michailova and Verna Worm, "Personal Networking in Russia and China: Blat and Guanxi," *European Management Journal* Vol.21, No.4 (August 2003), 509-19.

위한 경제적 네트워크를 확대한 것으로 보아야 할 것이다.[19] 블라트 체제의 또 다른 양상인 신가부장주의(neopatrimonialism)도 어떤 규칙이 적용될지 제도적으로 불안정한 시기에 행위자들이 위험을 줄이기 위하여 의존하게 되는 비공식적 네트워크로 이해할 수 있을 것이다.[20] 그러나 이는 사회 전반에 걸쳐 불안전을 심화시켰고, 러시아가 공식적·헌법적 규칙에 근거한 정치질서로 진전되는 것을 방해하였다.

II. 러시아 민주주의의 현황: 경쟁의 배제와 참여의 제한

현대 민주주의는 "경쟁"과 "참여"를 핵심 요건으로 한다.[21] 이 두 요건이 충족되어야 실질적인 민주주의국가라고 할 수 있다. 국민의 선거권과 피선거권만을 보장하고 시민들의 자발적인 정치참여가 보장되지 않는 정치체제는 실질적 민주주의 국가라고 볼 수 없다. 하물며 선거제도조차도 원천적으로 공정하지 못하다면 절차적, 실질적 민주주의 모두 문제가 있을 수밖에 없다.

러시아의 민주주의 상황은 2004년부터 부정적인 평가를 받고 있다. 옐친통치 초기까지만 해도 권력분립이 일정 정도 작동하였으나 푸틴집권기에 와서는 입법부와 사법부의 독립성을 저해하면서 까지 대통령의 권력이 확대되었다. 특히 하원은 지역구 폐지와 정당명

19) Ledenova, 1998, op.cit., p.190.
20) Richard Sakwa, "Systemic Stalemate: Reiderstvo and the Dual State," in Neil Robinson ed., *The Political Economy of Russia* (New York: Rowman & Littlefield Publishers, Inc., 2013), p.69.
21) Robert A. Dahl, *Democracy and Its Critics* (New Haven, CT: Yale University Press, 1991).

부제의 최소득표율 장벽을 7%로 높임으로써 친정부정당인 단합당(United Russia)이 압도적인 다수당으로 등장하는 환경을 마련하였다. 상원도 선거법을 개정하고 잠재적 정적이나 반대파들을 회유하거나 위협하여 친푸틴 인사만이 상원의원으로 기용되도록 함으로써 의정을 장악하였다.[22] 이러한 조치들은 결과적으로 민주주의의 기본 요건인 경쟁과 참여의 원칙을 무너뜨렸으며 네트워크체제의 형성을 조장 및 촉진함으로써 민주화를 저해하는 악순환을 겪게 만들었다. 러시아국민은 강한 지도자를 선호하지만 동시에 자유선거에 의한 선출권을 귀중한 자신들의 권한으로 인식하고 있는 데[23] 2011년 9월, 푸틴의 일방적 대선 출마선언은 국민의 지도자 선출권한을 무시한 행위로 받아들여졌다.

1. 경쟁의 배제

1) 선거제도 개편 및 선거과정의 불공정

푸틴은 선거제도 개편을 통해 하원과 상원을 장악해 나갔다. 하원은 친여 정당인 단합당이 압도적인 다수를 차지하게 만들었고, 상원은 친 푸틴 인사가 임명되도록 지방정부 및 지방의회를 위협하였다. 그 결과 푸틴 시기는 '의회의 종속화'와 '일당 우위 정당체제의 형성'을 특징으로 한다.

상원장악과 관련하여 푸틴은 2000년 '상원구성법'과 '지방행정 및 입법기관 구성법'을 제정, 실행하였다. 새로운 법 개정에 따라 상원

---

22) Stephen K. Wegren, ed., *Return to Putin's Russia: Past Imperfect, Future Uncertain* (New York: Rowman & Littlefield Publishers, INC., 2013), p.46.

23) Henry E. Hale, "Trends in Russian Views on Democracy 2008-12: Has There Been a Russian Democratic Awakening?" *Russian Analytical Digest*, No.117 (19 Sep. 2012).

의원직은 이전까지 지방정부 수장과 지방의회 의장이 당연직으로 겸직하던 제도가 바뀌어, 지방행정부와 의회에서 각각 추천한 대표로 충원되었다. 이를 통해 크렘린 측에 우호적인 인물이 임명되도록 유도한 것이다.[24] 상원에 대한 개혁으로 면책특권 박탈 등 지방지도자의 위상이 저하되었고, 이들의 영향력 행사 및 중앙정계로의 연결고리도 크게 약화되었다.[25] 또한, 다수의 자문기구 창설로 정책 및 법안수립에 있어서 의회의 권한과 영향력을 분산시켰다. 사법부 역시 독립성을 제약받았으며 대통령의 권한을 견제하기 보다는 대통령의 특권을 지지하고 반대자를 억압하는 수단으로 이용당하였다. 결과적으로 푸틴은 의회를 자신에게 종속시켰다.[26] 이렇게 하여 지도자 한사람을 중심으로 자신의 통치를 보좌할 집단으로 개인적 패거리(personalist clique)를 만들고 후견네트워크(patronage-network)를 형성한 것인데 상원을 이런 도구로 만든 것이다.

한편 하원에서는 2001년 단합당 등 4개 정당으로 구성된 연립의 영구화를 목적으로 범야 세력의 정치활동을 제한하기 위한 법적/행정적 억제 조치를 시행하였다. 이러한 조치들은 정당의 수를 급격히 감소시켰는데 2003년 40개에서 2008년에는 14개로 줄어들었다. 더구나 2005년에는 소선거구제가 폐지되고 전원 비례대표제가 적용됨으로써 의석 구성에 필요한 최소 득표율인 7%이상을 얻은 정당은 2007년, 2011년 각각 4개에 불과하였다.[27] 즉 완전 비례대표제를 도입하여 하원에 소선거구를 대표하는 지역구 의원을 없애버려 지역의 이해를 대변할 수 있는 기능이 약화되었고 지역주민의 지지

24) Wegren, op.cit., p.47.
25) 홍완석 외, 『현대 러시아 국가체제와 세계전략』(서울: 한울아카데미, 2005), p.108.
26) Wegren, op.cit., pp.45-61.
27) Ibid., ch.2

에 기초한 하원의 자율성도 약화되었다. 이후 푸틴과 하원 간에는 암묵적 거래가 존재하였는데 하원은 정부가 자신들의 지지 세력에 유리하게 국가의 재원을 분배해 주는 대가로 입법부, 언론매체, 지방정부의 권한을 상대적으로 축소시키면서 중앙정부의 권력을 증대시키는 법안들의 통과를 용인하였다.[28)]

선거제도와 함께 선거과정도 불공정하게 진행되었는데 그 첫 번째 특징은 대중매체들의 방송태도이다. 2004년 대통령선거에서 각 방송사와 신문사는 푸틴후보에게 압도적으로 많은 시간과 지면을 할애함으로써 불공정 보도를 하였으며[29)] 언론의 이러한 태도는 2008년과 2012년 대선에서도 반복되어 미국 및 유럽안보협력기구(OSCE)로부터 선거보도에 있어서의 공정성 부족을 지적받았다.[30)] 또한 선거운동 기간에 제1채널을 포함한 다수의 공중파 언론사들은 정부 및 여당의 정책공약을 집중적으로 홍보하고 러시아 특유의 애국심에 호소하는 정치기술을 동원하였다.[31)] 둘째, 정치자금을 통한 선거경쟁의 비공정성이다. 러시아는 기부가 정치자금의 주요 기반을 이루고 있는 가운데 대부분의 기부는 올리가르히(oligarchy)의 주머니에서 나왔다. 그런데 호도르콥스키와 베레좁스키를 비롯한 친 야당 올리가르히들이 푸틴 집권기에 축출된 이후 권력당과 기타 야당들 간의 정치자금 동원력은 거의 열배가량 차이가 난다고 알려

---

28) Ibid.

29) 이홍섭, “러시아의 권력구조와 민주주의: 제도적 특성과 정치문화,” 『中蘇硏究』, 29-1 (2005), pp.137-38.

30) http://www.washingtonpost.com/wp-dyn/content/article/2008/03/03/AR2008030301684.html (검색일: 2015.1.20); http://www.osce.org/odihr/90469 (검색일: 2015. 1. 20).

31) 두진호, “푸틴집권 시기 러시아의 민주주의 공고화에 대한 평가,” 『사회과학연구』37-2 (2013), p.212; Hill & Gaddy, op.cit., p.7.

졌다.[32] 결과적으로 푸틴시기에는 선거를 통한 "경쟁"은 원천적으로 배제된 것으로 평가되고 있다.[33] 그런데 2011년 가을에 분출된 대규모 반정부 시위는 '메드베데프-푸틴 팀'으로 하여금 새로운 정당법을 제정하고 지방 주지사 선출방식을 주민들에 의한 직접선거로 회귀하게 만들었다.

2) 중앙집권 강화 및 권력집중

푸틴은 집권과 더불어 옐친시기에 느슨해진 중앙집권을 강화하였다. 제일 먼저 추진한 것은 연방 7개관구제도의 도입(2000년 5월)이었다. 대통령이 임명하는 전권대표가 89개(현재 83개) 연방주체를 7개 권력으로 나눈 광역행정구역에 직접 파견됨으로써 옐친시기 중앙과 지방간의 권력관계를 재편성하였다. 이는 그간 취약했던 연방정부의 지방정부에 대한 통제를 강화시키는 조치였다.[34] 특히 연방 안에서 가장 독립성이 강하고 개혁의 열기가 뜨거웠던 볼가(Volga) 연방관할구역의 특사로는 전 총리였던 세르게이 키리옌코(S. Kiriyenko)가 기용되었다. 북서연방관구에는 푸틴의 KGB시절 상사이며 연방보안국 제1차관을 역임한 빅토르 체르케소프(Cherkesov), 극동연방관구에는 제1차 체첸분쟁에서 사령관이었던 콘스탄틴 풀리코프스키(K. Pulikovsky)를 발탁하는 등, 일곱 명 중에서 군·치안기관 출신 측근들이 다섯 명을 차지했다.[35]

---

32) 유진숙, "러시아 민주주의 공고화와 정치과정," 『中蘇研究』, 34-1(2010), pp.216-217.

33) Mendras, op.cit., p.160, 237; Hill & Gaddy, op.cit., p.6.

34) Stephen K. Wegren, and Dale R. Herspring, eds., *After Putin's Russia: Past Imperfect, Future Uncertain* (New York: Rowman & Littlefield Publishers, INC, 2010), ch.2.

35) Cherkesov, Pulikovsky 외에도 2000년 5월에 임명된 대통령 전권대표 7명 중 G.Potavshenko는 KGB출신, V.Kazantsev는 군출신, P.Latyshev는 경찰출신

또한 푸틴은 2003년 여름부터 사회복지비 지출을 증대하는 한편 경제에 대한 국가 관리를 강화하는 방향으로 정책노선을 선회하여 행정부로 권력을 집중시켰다. 최대석유회사 유코스(Yukos)를 해체하기 시작한 경우가 좋은 실례이다. 이런 조치들은 중앙정부와 단합당에게 지방정부나 대기업과의 후원관계를 형성할 수 있는 기회를 제공하였고, 결과적으로 중앙정부의 정치시스템 장악력을 높이게 만들었다. 특히 베슬란 학교 인질극(2004.9.1~9.3)을 계기로 푸틴은 권력집중을 더욱 강화했다. 예컨대 지방 주지사의 직접선거를 폐지하였고, 하원의원의 선출방식을 비례대표제로 전환하였다. 또한 테러리즘 관련 법안을 제정하여 대규모 인원 밀집 지역에 대한 치안기관의 재량권을 높이고, 이주·주민등록·차량등록 규정을 강화하였다. 특히 종합적인 對테러법을 제정하여 "테러위험"이 선언되면 이 법에 따라 언론 및 사회통제를 실시하고, 정부는 도청, 메일열람, 여행제한, 그리고 집회 및 파업을 금지할 수 있게 되었다.[36] 이는 사회에 대한 통제력을 극도로 강화하는 조치였다.

한편 의회는 친정부 세력인 단합당과 친정부 성향의 야당의원으로 60% 이상이 채워져 정부정책에 유리한 법과 제도를 채택하는 의례적 기관으로 전락하고 말았다. 특히 국가평의회(State Council), 공공회의소(Public Chamber) 등 헌법에 규정되지 않은 의사(擬似) 의회적 심의기구들을 설치, 운영하면서[37] 의회 기능은 더욱 약화되었다. 여기에다 사법부 역시 행정부나 크렘린에 예속된 상태로 머무르고 있다. 푸틴시기에 정부의 고위관리들은 마치 구소련 시기의 공산당 간

이었다. 에가시라 히로시,『푸틴의 제국』(고양: 달과소, 2006), p.109.

36) Wegren, op.cit., pp.45-61.

37) 임경훈, "포스트 소비에트 시기 러시아 정치적 전통의 재구성: 권위주의로서의 푸틴체제 공고화 요인을 중심으로,"『러시아연구』23-2(2010), p.266.

부들처럼 담당판사들에게 전화를 걸어 '중대한 국익' 수호를 핑계로 판결을 지시하는 '전화 재판'(telephone law)을 하는 사례가 늘어났다.[38] 또한 사법기관의 주요 인사는 모두 푸틴의 측근으로 채워졌는데, 법무장관 코노발로프(Alexandr Konovalov), 최고중재재판소장 이바노프(Anton Ivanov), 선거관리위원장 추로프(Vladimir Churov)는 모두 상트페테르부르크 출신으로 푸틴 집권초기부터 사법부에 중용되어 정권의 친위대 역할을 하고 있다.[39]

3) 엘리트카르텔 형성

선거제도 개편 및 권력의 중앙화를 통해서 나타난 가장 커다란 현상은 올르가르히, 실로비키(siloviki)로 대표되는 엘리트 카르텔(elite cartel)이 출현한 것이다. 엘리트 카르텔은 그들만의 리그를 창출하여 대중은 정치의 주체가 아닌 대상으로 변질되었다. 즉 소수 엘리트의 등장과 대다수 대중의 몰락을 가져왔으며 부의 불균형 현상이 심화되었다.[40] 이들 소수엘리트들은 네트워크를 형성하여 권력을 배분하였으며 이들의 네트워크는 정치 영역은 물론이고 경제 영역에서도 예외가 아니었다. 그런데 이들 엘리트 카르텔은 상황의 변화, 즉 권력의 이동에 따라 다른 성격의 카르텔로 이합집산이 이루어졌다. 예컨대, 옐친시기에는 올리가르히, 푸틴시기에는 실로비키를 중심으로 카르텔이 형성되었다. 이런 변화는 권력네트워크에 의한 보상이 더 효과적이라는 것을 반증하며 과두재벌 호도르콥스키나 구신스키 등의 사례에서 보듯이 기존 권력의 절대성을 거부하면 한순간에 엘리트 카르텔에서 제거된다는 사실을 실증적으로 보여주었다.

---

38) Kathryn Hendley, "The Role of Law," Wegren, op.cit., pp.84-87.
39) 두진호, 앞의 글, p.219.
40) White, 2008, op.cit., p.6.

시기별 엘리트 카르텔의 특징을 보면 옐친시대의 권력엘리트는 금융자본을 바탕으로 에너지와 군수산업 등 러시아 전략산업을 사유화한 올르가르히였다. 그러나 푸틴의 등장으로 올리가르히 세력은 실로비키로 교체되었다(표 2]). 실로비키란 군과 정보기관 등 무력을 소유한 기관 출신의 권력엘리트를 말한다. 실로비키는 약한 국가 현상을 보이는 상황에서 '강한 러시아의 건설'이라는 푸틴의 구호 속에서 등장했다. 약한 국가를 극복하기 위해 이들이 내세운 대책은 모든 권력을 중앙으로 집중하는 것이었다.[41] 또한 외부의 위협을 강조함으로써 실로비키들의 세력은 더욱 공고화되었다.[42] 실로비키는 군과 정보기관 이외에도 진보적 기술관료, 중도파, 정치적 실용주의자 등 다양한 이해집단들을 포함하였으며 푸틴체제의 주요 권력기관을 모두 장악하였다. 이들은 이해집단 간의 '거미줄 망(spider web)'을 구성함으로써 집단 간의 경쟁을 유발하여 그 어떤 집단도 독점적 권력을 갖지 못하게 하였는데 이는 푸틴이 "크렘린에서 하나의 정치세력에게 의지하는 것은 자살행위"라는 크렘린의 철칙을 잘 이행했던 것이다.[43] 네트워크에 속해 있다는 것은 '충성'을 맹세했다는 것을 의미하는데 2008년 기준 국가두마 의원과 지방 주지사의 경우 각각 70%와 85%가 친정부 세력인 단합당에 소속되었으며 2011년에는 지방 수장의 경우 대부분이 단합당 회원으로 채워졌다.[44]

---

41) 고상두, "푸틴시대 러시아 권력엘리트의 교체," 『슬라브학보』, 제24권 1호 (2009), p.104.

42) 이홍섭, "러시아 정치체제의 권위주의화:'안보위협'의 효과를 중심으로," 『국제지역연구』제15권 4호 (2012).

43) Lilia Shevtsova, "Think Again Foreign Policy," *Foreign Policy*, No.164 (Jan.-Feb. 2008), pp.34-36.

44) Mendras, op.cit., pp.251-52.

[표 2] 통치시기별 엘리트집단의 실로비키 비율 (단위:%)

통치 대통령		정부관료	기관장급
고르바초프		5.4	4.8
옐친	1993년	11.4	33.3
	1999년	22.0	46.4
푸틴	2002년	32.8	58.3
	2008년	42.0	70.0

출처 : Olga Kryshtanovskaya, "The Russian Elite in Transition," Journal of Communist Studies and Transition Politics, Vol.24, No.4(2008). 주장환·박정호, "체제전환기, 중·러 정치 엘리트 비교연구: 특성과 형성 배경을 중심으로,"『中蘇硏究』, 34-1(2010 봄), p.123 재인용.

2. 참여의 제한

1) 재벌에 대한 규제 및 전략산업의 국유화

2003년경 호도르콥스키 유코스회장이 이끄는 Open Russia는 총선을 앞두고 다양한 정치그룹에 대해 지원을 하였다. 이에 대하여 정부는 세금포탈 명목하에 그를 체포하였는데 이는 다른 재벌들에게도 정치에 간여하지 말라는 강한 메시지로 인식되었다. 이후 과도기 푸틴체제의 특징은 "에너지 자원을 중심으로 한 전략산업의 국유화"와 "관료 올리가르히에 의한 경제지배"라고 할 수 있다. "국유화와 관료 올리가르히에 의한 경제 지배"를 통해서 푸틴정권은 옐친시대의 친서구적 시장경제 옹호자들인 '기업가 올리가르히'를 제거하고 승자연합을 최소화하였으며, 핵심 지지자들에게 에너지 산업을 포함한 전략 산업들에 대한 독점권을 부여함으로써 자원지대를 독점하였다(표 3). 이러한 국유화 조치의 가장 상징적 사건이 바로 민간 최대 석유업체인 유코스(Yukos)의 호도르콥스키 회장을 구속하고 이후 유코스를 해체한 사건이었다.

푸틴정권의 전략산업에 대한 국유화는 단계적으로 추진되었다.

2004~2005년 사이에는 석유 및 가스 등 에너지부분에서 국유화가 집중적으로 시행되었다. 이후 2006~2008년에는 군수, 원자력, 운송, 은행, 기계제작, 항공, 조선, 통신 등 전략산업부문으로 국유화가 확산되었다.[45] 이러한 과정에서 서구기업 및 언론들의 비난과 투자 철회 위협에도 불구하고 외국자본에 대한 통제를 강화하거나 심지어 반강제적 몰수를 강행하기도 하였다.

[표 3] 푸틴시대 러시아 관료들의 경제지배 현황 (2007년 12.31기준)

기업명	업종	이사회 점유(단위:명)
Gazprom	천연가스	7/11
Rosneft	석유	5/9
Transneft	송유관	8/9
Russian Railways	철도	9/11
UABC	항공기 제작	11/14
Aeroflot	항공사	5/11
Alrosa	다이아몬드	13/15
UES	전력	9/15
Svyazinvest	통신	7/9
Sbebank	은행	11/17
VTB	은행	6/9
TVEL	원자력	8/11
Sovcomflot	선박	8/11
Almaz Antey	군수	9/11

출처 : 이종문, "푸틴시대 러시아 국가자본주의의 형성과 발전: 국가경제발전모델의 관점에서," 『한국과 국제정치』제26권 1호 2010년(봄), p.95.

45) 이종문, "푸틴시대 러시아 국가자본주의의 형성과 발전: 국가경제발전모델의 관점에서," 『한국과 국제정치』제26권 1호 2010년(봄), pp.85-86.

2) 사회세력에 대한 규제 강화

푸틴은 2004년 두 번째 임기 때부터 비정부기구(NGO)에 대한 견제를 강화하였다.[46] 푸틴은 이들 비정부기구들이 외국의 후원을 받는 외국의 대리기구(foreign agent)에 불과하다며 이들의 활동은 러시아의 주권과 국가이익을 해친다고 비판하였다.[47] 러시아정부의 비정부기구 정책에 일대 전환을 가져온 것은 2004년 12월에 발생한 우크라이나의 오렌지혁명이었다. 러시아는 이 사건의 배후에 서방의 지원을 받는 NGO가 있다고 믿었다. 푸틴은 "일부 비정부기구들이 영향력 있는 외국재단으로부터 자금을 받는데 혈안이 되어있고, 일부는 [국민의 실질적인 이익을 대변하는 것이 아니라] 상업적 목적으로 활동하고 있다"고 비난하였다.[48] 계속해서 푸틴은 "올바른 국가-사회 관계라는 것은 국가가 효과적으로 수행할 수 없는 기능을 시민사회가 수행해야 한다"면서 우회적으로 비정부기구가 정치적 영역에 간여해서는 안 된다는 강한 경고의 메시지를 보냈다. 또한, 푸틴은 사회와 정치영역에서의 분열과 분파주의를 국가에 대한 위협으로 간주함으로써[49] 사회의 다양한 견해와 반대파를 용납하지 않는 태도를 보였다.

이러한 가운데 러시아는 2006년 4월 18일, 국내외 비정부기구에 대한 엄격한 새로운 법의 적용을 시행하였다. 이 법에 따라 비정부기구는 러시아정부에 방대한 양의 정보를 제공해야 했으며 복잡한

---

46) Robert Orttung, "Kremlin Nationalism versus Russia's NGOs," *RAD* No.138, (8 Nov. 2013), p.8.

47) 푸틴대통령의 2014.3.18 연설 http://eng.kremlin.ru/news/6889(검색일: 2015. 1. 20)

48) http://www.globalsecurity.org/military/library/report/2004/putin-federalassembly_2004.htm (검색일: 2015. 1. 20).

49) Hill & Gaddy, op.cit., p.108.

재등록과정을 거쳐야 했다. 소비에트 붕괴 이후 계속적으로 증가해 온 NGO 단체들은 2000년대 중반에는 그 숫자가 약 45만 개에서 60만 개에 달했다.[50] 그러나 푸틴은 정권의 안정과 지속성을 보장받기 위하여 시민사회의 재편을 시도하였는데, 이러한 푸틴의 전략은 NGO법의 개정을 통한 시민사회 통제 강화, 모조시민사회운동의 창출, 공공회의소의 설치 등으로 집약될 수 있다. 외국으로부터 예산을 지원받는 러시아내 NGO들을 외국의 대리기구로 폄하하고 모조시민사회운동을 조장하여 시민사회의 발전을 막았는데, 그 예로는 극단적 민족주의 성향의 청년조직 '나쉬(Наши)'를 들 수 있다. 이들은 공식적으로는 민주적, 반 파시스트적, 반 올리가르히 성격의 운동을 표방하고 있으나, 실제 '강한 러시아의 부활'을 꿈꾸며 푸틴에 도전하는 반대자들을 '국가의 적'으로 규정하고 응징하는 푸틴 친위대 역할을 하고 있으며, 정부의 직간접적인 재정지원을 받고 있다. 그 외에도 보수우익운동, 즉 민족주의적, 인종주의적, 혹은 반자유주의적 의제를 추구하는 단체 및 사회운동도[51] 정부의 후원 아래 확산되면서 러시아 시민사회 공간을 더욱 왜곡시키고 있다.

2006년 러시아 대통령 실 주도로 신설된 공공회의소는 연방법안 검토, 정부기관에 대한 공공감독, 시민민원 처리, 국가기구에 대한 건의, 그리고 비정부기구 지원 등을 통해 국가와 시민사회의 건설적 상호작용을 도모하였다.[52] 이러한 긍정적인 의도에서 출발했음에도 불구하고 공공회의소의 인선이나 예산편성에서 강력한 국가조

---

50) http://www.workors.org/2006/world/ngos-0216/ (검색일: 2015. 1. 10).

51) 강윤희, "푸틴 집권기 러시아 정부와 인권운동의 갈등관계: 프레이밍 과정과 정치적 기회구조를 중심으로," 『슬라브연구』30권2호 (2014).

52) 박수헌, "체제전환기 러시아의 국가와 시민사회: '공공회의소'의 경험을 중심으로," 『세계지역연구논총』29집3호(2011), pp.269-296; Wegren, op.cit., p.57.

합주의의 한계를 극복하지 못했다.[53]

종교 활동에 대한 규제도 강화하여 종교자유가 더욱 위축되고 있는 데 헌법에는 종교자유를 보장하고 있지만 종교법의 서문에는 러시아정교, 이슬람, 유대교, 불교 등 4개 종교만 러시아의 4대 '전통' 신앙으로 규정하고 있다. 또한 2012년에 통과된 새로운 시민사회 관련 법안에 따라 그해 9월, 경찰은 등록에 실패한 모스크바 인근에 위치한 성삼위오순절교회를 파괴하였다.[54] 또한 여호와의 증인, 몰몬교, 非모스크바관구소속 정교, 그리고 몰로칸(Molokan)[55] 등은 규제로 인해 경배할 수 있는 공간을 건설하거나 임대하는 데에도 어려움이 있는 것으로 나타났다. 4대 전통신앙 중 하나인 이슬람교도들조차도 상트페테르부르크와 같이 무슬림이 소수인 지역에서는 경배장소를 얻는데 어려움을 겪는 것으로 나타났다. 모스크바에서는 무슬림 신자가 2백만 명에 이르지만 4개의 모스크가 있을 뿐이다.

한편 푸틴정부는 인터넷 대중화와 정보 공유의 확산에 따라 사이버 통제를 한층 강화시키고 있다. 하루에 3천 명 이상이 방문하는 블로거는 대중매체로 등록을 의무화하여, TV 방송국이나 신문에 적용되는 것과 동일한 규제를 준수하도록 요구하였는데, 선거법 준수, 모독 금지, 성인 콘텐츠에 대한 연령 제한 표시, 실명사용 등이 대표적인 규제이다. 또한 러시아의 모든 인터넷 서비스 업자에게 이용자들의 데이터를 저장하도록 강제하고 있으며, 상기조항에 따르지 않을 경우 개인은 1~3만 루블($270~$833), 기업에는 5만~30만 루

53) 두진호(2013), 앞의글, p.204.

54) U.S. Commission on International Religious Freedom(USCIRF), "Russia: Unruly State of Law," *Policy Brief* (Jan. 2013).

55) 러시아농민들이 믿던 영적그리스도교(Spiritual Christian)에서 진화한 한 종파로서 러시아정교에 복종하기를 거부하는 특징을 갖고 있다.

블($1,400~$8,300)의 벌금이 부과되거나 인터넷 사용이 금지된다.[56] 이러한 인터넷 서비스 등록 규제는 인터넷 사용자로 하여금 체제위협적인 요소에 접근하지 못하도록 사전예방을 강화하는 것이며, 이는 러시아 내 표현의 자유를 침해하고 자유로운 의사형성을 왜곡할 수 있다는 점에서 우려할 만하다.

이상과 같이 러시아정부는 시민사회, 종교단체, 인터넷 매체에 대한 규제 법안을 통해 시민들의 자율적 참여를 제한함으로써 사회諸세력의 비판과 견제의 기능을 위축시켜 엘리트카르텔의 권력은 더욱 공공하게 되었다.

III. 네트워크 체제와 민주주의

소비에트체제붕괴 이후 실시된 각종 여론조사에서 러시아인들은 강한지도자의 필요성과 민주주의에 대한 지지를 동시에 보여 왔다.[57] 러시아인들이 의미하는 강한 지도자란 소위 서구 민주주의에서 강조하는 '견제와 균형'의 원칙이 배제된 채 정책추진을 위해 강력한 권한을 가진 지도자를 의미한다. 그런데 러시아인들이 보여주고 있는 이런 경향은 이중적이라는 평가를 받기도 하고 한편으로는 체제전환 및 민주화의 단계를 거치는 과정에서 나타나는 특별한 현상으로 해석되기도 한다. 강한 지도자를 중심으로 형성된 블라트와 같은 개인주의적 네트워크, 후원주의, 단일 피라미드제도 등이 러시아 정치체제를 설명하는 개념으로 등장한 것도 이러한 경향의 결과

---

56) http://rt.com/politics/154056-russian-bloggers-mass-media/ (검색일: 2014. 12. 20).

57) *Russian Analytical Digest*, No.117 (19 Sep. 2012), p.12.

로 볼 수 있다. 따라서 블라트는 네트워크로 연결된 소수엘리트들이 권력을 독점하게 하고 제도화를 지연시킴으로써 러시아를 "성장하되 정치적 발전이 없는" 상황으로 이끌고 있다는 지적을 듣고 있다.[58]

1. 권력의 독점

네트워크체제가 갖는 권력 독점의 특성에 따라 현재의 권력 네트워크에서 벗어나 독자적 네트워크를 모색하는 인물들은 큰 보복을 받고 있다. 예컨대 푸틴 및 메드베데프와 불편한 관계로 18년 장수를 누리던 루쉬코프 모스크바시장은 2010년 9월 부정부패를 이유로 해임되었고, 정의당이라는 야당을 이끌던 세르게이 미로노프는 2011년 중반에 연방회의 의장에서 해임되었다. 특히 호도르콥스키에 대해서는 네트워크 체제의 붕괴를 가져오게 할지도 모른다는 두려움에서 구속하기도 했다. 그러나 옐친에게 후계자로 푸틴을 추천한 것으로 알려져 있는 첼시 구단주 아브라모비치(R. Abramovich)는 푸틴과 좋은 관계를 유지하고 있다. 이와 같이 푸틴은 엘리트들에 대한 '선별적 처벌과 선별적 등용(co-optation)'을 실행함으로써 엘리트들에게 "강요된 동의"를 받아내었다.[59] 또한, 2004년 말 우크라이나의 오렌지혁명 이후에는 범정부적으로 '주권 민주주의'(Sovereign Democracy)를 강조하였는데 이는 러시아적 특성을 가진 민주주의의 추진을 골격으로 하는 것으로 '인권 보장'과 같은 외부의 간섭을 원

58) Richard Sakwa, "Developed Putinism: Change without Development," *RAD*, No.127 (8 May 2013).
59) Vladimir Gel'man, "Political Opposition in Russia: A Dying Species?" *Post-Soviet Affairs*, 21-3(2005), p.242.

천적으로 차단하기 위한 것이었다. 그런데 러시아 국민은 특이하게도 민주주의보다 강한 국가를 선호함으로써 이와 같은 '주권 민주주의'가 서방과의 외교적 갈등 국면에서 국내정치 안정을 기하는데 유효하게 활용되었다. 예컨대 2012년 12월 총선을 전후해서 전개된 반정부 시위에도 불구하고 여론조사 결과 여전히 민주주의보다는 강한국가를 선호하고, 경제개발이 민주주의보다는 우선해야 한다는 견해가 강함을 보여주고 있다. 실례로 RES(Russian Election Studies)의 여론조사에 따르면 민주주의제도의 러시아 적합여부를 묻는 질문에 2008년 59%에서 2012년 64%로 지지율이 증가하였다. 동시에 강한 지도자에 대한 지지율도 49%에서 56%로 증가하였다. 그러나 현재 러시아에게 '강한 국가와 민주주의' 양자 중 어느 것이 더욱 중요한가라는 양자 대결적 질문에는 2008년에는 각각에 대한 지지율이 43대10, 2012년에는 41대11로 여전히 강한 국가가 러시아 국민의 최우선 관심사임을 보여주고 있다.[60] 이런 맥락에서 푸틴이 주장하고 있는 러시아식 민주주의인 주권 민주주의는 여전히 유효함을 보여주고 있는 데 이러한 경향을 권력 엘리트들은 네트워크 체제의 유지 및 강화에 활용하고 있다.

2. 제도화의 지연

러시아는 공식적, 비공식적 규칙이 동시에 작동하여 모든 수준에서 이중적인 모습이 나타나고 있다, 이는 제도적 부식을 가져오기 마련이다. 이 경우 역사적으로 모든 국가들은 붕괴하든지 혁명으로 이어졌는데 러시아의 이중국가는 교착상태에서 진화하는 초월성

60) *Russian Analytical Digest*, no.117, pp.12-13.

을 보여주고 있다.[61] '법적·이성적(legal-rational)국가'와 '가부장주의적(neopatrimonial) 행정국가' 간의 상호공존이 현 러시아 정치체제의 결정적 특징이 된 것이다.[62] 법에 의한 통치보다 충성도(loyalty)가 중요하게 되었으며 이는 비즈니스 영역에서도 마찬가지다.[63] 이에 따라 탈공산주의 러시아정치체제에서 중요한 행위자는 정당이나 이익단체와 같은 공적 정치제도가 아니라 대통령에게의 영향력을 다투면서 이합집산 하는 이해집단들인 것이다.[64] 결과적으로 러시아의 정치체제는 네트워크에 의존한 체제이기 때문에 제도화는 지속적으로 발전하지 못하는 상황이다.

IV. 결론

오늘날 러시아인들은 푸틴의 장기집권에 대해 거부감을 보이며 대규모 시위를 벌이기도 하였지만, 푸틴에 대한 지속적인 높은 지지도를 보이고 있다. 그 이유의 하나로 그들의 역사적 경험을 들 수 있다. 특히 몽고의 지배하에 240여 년간 위임통치를 받아 온 오랜 경험은 러시아인들에게 강한 국가의 필요성과, 국가존립을 위해서는 자신들의 권한이 제한당해도 감내해야 한다는 것을 체득하게 되었다. 동시에 국가통치의 일관성을 침해하는 세력에 대해서는 단호한 조치를 취하더라도 필요한 처방이라고 이해하는 경향이 생겼다. 이러한 역사적 경험에 뿌리를 둔 네트워크 체제는 오늘날에는 엘리트

61) Neil Robinson, ed., *The Political Economy of Russia* (New York: Rowman & Littlefield Publishers, INC, 2013). p.69.
62) Ibid., p. 70.
63) Ibid., p. 74.
64) Ibid., p. 75.

와 일반대중을 불문하고 성숙하지 못한 시장경제체제에서 살아남기 위한 생존전략으로 운용되고 있다. 엘리트들은 권력유지를 위한 방편으로 다양한 엘리트 서클의 일원이 되고자 하며, 대중들은 소비에트체제의 사회보장이 없어진 냉혹한 현실 앞에서 가능한 네트워크의 일원이 됨으로써 이익을 도모하고 적어도 네트워크를 통한 후원을 통해 손해는 보지 않으려고 한다.

호도르콥스키의 사례에서 보았듯이 현 권력 네트워크를 벗어난 대안세력 추구는 치명적인 결과를 초래하기 때문에 경제계 엘리트들은 권력자에 의해 설정된 후원 네트워크를 넘어서는 어떠한 자율적 정치행위를 갈망하지도, 대안적인 정치세력의 등장을 지지하지도 않는다. 심지어 이들은 일반적으로 정치영역의 민주적 변화나 정치·경제영역의 경쟁에 관심이 없다. 결과적으로 공식적 절차를 강조하는 헌법적 국가와 불투명한 행정적 레짐이 균형을 이루고 있는 이중 국가적 성격을 띠고 있다. 문제는 법에 의한 통치가 정치적 편의주의와 충돌할 때 전자가 더 고통을 받게 된다는 점이다. 이에 따라 민주주의의 기본요소인 제도화의 속도는 지지부진한 상황을 벗어나지 못하고 있다.

지금의 네트워크 체제는 과거 소비에트시기의 공산당 서기장(general secretary)이 가졌던 중앙위원회(central committee) 위원 임명권과 유사한 효과를 보여주고 있다. 즉 피후견인들은 자기를 임명해준 후견인이 정치적 위기에 처할 때 그를 돕고, 후견인은 자기가 임명한 피후견인들을 정치적으로 도와주는 권력의 순환(circular flow of power)과 같은 효과를 갖고 있는 것이다. 그런데 시장경제로 전환된 오늘날 러시아의 권력층은 네트워크의 구심점을 중심으로 공적영역과 사적영역이 불분명한 채 집단 이익을 극대화하는 형국이라 할 수 있다. 이에 따라 현재의 엘리트 충원은 유능한 인물보다는 무능하더라도 네트워크체제로 이끌어져 가고 있는 현 러시아의 체제규칙을 잘 이해하고 따르는 인물이 우선적으로 발탁되는 게임이 되었다. 그 결과 권력 및 부의 편중현상은 심화되고 제도화는 지연되고 있으며 개인주의화된 권력층을 형성함으로써 민주화의 속도는 더욱 지연되고 있다. 그런데 네트워크 체제로 인한 민주적 참여의 제한과 자유경쟁의 박탈에도 불구하고 지난 2013년 모스크바 시장선거에서 야권후보인 나발니(Alexey Navalny)가 선전한 것은 네트워크 체제에 기반을 둔 현 권력 엘리트의 한계를 크게 부각시킨 사건이었다. 이러한 맥락에서 러시아가 민주국가로 성장하기 위해서는 정치체제에 공정한 경쟁을 허용하고 사회 諸 세력이 자발적으로 정치과정에 참여하여 권력을 분산할 수 있는 장치가 마련되어야 할 것이다. 또한, 네트워크의 후원에 따라 소수의 엘리트 집단에 권력이 집중되는 현상을 완화하고 성과주의에 기반을 둔 엘리트 사회를 만들어야 할 것이다.

VI

21세기 군사대국을 향한 러시아의 군

VI. 21세기 군사대국을 향한 러시아의 군*

이홍섭(국방대)

러시아군은 체제이행과정을 거치면서 과거의 군사대국이라는 호칭에 어울리지 않는 무능한 군으로 전락하였다. 특히 대규모 군사력을 자랑하던 '양의 군사력'에서 현대화된 전문성을 강조하는 '질의 군사력으로 추진된 1990년대 러시아의 군 개혁은 국내구조개혁 차원에서 군의 예산규모가 축소되어야 한다는 경제적 조건이 전제되어 진행됨으로써 전투력 향상을 제대로 도모할 수 없었다. 또한 옐친대통령은 군을 전문화된 효율적 집단으로 육성하기 보다는 오히려 군이 독립된 정치세력으로 성장하지 못하도록 하는데 몰두하였으며 동시에 자신의 권력을 연장하는 도구로 활용하는 면이 강했다. 이에 따라 국방장관과 우리나라의 합참의장에 해당하는 총참모장은 서로의 권한을 두고 이전 투구하는 모습을 보이기도 했다.

일정한 비전을 갖고 군의 개혁이 시작된 것은 푸틴이 대통령으로 등장하고 난 이후이다. 그는 국가이익을 실현하기 위해서는 강력한 군사력이 필수적이라는 입장에서 군의 효율성 제고 방안을 강구하였다. 특히 2000년, 118명의 군인들이 사망한 쿠르스크 잠수함 참

* 이 글은『슬라브 硏究』제29권 1호(2013)에 "21C 러시아군 개혁의 배경과 방향: 네트워크 중심전(NCW) 대비"라는 제목으로 게재된 논문을 수정한 것임.

사는 제대로 계획된 군 개혁의 필요성과 시급함을 일깨워 주었다. 이에 따라 푸틴정부는 2000년 국가안보개념과 군사독트린을 새롭게 정립하고 군 개혁을 추진하였다. 푸틴1기(2000~2004)에서의 군 개혁은 작고 기동력이 우수하며 높은 기술력을 가진 군을 지향하였고 직업 군인제를 도입하여 군의 소수정예화를 꽤하였다. 2001년에는 세르게이 이바노프 안보회의 서기를 국방장관에 임명하고 국방장관에게 전권을 주어 그간 갈등을 빚어왔던 총참모장과의 관계를 분명히 정리하였다. 또한 예산을 실질적으로 증액하여 군 인력에 대한 처우개선을 제공하였고 군사력 충원시스템도 징병제에서 모병제로 전환하였다. 2007년에 임명된 세르듀코프 국방장관은 2012년 해임될 때까지 푸틴의 전폭적인 지원 하에 대대적인 군 개혁을 단행하였다. 지휘체계를 간소화하기 위해 기존의 4단계 지휘체계에서 여단 중심의 3단계로 개편하였다. 또한 즉시 대응군 체제로 개편하여 신속성을 강조하였다. 이와 함께 현대전에서 필수적인 네트워크 중심전(NCW)을 대비하기 위한 개혁을 단행하였다.

2012년 11월 임명된 현 쇼이구 국방장관은 대장출신으로 비상사태부장관을 십년이상 재임했던 푸틴의 최측근 중 한명이다. 그는 총참모장을 게라시모프로 교체하였고 군 출신이라는 점 때문에 군 경력이 전무한 세르듀코프 전임 장관보다는 개혁의 속도가 다소 늦어질 것으로 관측되고 있다. 그러나 쇼이구 장관 역시 전임 세르듀코프 장관시기에 추진했던 군 개혁의 기조 및 방향은 유지할 것이라는 데는 이론의 여지가 없다.[1)]

이 글은 러시아군 개혁의 방향과 특징, 그리고 네트워크 중심전에 대비한 러시아군의 개혁을 검토하여 향후 군사대국으로 거듭나고

1) IISS, *The Military Balance 2014* (IISS, 2014), Ch. 5.

자 하는 러시아군의 모습을 그려보았다.

I. 서론

2007년 취임이후 푸틴 및 메드베데프 전임 대통령의 전폭적인 지원을 받으며 군 개혁을 지휘해 왔던 세르듀코프(A. Serdyukov) 국방장관이 2012년 11월 전격적으로 해임되었다. 공식적 이유는 군의 부패와 관련해 책임을 지는 모양새지만 그 동안 군 구조 개혁과 현대화를 추진하면서 군 간부들과 많은 갈등을 불러일으켰던 만큼 군 내부의 저항에 푸틴대통령이 타개책을 제시한 셈이다. 신임장관으로는 오랫동안 비상사태부 장관을 역임했던 군 장성 출신의 쇼이구(S. Shoigu) 모스크바주지사를 임명하였다. 이에 따라 군 개혁의 추진은 속도와 범위에 있어서 다소 수정될 것으로 예상되지만 현대전에 대비한 군을 육성한다는 기본취지에는 변함이 없을 것으로 보인다. 즉 현대전의 특징인 情報戰과 局地戰에 대비한 상시대응군의 육성과 합동성 강화에 역점을 둔 군 구조개편은 계속해서 추진될 것으로 보인다.

지난 17년간 지지부진하던 러시아의 군 개혁은 2007년 세르듀코프를 국방장관에 임명하면서 서서히 개혁 청사진이 실천에 옮겨졌다. 물론 아직까지 국민이 군 개혁이 전투효율성으로 이어졌느냐는 물음에 대하여는 낮은 평점을 주고 있지만 동시에 성공적으로 변화하고 있다는 데는 동의하고 있다.[2] 세르듀코프 국방장관은 순수 민간인 출신으로서 러시아군 개혁의 방향인 군규모의 슬림화, 효율적

---

2) *Russian Analytical Digest*, No. 116, (9 July 2012), pp. 8-9.

작전수행을 위한 상시대응군 체제를 정착시키기 위하여 구조적 변화를 시도하였다. 그의 개혁이 어느 정도 실현되고 있는 배경에는 푸틴과 메드베데프 두 지도자의 신임과 지원이 있었음은 물론이다. 실례로 2007년 9월 푸틴 대통령이 세르듀코프 국방장관의 장인인 줍코프(V. Zubkov)를 총리에 임명하자 세르듀코프는 관례에 따라 장관직 사임의사를 밝혔지만 푸틴에 의해 사표가 반려될 정도로 신임이 높았다. 또한 메드베데프 대통령도 군의 현대화 및 효율성 제고가 필요불가결하다고 지적하면서 군의 최적화를 위해 지원을 계속하였다. 이에 따라 2008년 10월에 국방개혁안을 발표하였고 2009년 2월 구조개선(병력 수, 조직, 지휘체계) 등 대규모 조직변경을 단행하여 병력수를 2012년까지 100만 명, 장교 수를 35만 5천 명에서 15만 명, 군사학교를 65개에서 10개로 줄이기로 결정하였다. 푸틴 대통령은 지난 대선 기간인 2012년 2월 신문 기고문에서 군 발전 및 현대화 계획을 실천하기 위해 향후 10년간 400기 이상의 대륙간탄도미사일(ICBM), 핵잠수함 8척, 비핵잠수함 20척, 전투기 600대, 그리고 28기의 S-400 미사일방어체제를 구축할 것이며 이를 위해 7,730억 달러를 할당할 것이라는 입장을 밝혔다.[3)]

그런데 러시아군 개혁에서 주목할 수 있는 점은 개혁의 궁극적인 목적이 현대전의 특징인 네트워크 중심전(NCW: Network-Centric Warfare)을 대비하고 있다는 점이다. 네트워크 중심전이란 “모든 부대와 무기체계를 네트워크를 통하여 연결함으로써 신속하고 정확한 정보공유와 상황인식을 보장하고, 임무에 가장 적합한 전투력을 필요한 시간과 장소에 즉각적으로 집중 및 운용함으로써 군사력의 효율성을 극대화” 하는 것을 의미하는데, 이는 1998년 세브로스기

3) *Российская газета* (Feb. 20, 2012).

제독과 가르스트카(Arthur K. Cebrowski & John J. Garstka)가 발표한 논문을 통해 소개되었다.[4] 즉 인구감소에 따른 징집대상자 수의 자연 감소와 테러 및 국지전과 같은 21세기 새로운 형태의 국내외 안보위협 대두는 네트워크 중심전에 대한 준비가 시대적 요청으로 다가온 것이다. 또한 현대전은 직접대면에 의한 전투보다는 고기술 정밀무기를 사용한 非接敵戰(non-contact warfare)이 더 효과적인 시대가 됨으로써 이에 대한 대비가 필요불가결하게 되었다. 이에 따라 병력감축과 전문부사관 양성, 군 인력에 대한 교육의 중요성이 새롭게 부각된 것이다. 병력규모의 축소, 컴퓨터기술의 향상, 무기의 현대화, 지휘체계의 간소화 등과 같이 현재 진행되고 있는 러시아의 군 개혁 방향은 네트워크 중심전을 대비하기 위하여 상호 관련 있음을 알 수 있다.[5]

러시아의 군 개혁에 대한 국내외 논의를 보면 일부 제한적으로 보는 견해도 있지만[6] 대부분 견해들은 구조적 변화를 수반한 근본적인 개혁으로 평가하고 있다.[7] 예컨대 김경순은 2008년 이후 진행되

---

4) Vice Admiral Arthur K. Cebrowski and John J. Garstka, "Network-Centric Warfare: Its Origin and Future," at http://mattcegelske.com/wp-content/uploads/2012/04/ncw_origin_future.pdf (검색일: 2012. 12.10).

5) Roger N. McDermott, Bertil Nygren and Carolina Vendil Pallin, *The Russian Armed Forces in Transition: Economic, Geopolitical and Institutional Uncertainties* (New York: Routledge, 2012), p. 50.

6) 전광호·임두리, "러시아군의 변환" 『사회과학연구』35-1 (전북대 사회과학연구소, 2011).

7) 김경순, "러시아군개혁의 동향과 전망: 2008년 군개혁을 중심으로" 『국제관계연구』17-1 (2012 봄); 김정기, "러시아의 전면적 군 개혁" 『전략연구』53호 (2011. 11); Bettina Renz and Rod Thornton, "Russian Military Modernization: Cause, Course, and Consequences," *Problems of Post-Communism*, 59-1 (January/February 2012); Charles K. Bartles, "Defense Reforms of Russian Defense Minister Anatolii Serdyukov," *Journal of Slavic Military Studies*, 24 (2011).

고 있는 러시아의 군 개혁은 전반적인 군 문제를 다루고 있으며 '작고 기동력을 갖춘 군'의 건설을 추구하고 있다고 지적한다. 김정기도 현재의 군 개혁을 19세기 말 당시 전쟁 장관이었던 드미트리 밀류틴(Dmitry Milyutin)의 국방개혁 이후 가장 전면적이고 급진적인 변혁이라고 주장한다. 본 논문은 현재 진행 중인 러시아의 군 개혁이 구조 및 지휘체계 개편을 포함한 포괄적 개혁이라는 평가에 동의하면서 그 내용이 궁극적으로 네트워크 중심전을 대비하기 위한 중장기적 목표가 자리 잡고 있음을 밝히고자 한다. 즉 현재 진행 중인 러시아의 군 개혁은 소수의 전문인력 중심, 여단 중심의 상시 대응군 체제로의 변모를 통해 네트워크 중심전을 대비하고 있는 것으로 평가된다. 다만 세르듀코프 국방장관의 최근 해임과 같이 군 개혁의 최종적인 성공여부는 정치지도자의 의지와 충분한 예산 지원 등에 의해 좌우된다는 점을 간과할 수는 없다.

II. 군 개혁의 배경

21세기에 들어와 많은 국가들은 국내외 안보환경 및 현대전의 양상 변화에 대응하기 위해 자국에 가장 적합한 국방개혁을 추진하고 있다. 특히 냉전시기 양대 진영의 한 주축국으로서 대규모 전쟁에 대응한 군의 특성을 보여 온 러시아는 탈냉전 이후 전개되고 있는 소규모 국지전 및 테러, 마약범죄에 대응하기 위해 신속하고 효율적인 대응태세를 갖춘 군을 필요로 하게 되었다. 기존의 러시아군은 대규모전에 기초한 동원군 체제의 군 구조를 갖추고 있어 이런 변화에 대한 준비가 미흡했다. 더구나 2008년 조지아와의 전쟁은 승리에도 불구하고 작전수행에 있어서 러시아군의 많은 문제점을 노출

한 사례로서 이를 계기로 국방개혁을 서두르게 되었다.[8)]

2007년 이전에도 러시아의 군 개혁은 지속적으로 추진되어 왔으나 옐친 정부하에서는 군 개혁이 주로 정치적으로 이용되었다. 푸틴 집권기 동안에는 개혁을 위해 실세인 세르게이 이바노프(S. Ivanov)를 국방장관에 임명하고 총참모장의 권한을 대폭 축소하였다. 다만 후반기에 접어들면서 군부와 타협하는 모습을 보여줌으로써 추진력에 한계를 보였다. 다만 2007년 군과는 전혀 관계가 없는 국세청장 출신의 세르듀코프를 국방장관에 임명하고, 세르듀코프 국방장관은 총참모장에 모스크바 출신이 아닌 시베리아군관구 출신인 마카로프(N. Makarov) 사령관을 임명함으로써 전임 발류에프스키(Yuri Baluyevskiy) 총참모장 등 군내 반대파들의 영향력을 축소시킬 수 있었다. 또한 2010년 말 당시 9명의 국방차관 중 현역은 마카로프 총참모장과 불가코프(D. Bulgakov)중장 두 명만을 남기고 나머지 7명은 국세청 출신을 비롯한 순수 민간인 내지 전역장성을 배치함으로써 철저히 경제원칙에 입각해 군의 효율성 및 현대화 작업을 추진하였다.[9)]

러시아의 안보위협에 대한 인식은 탈냉전 이후 급속도로 변화하였는데 특히 21세기 이후 안보위협에 대한 러시아의 인식은 새로운 유형의 위협, 예컨대 테러리즘, 인종갈등, 이주문제, 마약유통 등으로 다양화되었다.[10)] 러시아과학원 사회학연구소가 실시한 여론조

---

8) Виктор Баранец, "Кавказские уроки: год спустя," *Комсомольская правда* (2009. 8. 6). at http://www.kp.ru/daily/24339.3/529558 (검색일: 2012.12.10).

9) 2012년 말 세르듀코프 장관이 해임되고 난 후 10명의 차관 가운데 현역 장성의 수는 5명으로 늘어났다.

10) Andrei Zagorski, "The Limits of a Global Consensus on Security: the Case of Russia," *Chaillot Paper*, no.118 (October 2009), p. 70.

사에서는 조지아와 우크라이나의 나토가입을 가장 큰 위협(46%)으로, 그 다음으로는 코카서스에서의 지속적 분쟁(39%), 국제테러(35%) 순으로 나타났다.[11] 대다수의 러시아인들은 북카프카즈에서의 테러리즘은 범지구적 테러리즘을 대표하는 것이며, 포스트 소비에트 공간에 대한 나토의 침범은 러시아 안보에 대한 유사한 위협이라는 러시아 정부의 주장을 지지하는 것으로 나타나고 있다.[12]

이와 함께 인구 감소는 러시아의 국방정책에 커다란 변수로 등장했다. 인구감소 현상은 러시아 사회가 당면하고 있는 가장 심각한 위협 요인으로서 이로 인한 국가 경쟁력 약화를 우려하고 있으며 미래에 대한 위기감을 증폭시키고 있다. 러시아의 인구는 1992년 이래 계속해서 감소하고 있는 데 남녀의 평균수명은 각각 2005년에는 59세 및 72세, 2011년에는 64세 및 76세로 그 격차가 세계 최고 수준에 이르렀다. 전체 인구는 1992년 1억 4,870만 명을 최고로 2002년에는 1억 4,520만 명, 2012년에는 1억 4,330만 명으로 감소하였다. 오는 2025년에는 노동력 부족사태에 직면하게 될 것이라는 보고서가 나왔는데 전문가들은 2025년이면 러시아인구가 지금보다 2천만 명 줄 것으로 보고 결과적으로 3,500만 명의 이민 노동자를 받아들여야 할 것이라고 지적했다.[13] OECD도 러시아의 2020년 인구증가율이 주요 20개 국가(G20) 중 최악인 -0.62%로 전망했다. 이는 청년인구의 감소를 유발하여 [표1]에서와 같이 군 병력 충원에 있어서 가장 생산적 연령인 18~30세 남성인구의 부족 현상으

11) "What Russia Fears?," An analytical report prepared by the institute of Sociology of the Russian Academy of Sciences in cooperation with the Russian office of the Friedrich Ebert Foundation, Moscow, 2008, p.108.

12) Levada Center, "Nationwide Survey," (September 2008), at http://www.russiavotes.org/security/security_russia_place.php. (검색일: 2011. 3. 10).

13) *Риа Новости,* (2010. 6. 3)

로 나타나고 있다. 2011년의 경우 징집대상자의 출생연도가 1993년인데, 1987~1999년 사이 남자 출생률은 50% 이상 줄어들어 그 위기감이 더욱 커지고 있다.[14] 게다가 징집기간을 2008년부터 12개월로 줄임으로써 더 많은 징집병이 필요하게 되었다. 예컨대 2002년에는 1억 4,520만 명의 인구 중 335,000명이 징집되었는데, 2008년에는 인구 1억 4,200만 명에서 334,000명이 징집되었다. 이후 인구는 1억 4,200만 명~1억 4,300만 명 선에 머물고 있음에도 불구하고 625,000명의 징집병이 필요한 실정이다. 또한 징집기간의 축소는 전반적으로 기술 및 경험수준의 저하를 의미하여 전력상 우려를 낳고 있다.[15] 이에 따라 총참모부는 충원확보를 위하여 연방회의 청문회에서 징집대상자의 기한을 27세에서 30세로 올려줄 것을 제안하였다. 그리고 대학의 약 70%에 대하여 징집 유예제도를 박탈할 것으로 알려지고 있다.[16]

군 개혁을 촉진한 또 다른 배경으로는 2008년 발발한 조지아와

[표 1] 연도별 18세 인구 예측

년도		년도	
2005	1,150.000	2011	648,100
2006	1,080.300	2012	661,900
2007	1,015.500	2013	641,000
2008	934.800	2014	613,000
2009	843.500	2015	592,200
2010	746.200	2016	603.200

출처 : www.strana-oz.ru/?numid=26&article=1155 (검색일: 2012.9.20)

14) IISS, *The Military Balance 2011,* (IISS, 2011), p. 178.
15) Renz and Thornton, op.cit.
16) Alexander Golts, “The Armed Forces in 2020: Modern or Soviet?” in Maria Lipman and Nikolay Petrov, eds., *Russia in 2020*(Washington, DC: Carnegie Endowment for International Peace, 2011), p. 376.

의 전쟁 경험을 지적할 수 있다. 이 전쟁에서 러시아군은 총체적인 문제점을 노출하였는데,[17] 지상군은 대응이 너무 늦었고 그 대응마저도 매우 답답하게 전개되었다. 또한 지상통제에 실패하였고 군종간 협조체제를 이끌어내지 못했으며 고기술 정밀유도무기(high-tech precision-guided munition)도 부재하였다. 공군은 적절한 지원을 공급하기 위한 기지가 불충분했으며 현대전에 필요한 정밀기술 및 최신무기가 절대적으로 부족했다. 해군은 효과적으로 해안(흑해)쪽 측면공격을 방어하거나 지원군을 효과적으로 상륙시키지도 못했다.[18]

동시에 조지아 전에서 러시아의 사단체제(만 명 규모)는 민첩함과 유연성이 결여되어 급하게 전개되는 현대전에서의 요구를 제대로 충족시키지 못했다. 당시 러시아군은 단지 17% 만이 작전수행이 준비된 상태였다.[19] 사단은 1, 2차 세계대전과 같은 전면적 전통적 전장에서 어울리는 체제로서 냉전체제가 종식되고 난 이후에는 서방의 군, 예컨대 미국과 영국은 1990년대부터 여단체제를 도입하였다. 사단의 약 1/3 규모인 여단은 작전 및 운용하기가 더 용이한 것으로 평가받고 있는 데 러시아도 조지아전의 경험을 바탕으로 사단체제를 여단체제로 개편하게 되었다.

군 개혁을 서두르게 된 또 다른 촉매제로는 러시아군수산업의 퇴조를 지적할 수 있다. 과거 세계 최고 수준이었던 러시아군수산업은 최근 들어 필요한 정밀기술 생산능력을 보유하지 못한 것으로 평가받고 있는 데, 마카로프 총참모장이 국지전에서 조차도 핵무기 사용을 언급할 정도로 재래식 무기의 취약함은 심각한 수준이다. 더구나 현재 인력의 90%가 50세 이상인데 이와 같이 군수산업이

17) Renz and Thornton, op.cit., p.45.
18) Ibid.
19) *Reuters* (2008.12.18).

퇴조한 배경에는 지난 20여 년간 군수산업에 대한 투자를 축소한 결과이다.

III. 군 개혁의 방향과 특징

> "...만약 우리가 군을 현대화하고 효율적이며 전투력이 있는 좋은 군으로, 또한 군 간부들에게 동기부여가 될 만큼 처우를 개선해 줄 수 없다면 우리는 적절한 국방을 유지할 수 없을 것이다. 따라서 우리가 지금 수행하는 것은 군을 현대화되고 개혁적인 군으로 만들어내는 것이다." (메드베데프, 2010.10.28)[20]

2010년 10월 28일자 연설에서 당시 메드베데프 대통령은 군 개혁의 우선영역을 다섯 가지로 정리하였다. 첫째, 전투준비태세의 비약적 개선, 둘째, 군 구조 및 인원의 최적화, 셋째, 무기 및 장비의 현대화, 넷째, 군 교육의 개선, 마지막으로 군 종사자에 대한 사회적 처우 개선을 지적하였다. 기본적으로 5개 영역은 상호 연계되어 있고 결국 하나의 목적으로 귀결된다. 즉 낙후되고 필요이상으로 과대하고 대규모 전쟁을 겨냥한 대중동원에 바탕을 둔 전통적 군에서 효율성에 바탕을 둔 현대군으로의 전환, 특히 네트워크 중심전에 대비한 군의 건설을 염두에 둔 것이다.

---

20) http://kremlin.ru/transcripts/9359 (검색일: 2012. 9.30)

1. 군 구조 개편: 슬림화, 지휘체계의 간소화, 합동전략사령부 체제

세르듀코프 국방장관은 군의 '고비용, 저능률' 문제를 지적하면서 군 수뇌부가 거부감을 느끼는 '개혁' 이라는 용어 대신 '최적화 및 개선'이라는 용어를 사용하면서 새로운 군을 건설하였다. 러시아는 군을 미국식의 '소수의 그러나 잘 정비된 상시대응군' 체제로[21] 전환하기로 방향을 설정하고 2010년 7월 메드베데프 대통령이 '러시아의 전략적 군 지역편성'이라는 포고령을 통해 4개의 통합전략사령부(joint strategic commands)를 설립하였다. 그리고 2010년 9월에는 6개의 군관구(military district)를 통합 조정하여 4개의 군관구로 개편하였다. 이에 따라 평시에는 군관구 체제로, 작전이나 전시에는 통합전략사령부 체제를 운용하기로 하였다(표 2).

합동전략사령부의 설립은 지휘체계를 간소화하기 위한 것인데[22] 2009년 12월 1일 이후 지상군의 지휘체제는 "군관구(military district)-군(army)-사단(division)-연대(regiment)"로 구성된 4단계에서 "합동전략사령부(joint strategic command)-군(army)-여단(brigade)"으로 구성된 3단계로 변경되어[23] 약 70개의 상비여단체제가 형성되었다.[24] 이는 군종간의 상호협력을 통해 지휘통제력이 원활하게 이루어지는 것을 염두에 둔 것으로 네트워크 중심전 대비를 위한 체제 개편으로 평가할 수 있다.

---

21) Pavel K. Baev, "Military Reform against Heavy Odds," in Anders Aslund, Sergei Guriev, and Andrew C. Kuchins, eds., *Russia after the Global Economic Crisis* (Washington, D.C.: Center For Strategic and International Studies, 2010).

22) IISS, op.cit., 2011, p.174.

23) 사단은 8천~1만 4천 명 규모, 여단은 4,500~6,000명 규모.

24) *Независимая газета* (2011.3.16)

[표 2] 4군관구/합동전략사령부 체제

2010. 9 이후			2010.9 이전
4군관구 체제			6군관구 체제*
평시(행정)	특별시기 (전시/작전)	본부	
서부군관구 (Western Military District)	서부합동 전략사령부 (Joint Strategic Command West)	St. Petersburg	모스크바 군관구* 레닌그라드 군관구* 발틱함대 북부함대
남부군관구 (Southern M. D.)	남부사령부 (J.S.C. South)	Rostov-na-Donu	북카프카즈 군관구* 흑해함대 카스피해 전단
중부군관구 (Central M. D.)	중부사령부 (J.S.C. Center)	Yekaterinburg	볼가-우랄 군관구* 시베리아군관구(서부)*
동부군관구 (Eastern M. D.)	동부사령부 (J.S.C. East)	Khabarovsk	태평양함대 극동 군관구* 시베리아 군관구 (동부)*

※ 시베리아군관구는 <4군관구> 체제가 되면서 동부 및 서부지역으로 분리되어 각각 동부군관구와 중부군관구로 편성됨

인력 조정에 있어서는 전체 장교의 수를 35.5만 명에서 2012년까지 15만 명으로 감원하기로 하였고 위관급 장교는 14만 명에서 10.4만 명으로 조정하였다(표 3).[25] 그런데 장교 수의 대폭 축소에도 불구하고 초급장교의 숫자 확대(소위 17%, 중위 30% 각각 증원)는 정상적인 계급구조로의 전환으로 보인다. 군 부대의 숫자도 대폭 축소하여 지상군, 공군, 해군은 각각 91%, 47%, 49%나 감축하였다(표 4). 군 편제는 '3군+3독립전투병과'(지상군, 해군, 공군+공수부대, 전략로켓부대, 우주군)체제로 운용하기로 결정하였다(그림 1).

25) IISS, op.cit., 2011. 그런데 2013 말에 와서 장교의 규모는 15만 명이 아닌 22만 명으로 조정함으로써 개혁의 폭을 축소하였다.

[표 3] 장교 수의 감축[26)]

계급	2008. 9.1	2012	감축비율
장군	1,107	877	-20.8%
대령, 중령	25,665	9,114	-64.5%
소령	99,550	25,000	-75%
대위, 중위, 소위	140,000	104,000	-26%
장교 총계	355,000	150,0001	-60%

출처 : *Российская газета*(Oct. 15, 2008) (단위 : 명)

[표 4] 군별 부대 수

군 별	2008	2012	감축비율
지상군	1,890	172	-91%
공군	340	180	-47%
해군	240	123	-49%
전략미사일군	12	8	-33%
우주군	7	6	-14%
공수부대	6	5	-17%

출처 : *Российская газета*(Oct. 15, 2008)

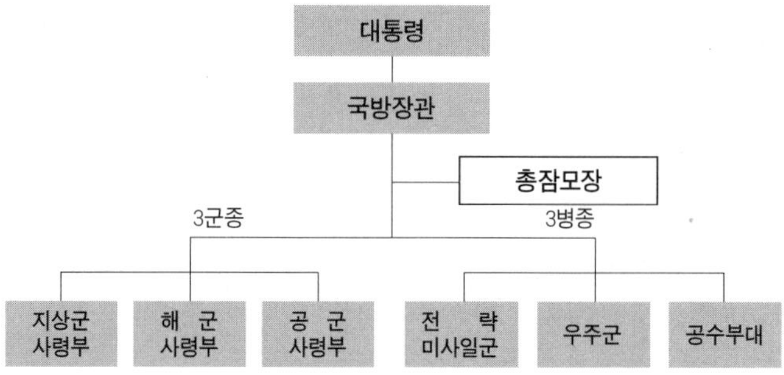

[그림 1] 러시아군의 상부지휘구조

출처 : 공군본부, 『2011 외국 군구조 편람』(대전: 공군본부, 2011), p. 114.

26) 2012년 4월 현재 장교 수는 160,100명으로 감축되어 계획대로 진행되는 것으로 보인다. IISS, *The Military Balance 2013*, (IISS, 2013), p.200.

2. 무기 현대화 및 예산지원

러시아군은 1993년부터 2008년에 이르기까지 새로운 무기를 거의 구매하지 못했다. 그 결과 러시아군은 매우 낙후되었는데 이를 해결하기 위해 6,500억 달러를 들여 10년에 걸친 국가조달프로그램을 수행하게 되었다. 이 프로그램에 따르면 러시아는 2015년까지 30%, 2020년까지 군 장비의 70%를 현대화할 계획이다. 가장 우선 사업은 전략미사일군, 공군, 우주군을 재정비하고, 현대화된 지휘 및 통제 장비를 공급하는 것이다. 이에 따라 2016년까지 '토폴-M,' 'RS-24' 대륙간탄도미사일을 전략미사일군의 핵심전력으로 육성할 계획이다. 메드베데프 전 대통령은 2020년까지 GDP의 2.8% 수준에서 군 현대화 및 전력증강을 우선적으로 추진한다고 발표하였으나, 실제 국방비의 규모는 2009년부터 GDP의 3%를 상회할 것이라고 분석되고 있다(표 5).

[표 5] 국방비 추이, 2007~2015

연도	국방비 (10억 루블)	전년대비 증감율(%) (실질적 가치)	GDP 대비 (%)
2007	831.88	7.2	2.50
2008	1,040.86	6.0	2.52
2009	1,188.17	12.0	3.06
2010	1,276.51	-3.6	2.83
2011	1,515.96	2.4	2.78
2012	1,864.15	13.4	3.04
2013	2,345.70	20.2	3.53
2014	2,771.60	10.7	3.75
2015	2,864.70	-3.7	3.45

출처: IISS, The Military Balance 2013 (IISS, 2013), p.206에서 재구성
* 2007~2011년도는 실제 지출액, 2012년도는 예산액, 2013~2015년도는 예산안 기준임.

메드베데프 전 대통령은 2008년부터 2011년까지 무기 현대화를 추진한 결과 2012년 3월까지 무기 현대화 비율이 10%에서 16%로 증가되었다고 평가하였다.[27] 그러나 최근 재무부가 2013~2015년 국방비를 20% 감축하려는 계획을 시사함에 따라 2020년까지의 군 현대화 계획에 대한 우려가 제기되고 있다.[28] 한편 정부는 군 인력에 대한 처우개선이 군 사기 진작을 위해 필요하다고 판단하고 2012년 1월 1일자로 군 복무 수당은 약 3배, 군인연금은 60% 상향 조정하였다.[29]

3. 네트워크 중심전 대비

네트워크 중심전은 모든 부대와 무기체계들을 네트워크를 통하여 연결함으로써 신속하고 정확한 정보유통과 상황인식을 보장하고, 임무에 가장 적합한 전투력을 필요한 시간과 장소에 즉각적으로 집중 및 운용함으로써 군사력의 효율성을 극대화한다는 개념이다. 미군들은 '네 가지 기본 원리(4 Basic Tenets)'라고 하여 네트워크 중심전이 작용하는 개념을 설명하고 있는 데, ① 군사력을 네트워크를 통하여 폭넓게 연결함으로써 정보의 공유 정도를 개선하고 ② 정보의 공유를 통하여 정보의 질과 상황인식의 공감대를 향상시키며 ③ 상황인식의 공감대를 통하여 협동과 자체 통합을 보장하면서 작전의 지속성과 지휘의 속도를 향상시키고 ④ 이러한 과정을 거쳐서 결과적으로 임무수행의 효율성을 증대시킨다는 것이다.[30]

---

27) 한국외국어대학교 러시아연구소, 『2012 Russia Report: Events & Analysis』(한국외대 러시아연구소, 2013. 1), p.81.
28) IISS, op.cit., 2013, p.225.
29) Ibid., p.201.
30) 박휘락, 『전쟁, 전략, 군사 입문』(법문사, 2005), pp. 163-164.

네트워크 중심전 대비란 전투 공간에서 파악 가능한 모든 요소를 효과적으로 연계하여 정보의 우월성을 확보하고 이를 전투력으로 전환시키는 것이다. 즉 네트워크 중심전(NCW)은 정보 우월성에 의한 작전 개념으로서 탐지기, 결정권자, 타격체를 모두 네트워크를 통해 연계하여 전투력을 향상시켜 전장 인식 공유, 지휘 속도 향상, 작전 템포 증가 등 통합 능력 향상을 도모하는 것이다. 다시 말해 군사 작전을 구성하는 탐지체계(정찰기, 무인탐지장치 등), 지휘체계, 그리고 타격체계(각종 무기) 등을 IT와 네트워크 체계를 이용해 연결함으로써 효율적인 작전을 수행할 수 있도록 하는 방식인 것이다.

비록 선언적인 개혁 어젠더에 네트워크 중심전이라는 표현은 나와 있지 않지만 2009년 이후 네트워크중심전은 러시아군 개혁의 중심적 개념이 되고 있다. 이는 러시아군사 출판물뿐만 아니라 언론 매체와 최고위 군 간부들의 성명에서 부각되고 있는 데 러시아군사 분석가들은 현재 진행중인 군 개혁의 목적과 네트워크 중심전이 강조하는 非接敵戰 수행능력 개발의 합류점을 지적하고 있다.[31] 마카로프 총참모장은 2010년 7월 국방부가 2015년까지 지휘·통제(C2: Command & Control)를 '네트워크중심 원칙'으로 전환할 것이라면서 "지휘 및 통제체제와 관련하여 현재 상황은 지상에서 매우 빈약하다. 우리는 모든 군관구(military districts)가 디지털장비를 갖출 수 있

31) J. W. Kipp (2009), "Ten years of anti-NATO exercises by Russian and Belarusian armed forces," atwww.jamestown.org/single/?no_cache=1&tx_ttnews[tt_news]=35552 (검색일: 2012. 9.30) ; J. W. Kipp (2009), "New Look Russian Military: 2009 training year and beyond," at www.jamestown.org/single/?no_cache=1&tx_ttnews[tt_news]=35775 (검색일: 2012. 9.30) ; R. McDermott (2010), "Reflections on Vostok 2010: Selling an Image," at www.jamestown.org/programs/edm/single/?tx_ttnews%5Btt_news%5D=36614&tx_ttnews%5BbackPid%5D=484&no_cache=1 (검색일: 2012. 9. 30).

도록 광범위한 노력을 하고 있다"고 밝혔다.[32] 그는 새로운 커뮤니케이션 제도를 도입하여 이런 원칙이 현실화될 수 있을 것이며 새로운 C2시스템은 실제 작전 수행을 위해 정찰수단, 목표물 지정, 군대 및 무기의 통제를 통합할 것이라고 예측하였다.[33]

네트워크 중심전 대비를 주장하는 콘드라쩨프(A. Kondratyev)는 러시아군은 이제 네트워크 중심전 원칙의 초기 단계에 진입했으며 새로운 컴퓨터네트워크 개발, 정보기술에 대한 지원, 지휘·통제를 자동화하는 수단을 강화할 필요가 있다고 주장하였다.[34] 그런데 네트워크 중심전 원칙의 도입은 전통적인 러시아군사문화의 급격한 변화를 유발할 것으로 보인다. 즉 기존 러시아의 엄격한 수직적 지휘·통제체제를 제거하고, 정보시대로의 전환에 맞추어 좀 더 유연하고 공개적인 모델로 대치해야만 한다. 이는 국방부가 더욱 능력있는 젊은 세대들을 군으로 충원하는데 도움을 줄 것이다. 무기현대화, 여단체제, 기술력에 의한 전쟁, 非接敵戰(non-contact warfare) 등을 강조하는 현 개혁 방향은 바로 네트워크 중심전을 대비하기 위한 것이다.[35]

러시아 군부는 네트워크 중심전(NCW)은 "단순히 지휘·통제를 개선하는 것을 넘어 정보기술을 이용해 인간과 컴퓨터 자산을 융합

---

32) Anon, "Russian armed forces should be capable of network-centric warfare by 2015-CGS," *RIA Novosti*, July 14, 2010.

33) 오가르코프(N. Ogarkov) 총참모장(1977~1984)은 이미 1980년대 초, 자동화된 지휘통제, 정보화, 정밀타격 무기, 그리고 새로운 물리법칙에 기반한 무기가 영향을 끼치는 군사혁명의 등장에 주목하였다. Jocob W. Kipp, "The Labor of Sisyphus: Forcasting the Revolution in Military Affairs during Russia's time of Troubles," in Thierry Gongora & Harold von Reikhoff, eds., *Toward a Revolution in Military Affairs?* (Westport, CT: Greenwood Press, 2000), pp.87-104.

34) McDermott, Nygren and Pallin, op.cit., p.64.

35) 이미 러시아는 자체 개발한 위성항법시스템(GLONASS)을 각종 무기체계에서 시험 적용하여 성공하였다. (한국외국어대학교 러시아연구소, 앞의 책, p.81).

하는 시스템을 개발하고, 재래식 무기가 非接敵戰 을 수행하게 만들 것"으로 판단하고 있다.[36] 이에 따라 러시아는 상시대응 여단을 만들어 지휘, 통제, 통신, 정보(C3I)를 개선하고 지휘·통제의 층을 줄이며 장교단의 규모를 축소하였다. 이와 함께 군 교육체제를 최적화하며, 전문 준사관(NCOs)을 육성하여 장교의 수준이 높아질 것을 기대하고 있다. 또한 조달프로그램을 수정하여 2020년까지 새로운 무기와 장비의 비율을 70%로 높일 것을 군 개혁의 핵심으로 전개하고 있다.

4. 교육 개선

전쟁환경의 변화, 특히 정보전(information war)의 중요성이 더욱 부각되면서 이에 대비한 전문 인력 필요성이 대두되었다. 푸틴대통령도 현대의 요구에 충족하는 군이 되기 위해서는 인적자원의 중요성을 강조하였다.[37] 이에 따라 기존 65개의 매우 특수화된 군 아카데미(전통적으로 러시아군 교육은 매우 전문화되어 있었음)를 10개의 교육센터로 통합하였다. 10개의 교육기관은 1개의 총참모대학, 3개의 군별 아카데미(육군, 해군, 공군), 5개의 군사학교(통신, 병참·운수, 화생방, 의학, 우주), 1개의 군사대학교로 구성되었다.[38] 또한 2013년까지 컴퓨터 시뮬레이션에 기반을 둔 훈련인 '실제전장훈련'(Virtual Battlefield Training)을 도입하기로 하였다.

국방부는 2010년부터 2년간 새로운 사관후보생 충원을 중단한다

36) Ibid., p.49.
37) Putin, "Speech at Expanded Meeting of the State Council on Russia's Development Strategy through to 2020," (Feb. 8, 2008), at http://kremlin.ru/transcripts/9359 (검색일: 2012. 9.30)
38) *Известия* (2012. 5. 25).

고 발표하였는데 이는 현재 매년 15,000명이 소위로 임관하는데 비해 국방부 수용인원은 2~3천 명 선에 불과하기 때문이다. 또한 준사관(14만 명) 제도를 폐지하고 장교 또는 부사관으로 흡수하여 전문직업 부사관(NCO)을 15만 명에서 25만 명으로 확충할 계획 인데 이에 따라 부사관 급에 대한 교육 필요성이 대두되고 있다. 그런데 러시아는 부사관을 어떻게 교육시키는지에 대한 경험이 거의 없는 문제점을 안고 있다.[39]

IV. 평가 및 결론

최근 실시된 여론조사에 따르면 군 개혁에 대한 여론의 동향은 2000년대 후반이후 상당히 개선되고 있는 것으로 나타나고 있다.[40] 현안에 대한 성공여부를 묻는 2004년 조사에서는 응답자의 34%가 군의 개혁이 가장 성공적이지 못하다고 응답했으나 2012년에는 5%만이 성공적이지 못하다고 응답하여 군 개혁이 만족스럽지는 못하지만 올바른 방향으로 전개되고 있다는 평가를 내리고 있다. 지인들에게 군복무를 권할 것인가에 대한 조사에서도 긍정적인 응답이 13%에서 37%로 증가하였고, 부정적인 응답은 87%에서 53%로 감소한 것으로 나타났다. 궁극적으로 군 개혁의 성공여부는 국민의 지지를 동반할 때 가능하다는 점에서 최근 나타나고 있는 군에 대한 국민의 긍정적인 이미지는 매우 고무적이다.

그러나 지난 17년간의 군 개혁 과정에서 나타났듯이 군 개혁의

39) 2009년 12월 Ryazan(모스크바 동남쪽 200㎞)에 2.5년 과정의 부사관 훈련센터를 설립하였다.

40) *Russian Analytical Digest*, op.cit., pp. 8-13.

추진에는 여전히 고질적인 장애물이 놓여있다. 그것들은 대체로 세 가지로 요약되는데 첫째, 군 내부의 반대, 둘째, 개혁을 수행하려는 정치 지도자의 의지 결여, 셋째, 개혁수행을 위한 재정적 지원의 부족 등이다. 2007년 이후 진행되고 있는 현재의 군 개혁도 넘어야 할 장벽으로 군의 보수주의, 약한 군수산업 기반, 경제적 현실 등이 지적되고 있다.[41] 공통적으로 지난 해 세르듀코프 국방장관 해임의 경우에서 보듯이 군 내부의 반발이 가장 큰 걸림돌 중 하나임은 명백하다. 특히 현재 진행 중인 군 개혁에 따라 징집병들의 복무기간을 1년으로 줄이고 대신 직업군인인 계약병(kontraktniki)으로의 대치를 군 고위간부들은 반기지 않고 있다. 왜냐하면 병력 감축은 그 만큼 장성 필요인원의 감소로 이어지기 때문이다. 이는 동시에 군 내부에서 횡행하고 있는 부패관행에 간여하여 얻을 수 있는 기회와 수입의 감소를 의미하는데 러시아 국방예산의 20%가 개인비리로 착복되고 있다는 점도[42] 군의 저항을 짐작케 하는 부분이다.

또한 개혁을 주도하는 정치지도자와 국방장관의 의지가 군 개혁을 위해서는 매우 중요한데, 순수 민간인 출신인 세류드코프 국방장관 아래서 가장 거시적인 구조변화가 진행될 수 있었던 것도 그가 군의 인맥과 관련이 없었기 때문에[43] 그의 의지대로 개혁을 전개할 수 있었다. 임명 초기 군 경력이 일천한 세르듀코프 국방장관에 대하여 군부가 비협조적인 태도를 보이자 세르듀코프 장관은 사전 통보 없이 상트페테르부르크의 나히모프 해군학교를 후문으로 들어가 화장실을 비롯한 비위생적인 학교 환경 등을 근무태만으로 지적하고 학교장인 부킨(Aleksandr Bukin) 제독을 해임하였다. 이는 군

41) Renz and Thornton, op.cit., p. 44.
42) McDermott, Nygren and Pallin, op.cit., p. 27.
43) Bartles, op.cit.

수뇌부에 대한 공격개시를 의미하였으며 개혁추진을 위해 명망있고 현장경험이 많은 군 고위장성을 주요 보직에 등용하여 군내 일부 반대 그룹들을 설득하는데 활용하였다. 예컨대 '러시아의 영웅' 훈장을 받은 블라디미르 샤마노프(Vladimir Shamanov) 중장을 2007년 11월 전투훈련 총국장으로 임명하였는데 그는 2008년 3월, 군 규모 축소에 대하여 국방장관과 고위 장성들 사이에 갈등이 발생하자 "[군 규모 축소는] 상시대응군의 효율성에 직접적인 영향이 없는 보건의료 분야 등의 일부 보직에 민간전문가를 임명하는 것"이라면서 반대그룹을 설득하였다.[44] 또한 중앙의 군부집단과는 거리가 있는 시베리아군관구 사령관 출신인 마카로프 장군을 2007년 4월에는 국방차관에, 2008년 6월에는 총참모장에 임명한 것도 국방 책임자 의지의 중요성을 보여준 대표적인 사례이다.[45]

국방장관과 마찬가지로 최고 정치 지도자의 의지가 흔들릴 경우에도 군 개혁의 속도는 크게 늦어질 수밖에 없다. 다행히 푸틴은 대선 기간 유세를 통해 향후 10년간 국방비를 두 배 가까이 증액할 것이라고 약속한 바 있다.[46] 그러나 향후 재정지원이 그의 약속과 달리 충분하지 못할 경우 개혁은 한계를 맞게 된다. 실례로 2003년 8월 25일 채택된 "계약에 의한 병사로의 전환"에 따라 징집병들에게 계속 계약병으로 근무할 것을 요청하고 있지만 예산 부족으로 17%만이 계약을 연장하는 형국이다.[47] 따라서 2017년까지 계약병의 수를 42만 5천 명으로 기대한 군 당국으로서는 당혹감을 감추지 못하고 있으며 이미 계약병 제도는 실패했다는 평가도 나오고 있

---

44) Interview with Shamanov, *Российская газета* (March 27, 2008).
45) Rod Thornton, "Russia's Conscription Problem," *Russian Analytical Digest*, No.116 (9 July 2012).
46) *Financial Times* (2012. 2. 20).
47) McDermott, Nygren and Pallin, op.cit., p. 83.

다.[48)]

이 결과 단기적으로 러시아는 지난 20년간 약화된 군사력이 회복될 때까지 외교력으로 군사적 대결을 피하려 할 것이다. 다만 현재 재래식 무기의 낙후로 인하여 핵사용 위협 등과 같이 다소 과장된 자세를 취할 가능성도 있다.[49)] 그러나 중장기적으로는 군의 개혁을 통한 군사력 증강이 러시아의 영향력 회복을 위해 필수적이라는 점을 인식하고 군 개혁을 서두르고 있다. 특히 2008년 조지아와의 전쟁에서 러시아군은 정보력 및 기동성 부족을 총체적으로 드러냄으로써 현대전에 대한 준비가 시급함을 절감하게 되었다. 이후 2008년 10월 국방개혁안을 발표하고 2009년 2월 군 조직 개편 등을 통하여 소수의 상시 대응군 체제로 변모를 꾀하고 있다. 특히 러시아는 심각한 인구감소 현상과 정보전, 국지전을 특징으로 하는 현대전의 환경변화에 적응하기 위하여 서구에서 이미 추진 중인 네트워크 중심전 대비를 목표로 개혁을 진행하고 있다. 개혁에 반대하는 세력들도 미래전이 기술력에 의한 전쟁이라는 점에 동의하고 이에 합당한 지휘체계 및 군 구조 개편을 뒤집을 수는 없다고 인정하고 있다. 다만 지난해 말, 2007년 이래 총체적 군 개혁을 추진해 오던 세르듀코프가 해임되고 오랜 기간 비상사태부 장관을 역임했던 전역장군 출신의 쇼이구가 새로 임명된 것은 군 개혁이 군부의 협조 없이는 불가능하다는 것을 다시 한번 보여 주었다. 세르듀코프는 재임기간 중 장교 20만 명을 해임하였고 군 재산을 민간에 매각하였는데 이는 보수적인 기존의 러시아군 문화로서는 받아들이기 힘든 급진적 변화였다. 또한 세르듀코프 하에서 러시아군은 프랑스제 수

48) McDermott, p.79.
49) Bettina Renz and Rod Thornton, "Military Reform in Russia," *Russian Analytical Digest*, no.119 (9 July 2012) p. 4.

륙양용공격함, 이스라엘제 미사일, 이탈리아제 장갑차 등 외국무기를 구입하여 러시아군수산업계에 큰 충격과 배신감을 안겨 주었다. 따라서 향후의 군 개혁은 군부를 의식하여 다소 속도가 늦어질 것으로 예견되지만 네트워크 중심전에 대비한 방향으로의 개혁은 중단 없이 계속될 것이다.

VII

러시아 국민 삶의 질의 지역적 변화와 양상

VII. 러시아 국민 삶의 질의 지역적 변화와 양상*

최우익(한국외대)

I. 서론

2000년대 러시아 경제가 다소 회복되고 개인 소득이 증대하면서 이제는 러시아 국민 삶의 질에 대한 관심이 높아지고 있다. 이러한 관심은 한편 소득만 증가한 것이 아니라 삶의 질이나 여건도 개선되었는지 확인하기 위한 것이고, 또 한편 빈부의 소득격차가 심화함에 따라 얼마나 많은 사회집단이 열악한 삶의 환경에 처했는지 확인하기 위한 것이다. 실제로 '삶의 질'에 세계가 관심을 가지게 된 이유는 그동안 인류가 경제 성장에 초점을 두었던 반면, 이제는 인간의 행복과 안녕에 주안점을 두어야 한다는 목소리가 높아졌기 때문이다.

미국의 한 사회조사에 따르면 1945년부터 1979년까지 미국 국민의 실질소득은 70% 증가하였지만 이 기간에 '아주 행복하다'고 대

---

* 이 논문은 서울대학교 러시아연구소 『러시아연구』 2014년 제24권 제1호에 실린 논문 "러시아 국민 삶의 질의 지역적 변화와 양상: 다양한 지수측정 보고서의 비교 분석"을 수정, 보완하여 실은 것임을 밝힘.

답한 사람은 그 비율이 40%에서 30%로 감소하였다.[1] 이러한 사실로 미루어 볼 때 인간은 물질적 풍요로만 행복한 삶을 영위할 수 없다고 할 수 있다. 따라서 오늘날 삶의 질에 대한 관심이 높아지고 있고, 이를 우리의 생활 속에서 중요시하는 이른바 '조용한 혁명'이 세계에서 전개되고 있다고 해도 과언이 아니다.

삶의 질에 관한 연구는 이미 1970년대부터 본격화되었는데, 한 연구 집단에 따르면 삶의 질의 구성 요소를 경제적 환경, 정치적 환경, 보건 및 자연환경 등으로 구분하기도 하고,[2] 또 다른 집단에 따르면 삶의 질의 지표로서 풍요성, 안정성, 보건성, 능률성, 쾌적성, 도덕성 등을 꼽기도 한다.[3] 삶의 질이란 인간 삶의 일정한 조건과 특징에 대한 평가에 초점을 두는 개념이며, 보통 이러한 평가는 해당 조건과 특징에 대한 자신의 만족도에 기초해 있다. 그것은 물질적 수준보다 광범위하며 또한 건강 상태, 평균수명, 환경 조건, 음식, 생활 편의, 사회적 환경, 그리고 문화적, 정신적 욕구의 만족도, 심리적 안정 등과 같은 주관적 요인들을 포함한다.[4]

또한, 삶의 질을 구체적인 수치로 표현하기 위한 시도도 잇따랐다. 즉, 해당 국민이 얼마나 행복하고 풍요한 삶을 영위하고 있는가를 경제적 측면뿐 아니라 사회, 문화, 환경 등 모든 면에 걸쳐 지표들을 설정하고 측정하고자 노력했는데, 이것을 포괄적으로 종합한 것을 '삶의 질 지수'라고 한다. 1990년대부터 '삶의 질'을 측정하기 위한 다양한 시도가 있었는데 대표적으로 유엔개발계획(UNDP)의 '인

---

1) http://terms.naver.com/entry.nhn?docId=659677&cid=476&categoryId=476(검색일: 2014. 03.04).
2) 김영섭 외,『행정학 세미나』(서울: 고시원, 1982), p. 50.
3) 유종해 외『행정학 대사전』(서울: 고시원, 1993), p. 407.
4) B. C. Стёпина(ред.), *Новая философская энциклопедия: в 4 тт* (М.: Мысль, 2001).

간개발 지수'(Human Development Index), 영국 이코노미스트 계열사인 Economist Intelligence Unit(EIU)의 '삶의 질 지수'(Quality of Life Index), 국제경영개발(IMD)의 '삶의 질'(Quality of Life), 일본 사회경제생산성 본부의 '풍요 지수' 등을 꼽을 수 있다.

유엔개발계획의 2013년 보고서에 따르면, 러시아의 인간개발지수는 0.788로서 전 세계 55위이며, 한국은 12위(0.909)를 차지하고 있다. 이 조사에서 1~47위까지는 최상위수준 인간개발(Very high human development), 48~94위까지는 상위수준 인간개발(High human development), 95~141위까지는 중위수준 인간개발(Medium human development), 142~185위까지는 하위수준 인간개발(Low human development) 국가에 속한다.[5] 따라서 한국은 최상위수준에, 러시아는 상위수준 인간개발 국가에 속해 있다. 한편 EIU가 2013년 OECD 34개국에 러시아와 브라질을 포함하여 삶의 질 지수를 산정한 결과에 따르면, 한국은 27위, 러시아는 32위를 차지하고 있다.[6] 전 세계를 대상으로 했을 때 한국이나 러시아 국민 삶의 질은 최상위 혹은 상위 수준에 속하지만, OECD 국가와 같은 선진국들 사이에서 한국이나 러시아 삶의 질 지수는 하위권에 머물러 있다. 이와 같이 삶의 질 수준을 구체적으로 수치화하고, 더 나아가 각 국가를 비교하고 그 순위의 추이를 추적하는 등 인간 삶의 질에 대한 연구는 중요한 연구 영역으로 부상하였다.

한편 러시아에는 광대한 영토, 그리고 그에 속한 다양한 민족 및 문화가 존재하기 때문에 지역별 연구는 러시아 사회 분석에서 매우 중요한 연구 틀이 되고 있다. 실제로 하나의 국가를 단위로 HDI를

5) UNDP, *Human Development Report 2013* (UNDP, 2013), pp. 144-145.
6) http://ru.wikipedia.org/wiki/Индекс качества жизни(검색일: 2014.03.16).

산정하는 것은 그 국가 내부의 다양하고 복잡한 상황을 포착하기 곤란한 경우가 있다는 지적 속에서 성별, 민족, 지역 등 일국 내의 다양한 집단에 대해서도 개별적으로 HDI 측정이 시도되고 있는 실정이다. 따라서 본 연구에서는 83개 연방주체를 단위로 하여 러시아 지역별 삶의 질 지수와 그 순위를 살펴보면서 러시아 국민 삶의 질의 지역적 양상이 어떻게 변화되었는지 분석하고자 한다.

또한, 이러한 분석을 시도하는 데에서 본 연구는 다양한 삶의 질 지수측정 보고서들을 활용하고 있다. 각 보고서에 대한 자세한 소개는 2장에 후술되는데, 이들에는 각각의 고유한 분석 방법과 관점이 존재한다. 각 보고서가 지니는 강점을 활용, 종합, 비교하여 러시아 국민 삶의 질의 지역적 양상을 고찰하면 보다 다층적이고 복합적인 측면을 발견할 수 있다. 즉, 여러 기존 보고서들을 종합하고, 비교 분석함으로써, 본 연구는 러시아 지역의 다양성과 복합성을 포착할 수 있는 또 다른 시야를 확보할 수 있을 것이다.[7)]

따라서 본 연구는 러시아 국민 삶의 질을 연구대상으로 하되, 지역 연구 차원에서, 그리고 다양한 보고서의 비교 및 종합의 방법을 통해 이 문제에 접근하고자 한다. 본 글은 1장 서론에 이어, 2장에서는 본 연구에서 이용하는 각종 삶의 질 지수에 대해 설명하고, 3장에서는 러시아 국민 삶의 질의 지역적 변화와 양상에 대해 살펴보며, 4장에서는 본 연구의 내용을 요약하고 결론을 정리한다.

---

7) 한 지역 내에서도 다양한 삶의 질의 층위와 형태가 있고, 또한 각 지역 삶의 질이 변화되는 내적인 원인과 과정이 있는 데, 이러한 것들은 삶의 질의 지역별 연구에서 중요한 영역을 차지한다. 하지만 개별 지역 내부의 상세한 분석은 차후의 과제로 미루고, 본 연구에서는 각 지역 삶의 질 지수 순위 변화의 추이를 분석하면서 이에 대한 러시아 지역의 전체적인 양상과 흐름에 초점을 둔다.

II. 삶의 질 개념과 측정 지수

1990년대 러시아의 시장개혁과 2000년대에 등장한 '현대화' 추구의 진정한 목표가 사실 러시아인의 행복과 가치 있는 삶의 영위에 있다는 점을 염두에 둘 때, 현 단계 러시아인 삶의 질을 살펴보고 점검하는 것은 매우 중요한 연구 대상이 될 것이다. 2000년대에 러시아인의 소득이 증가하고 일부 중간계층이 출현했지만, 그만큼 빈부격차가 심화하고 빈곤집단의 확대 재생산 현상이 발견되고 있다.[8)] 또한, 러시아 지역들에서는 사회·경제적 발전 수준의 격차가 심화하고 있으며, 환경오염이나 이주민 문제가 불거지고 있다.[9)] 따라서 궁극적으로 러시아인의 삶의 질을 고찰하고 되짚어보는 문제는 러시아 사회 연구에서 중요한 주제가 되고 있으며, 삶의 질을 개선하는 것은 러시아 사회 현대화의 중요한 목표가 되고 있다.[10)]

러시아과학아카데미 사회학연구소 소장인 고르시코프(М. К. Горшков)는 러시아의 사회적 현대화란 사회관계의 근본적 변화, 교

---

8) 사회계층화 현상을 현대화와 관련하여 연구한 대표적 저서로는 다음 참조. З. Т. Голенкова, *Модернизация социальной структуры российского общества* (М.: Институт социологии РАН, 2008); М. К. Горшков, Р. Крумм, Н. Е. Тихонова, *Готово ли российское общество к модернизации?*(М.: Издательство «Весь Мир», 2010).

9) 러시아 지역문제에 대한 대표적 연구로는 다음 참조. В. В. Климанов, *Региональное развитие и экономическая самостоятельность*(М.: Эдиториал УРСС, 2000); В. В. Климанов, *Региональные системы и региональное развитие в России*(М.: Эдиториал УРСС, 2009); Н. В. Зубаревич, *Социальное развитие регионов: проблемы и тенденции переходного периода*(М.: Книжный дом «ЛИБРОКДОМ», 2012).

10) 삶의 질 문제를 포함하여 현대화를 주제로 한 대표적 연구로는 다음 참조. Н. Ф. Наумова, *Человек и модернизация России*(М.: «Канон+» РООИ «Реабилитация», 2006); А. Н. Анирин, *Модернизация России как условие ее успешного раз- вития в 21 веке*(М.: РОССПЭН, 2010); М. К. Горшков, *Российское общество как оно есть*(М.: Новый хронограф, 2011).

육체계와 인구정책의 개혁, 사적 비즈니스의 발전, 경제 영역에서 국가의 합리적 역할 수행, 취업 능력의 고양, 사회 제도의 개혁을 의미한다고 설명한다.[11] 그런데 이 내용은 바로 삶의 질을 개선할 수 있는 과정에 해당되며, 후술하는 바와 같이 이러한 요소들 자체가 바로 삶의 질 지수를 산정하는 중요한 지표 영역들이기도 하다(표 2 참조).

본 연구에서는 러시아 국민 삶의 질의 지역적 양상을 살펴보는 데에서 UNDP의 '인간개발 지수'(이하 HDI로 표현)와 러시아의 각종 연구기관에서 조사한 '삶의 질 지수'(이하 QLI로 표현) 자료들을 활용하고자 한다. HDI는 유엔개발계획이 매년 각국의 교육수준, 국민소득, 평균수명 등을 조사해 인간개발 성취 정도를 평가하는 지수로서, 매년 문자해독률, 평균 기대수명, 1인당 실질국민소득 등을 토대로 각 나라의 선진화 정도를 평가하고 산정하는 수치이다. 이 수치는 인간의 행복이나 발전 정도는 소득수준과 비례하지 않고, 소득을 얼마나 현명하게 사용하느냐에 달려 있음을 보여주는 지수이다. 또한, 1인당 GNP가 동일한 수준의 국가 간에도 HDI 순위가 크게 다른 경우가 있는 데, 이것은 부의 크기와 생활의 풍요로움이 반드시 비례하는 것이 아니라는 점을 보여주는 것이다.[12]

[표 1]에서도 알 수 있듯이 HDI 최상위권 국가들 대부분은 경제부국이라고 볼 수 없다. 한국은 2010년대에 들어와 10위대 권 국가로 진입한 상태인데, 러시아는 2006년부터 HDI가 상위수준 국가의 경계에 해당하는 0.8을 넘어서서 60위대 권에 머물다 최근에 50

---

11) М. К. Горшков, "Социальные факторы модернизации российского общества с позиций социологической науки," *СОЦИС*, No. 12 (2010), с. 32.

12) 정치학대사전편찬위원회, 『21세기 정치학대사전』 (서울: 아카데미아리서치, 2010).

위대 권으로 진입한 상태이다.

[표 1] HDI 세계 상위권 국가 및 한국과 러시아 순위[13)]

보고시점 (조사시점)	2007 (2005)	2008 (2006)	2009 (2007)	2010 (2008)	20011 (2009)	2013 (2010)
1위	아이슬란드	아이슬란드	노르웨이	노르웨이	노르웨이	노르웨이
2위	노르웨이	노르웨이	호주	호주	호주	호주
3위	호주	캐나다	아이슬란드	뉴질랜드	네덜란드	미국
4위	캐나다	호주	캐나다	미국	미국	네덜란드
5위	아일랜드	아일랜드	아일랜드	아일랜드	뉴질랜드	독일
한국	26위	25위	26위	12위	15위	12위
러시아	-	-	-	65위	66위	55위

이외에도 본 연구는 러시아 연구기관들이 분석한 지역별 삶의 질 지수를 활용한다. 모스크바국립대학교의 정치 분석 및 예측 연구소(Лаборатория мате- матических методов политического анализа и прогнозирования)에서는 2006년부터 최근까지 러시아 지역별 삶의 질 지수를 발표해 왔다. 때로는 측정 방법과 지표를 변화시켜 다양한 버전의 분석 보고서를 발표했는데, 본 연구에서는 2012년에 5개 지표를 활용해 발표한 보고서를 참조하였다.[14)]

또한, 본 연구는 러시아 언론사인 리아 노보스티(РИА Новости)에 속한 전문평가단인 РИА Рейтинг의 '삶의 질 지수'를 활용하고자 한다. РИА Рейтинг의 '삶의 질 지수'는 기본적으로 러시아 지역을

---

13) http://ru.wikipedia.org/wiki/Индекс развития человеческого потенциала(검색일: 2014. 03.14) 및 각종 러시아 지역관련 HDI 보고서.

14) Уровень и динамика качества жизни в регионах России 2006~2012 гг. http://www.perspektivy.info/rus/gos/uroven_i_dinamika_kachestva_zhizni_v_regionah_ rossii_2006__2012_gg_2014-03-12.htm(검색일: 2014.03.20).

대상으로 하고 있는 데, 조사 방식이 영국 EIU의 '삶의 질 지수'와 유사하다. EIU는 전 세계 국가를 대상으로 건강, 가족, 공동체, 물질적 수준, 정치적 안정성과 안보, 기후와 지리, 직업 안정성, 정치적 자유, 양성평등 등 다양한 지표를 종합하여 삶의 질 지수를 산정한다.[15] РИА Рейтинг 역시 크게 10개의 지표(세부적으로는 61개 지표)로 삶의 질 지수를 산정하고 있다.[16]

각 연구기관의 삶의 질 지수 산정 방법에는 차이가 있는 데, 유엔개발계획의 인간개발 지수(이하 UNDP-HDI로 표현)는 보다 협소한 지표를 산정 대상으로 하고 있지만, 모스크바국립대학교의 정치 분석 및 예측 연구소(이하 МГУ- QLI로 표현)와 РИА Рейтинг의 삶의 질 지수(이하 РИА-QLI로 표현)는 보다 확대된 지표를 대상으로 한다. 그런데 지표 수의 차이보다 더 중요하게 고려할 할 부분은 각 연구기관이 정의하고 초점을 두는 삶의 질의 내용이 다소 다르다는 것이다. 그러한 차이점을 [표 2]에 정리해 보았다.

[표 2] 하단에 각 연구기관이 초점을 두는 삶의 질 지수의 차이점을 기술했는데, 더 간단히 표현하면 UNDP-HDI는 '개인'에, МГУ-QLI는 '개인을 둘러싼 사회 및 자연환경'에 초점을 둔다는 점이다. 따라서 양자의 지표는 중복되는 것 없이 서로 다르다. 그런데 РИА-QLI는 양자의 지표 거의 모두를 포괄하고 있다. 따라서 삼자는 각각 명확히 구분된 자신의 관점을 보여주고 있다. 이외에도 몇몇 삶의 질 지수 측정 보고서들이 존재하지만, 본 연구에서는 이렇게 구분된 삼자(개인, 환경, 개인+환경)를 분석 자료로 선택하게 되었다. 각 기관 관점의 차이에 따라 러시아 지역별 삶의 질에 대한 평가가 다소

15) http://en.wikipedia.org/wiki/Quality_of_life_index(검색일: 2014.03.10).
16) http://riarating.ru/infografika/20131217/610601622.html(검색일: 2014.03.15).

[표 2] 연구기관별 삶의 질 지수 지표의 차이점과 특징

UNDP-HDI	МГУ-QLI	РИА-QLI
소득		소득
수명		인구학적 상황
교육		건강 및 교육
	건강	
	주택 여건	주택 여건
	개인 안전성	거주 안전성
	빈곤 및 실업	사회 보장 제도
		영토개발과 교통발달
	생태 환경	생태 및 기후 여건
		경제 발전 수준
		소기업 발전 수준
개인에 관한 가장 단순화된 핵심 지표만 존재: 사회적, 지리적 환경에 대한 검토 부재	소득, 경제, 교육 지표가 없고, 개인을 둘러싼 사회 및 자연환경에 초점: 개인 자체와 경제적 요소에 대한 평가 비중이 낮음	개인에 관한 핵심 지표뿐 아니라, 개인을 둘러싼 사회적 환경과 거시적, 미시적 경제조건, 그리고 지리적, 자연 환경적 요소도 고려: 다양한 요소를 골고루 검토함

달라지는데 이에 대해서는 3장에서 자세하게 기술한다.

이 세 기관의 보고서는 또 다음과 같은 점에서 차이가 있다. UNDP-HDI는 전 세계를 대상으로 동일한 방법으로 조사되고 있기 때문에, 이 지수의 비교를 통해 러시아와 다른 나라를 비교하거나 혹은 러시아(지역)의 수준을 세계 차원에서 조망하는 것이 가능하다는 점이다. 또한, 러시아의 지역별 HDI 측정은 2000년대 초부터 현재까지 꾸준히 진행되고 있어서 현재로써는 이 자료가 러시아 지역별 삶의 질 보고서 중 가장 많은 데이터를 축적한 상태라는 점이다. 반면에 МГУ-QLI는 2006~2012년까지만 보고서가 작성되었다가 현재는 중단된 상태이며, РИА-QLI는 최근에 분석이 시작되었

는데 본 연구에서는 2011년과 2012년 보고서를 활용하고 있다. 또한, МГУ-QLI와 РИА-QLI는 러시아 지역만을 분석 대상으로 한다는 점에서 UNDP-HDI와 차이가 있다.

본 연구는 이 세 기관의 가장 최근 시점의 자료들을 중심으로 러시아 국민 삶의 질의 지역적 변화와 양상을 살펴본다. 3장 1절에서는 우선 2000년대 삶의 질 수준의 시계열적인 변화를 살펴보고자 한다. 이를 위해서는 UNDP-HDI 자료를 활용하는데, 그 이유는 앞에서 언급했듯이 UNDP-HDI는 2000년대 초반부터 현재까지 일관된 측정 방법으로 축적된 데이터이기도 하며, 러시아 지역별 삶의 질이 상승하는 과정과 수준을 다른 나라와 용이하게 비교하면서 살펴볼 수 있는 자료이기 때문이다. 그다음 3장 2절에서는 세 기관의 최근 시점 자료들만을 종합하여 삶의 질의 지역적 양상을 전체적으로 살펴보고자 한다.

III. 러시아 국민 삶의 질의 지역적 변화와 양상

3.1. 2000년대 러시아 국민 삶의 질의 지역적 변화

러시아 국민 삶의 질의 지역적 시계열적 변화 추이를 파악하기 위해 본 연구는 2006년부터 2010년까지의 자료를 대상으로 살펴보고 있다. 이 기간은 2000년대 러시아 경제가 성장하면서 HDI가 본격적으로 상승하는 시점이자 2008~9년 세계금융위기가 HDI에 어떠한 영향을 주었는지 볼 수 있는 시점이기도하기 때문에 러시아 국민 삶의 질의 지역적 변화 과정과 특징을 적절하게 파악할 수 있는 시기이다.

러시아는 국가 차원에서 2006년에 HDI 0.8이 넘었는데, 당시

HDI 상위수준 국가이자 선진국으로 인식되는 경계가 바로 0.8이었다.[17] 러시아 연방주체별로 보았을 때 HDI 0.8이 넘는 러시아 내부 지역은 2004년에는 4곳에서 2006년에는 12곳으로 늘었고, 그중 모스크바는 0.9가 넘었다. 0.8이 넘는 곳들은 주로 연방도시, 주요 수출지역, 석유 및 금속 생산 지역들이었는데, 이 중에서도 10위권 안에 들면서 소득 및 교육 수준과 평균수명이 골고루 높아 균형 잡힌 지수를 보이는 지역들로 타타르스탄 공화국, 사마라 주, 톰스크 주, 리페츠크 주, 벨고로드 주 등을 꼽을 수 있다.[18] 이곳 지역 주민은 세계 선진국에 버금가는 삶의 질을 누리고 있다고 평가할 수 있다.

당시 러시아 각 지역 HDI가 상승하게 된 요인은 크게 두 가지로 지목된다.[19] 첫째로는 소비상품 구매력을 높일 수 있는 개인 소득이 증대하였다는 점이다. 물론 지역마다 사정은 다르지만, 모스크바시와 모스크바 주의 대도시들, 그리고 페름 주, 스베르들롭스크 주, 사할린 주, 크라스노야르스크 변강주 등 원료수출 지역들, 중간 수준이지만 니제고로드 주, 트베리 주, 그리고 북오세티야-알라니야

17) ПРООН, *Доклад о развитии человеческого потенциала в Российской Федерации 2011* (М.: ПРООН в РФ, 2011). с. 137.

18) http://atlas.socpol.ru/indexes/(검색일: 2014.03.16). 본 연구의 러시아 지역별 HDI는 2010년까지의 조사 자료를 다루고 있는 데, 이때까지는 1점 중 0.9 이상이면 HDI 최상위수준 국가에, 0.8 이상이면 상위수준에 속했다. 하지만 2010년 이후 산정 방식이 조금 달라져 최상위수준으로 분류된 국가라도 0.9 미만의 HDI가 나올 수 있게 되었다. 러시아의 국가 지수도 0.8 이하로 떨어졌지만, 그래도 러시아는 상위수준 국가에 속하는 것으로 평가받는다. 또한, HDI는 보통 실제 조사 시점보다 1~2년 후에 보고서가 작성되어 발표되는데, 본 연구에서 기술되는 연도는 조사 시점의 연도라는 것을 밝혀둔다.

19) HDI의 세 가지 지표 중에서 교육은 러시아에서 큰 변수가 되지 못한다. 1점 만점에 교육은 대부분 지역에서 0.9가 넘기 때문에 변화 폭의 여지는 크지 않다. 하지만 소득은 0.7~0.9, 수명은 0.6~0.8이기 때문에 HDI 상승이나 하락에 영향을 주는 주요 요인이 될 수 있다. ПРООН, *Доклад о развитии человеческого потенциала в Российской Федерации 2013* (М.: ПРООН в РФ, 2013), с. 150-151.

공화국, 추바시 공화국, 티바 공화국과 같은 낮은 경제 수준의 지역들에서도 소득 증대 현상이 나타났다. 단지 추콧카 자치구와 옴스크 주에서만 소득 수준이 떨어졌다.

두 번째 요인은 전 지역에서 평균수명이 높아졌다는 점이다. 평균수명이 낮았던 지역들, 예를 들어 이르쿠츠크 주, 치타 주, 크라스노야르스크 변강주, 하카시야 공화국, 티바 공화국에서도 2005~6년 사이 수명이 4~5% 높아졌고, 중앙이나 북서 지역(이바노보 주, 야로슬라블 주, 코스트로마 주, 브랸스크 주, 볼로그다 주, 아르한겔스크 주, 칼리닌그라드 주 등)에서도 수명이 3% 상승하였다. 이것은 보건 분야에 대한 투자, 치료약의 공급과 의료 서비스의 향상으로부터 기인한 결과였다. 이 결과 이르쿠츠크 주는 46위에서 35위로, 크라스노야르스크 변강주는 14위에서 8위로 HDI 순위가 올라갔다.[20]

2006년 시점 HDI 상위수준 지역에 러시아 인구의 거의 30%가 거주하게 되었고, 그곳에서는 인간개발 수준을 끌어올릴 만한 자원과 가능성이 풍부한 것으로 평가되었다. 그러나 러시아인 대부분은 아직 HDI 중위수준 이하의 지역에 거주했다. HDI 0.75 이하의 하위수준 지역에는 6%가 거주했는데, 이곳은 정부의 장기적인 대규모 지원 없이는 발전이 불가능한 곳으로 평가되었다. 러시아 내 HDI의 지역 격차의 폭이 상당히 커졌는데, 이것은 국가 차원의 인간개발 측면에서 큰 장애가 되지 않을 수 없다.

2007년에 HDI가 0.8이 넘는 지역은 거의 두 배인 22개 지역으로 늘었다. 무엇보다도 소득 상승이 HDI 상승에 기여를 했다. 이 지역들의 거의 절반이 연료 및 에너지 자원 채굴지이며, 그 외에도 석유 정제업과 금속산업 지역이 다수 포함되었다. 모스크바는 역시 0.9

20) http://atlas.socpol.ru/indexes/(검색일: 2014.03.16).

를 초과하면서 모든 다른 지역을 훨씬 압도했다. 2000년대 초반에는 모스크바 시와 튜멘 주가 HDI 순위 1, 2위를 다투었는데, 그것은 튜멘 주의 1인당 소득 수준이 특히 높았기 때문에 가능했다. 그런데 소득 수준이 아무리 높아도 최고 한도 수치가 정해진 반면, 모스크바 시는 수명이나 교육 관련 수치가 골고루 계속 높아지면서 튜멘 주를 훨씬 앞지르게 되었다. 그 뒤를 이어 3위는 상트페테르부르크 시로서 역시 높은 순위를 차지했다.[21]

비록 낮은 수준이지만 북캅카스 지역 공화국들의 지수가 0.7 이상으로 높아졌다. 이러한 긍정적인 추세는 에너지 산업의 발전과 관련되어 있다. 석유 및 가스 가격의 상승으로 연방재정이 늘었고, 따라서 저발전 지역에 대한 지원 규모를 늘릴 수 있었기 때문이다.[22] 물론 여러 사회 문제들이 아직 해결되지 않았지만, 그럼에도 불구하고 HDI를 높이는 효과를 본 것이다.

2008년 세계금융위기가 발생하지만, 이것이 러시아인의 일상 현실에 바로 영향을 미치지는 않았다. 2008년 러시아 지역별 HDI 1위는 여전히 모스크바 시이며, 그다음은 튜멘 주와 상트페테르부르크 시이다. 그다음 10위권 안에 드는 지역은 타타르스탄 공화국, 벨고로드 주, 톰스크 주, 사할린 주, 사마라 주, 리페츠크 주이다(표 3 참조). 여전히 모스크바 시만 0.9가 넘고 나머지 지역은 그 이하지만, 이제 0.8이 넘는 지역은 30곳이 되었다. 이전과 유사하게 두 가지 요인이 역시 HDI를 상승시켰다고 분석되는데, 첫 번째는 바로 소득 상승이다. 튜멘 주는 이 부분에서 이미 최대치를 초과한 상태이기 때문에 이 요인으로부터 더 이상 영향을 받지 못하지만, 다른 지역

---

21) http://www.protown.ru/information/hide/7927.html(검색일: 2014.03.15).
22) http://www.protown.ru/information/hide/7927.html(검색일: 2014.03.15).

들에서는 소득 증가가 HDI 상승에 큰 영향을 주었다. 두 번째 요인은 86%의 지역에서 평균수명이 늘었다는 점이다. 하지만 당시 북서 지역의 일부(프스코프 주, 노브고로드 주, 볼로그다 주)와 그에 인접한 키로프 주, 북쪽과 동쪽의 일부 지역(아무르 주, 사할린 주, 톰스크 주, 무르만스크 주, 사하 공화국), 남부 지역(아디게야 공화국, 북오세티야 공화국)에서는 평균수명이 낮아졌다.[23]

2008년에는 모스크바 주, 니제고로드 주, 로스토프 주, 크라스노다르 변강주 등 많은 지역의 HDI가 0.8이 넘었다. 따라서 러시아 인구 절반 이상이 HDI 0.8 이상 지역에서 거주하게 되었으며, 모스크바 시 인구까지 더하면 약 60%의 주민이 상위수준 이상 지역에 거주하게 되었다. 또 하나의 긍정적인 결과는 HDI 0.7~0.75 수준인 지역은 이제 티바 공화국, 알타이 공화국, 유대인 자치주뿐이라는 점이다. 연방의 대규모 지원과 평균수명의 상승으로 북캅카스 공화국들의 지수도 많이 상승하였다.[24]

[표 3] 2004~10년 기간 HDI 순위 상 하위 10위권 지역[25]

Регион HDI	2004	2005	2006	2007	2008	2009	2010
모스크바 시	1	1	1	1	1	1	1
상트페테르부르크 시	3	3	3	3	3	2	2
튜멘 주	2	2	2	2	2	3	3
사할린 주	36	31	23	7	7	5	4
벨고로드 주	9	5	6	5	5	6	5
타타르스탄 공화국	4	4	4	4	4	4	6

23) ПРООН, *Доклад о развитии человеческого потенциала в Российской Федерации 2010* (М.: ПРООН в РФ, 2010), с. 137.
24) http://gtmarket.ru/news/state/2010/10/29/2715(검색일: 2014.03.14).
25) 다음 사이트의 해당 연도에서 순위를 찾아 재구성.
http://atlas.socpol.ru/indexes/(검색일: 2014.03.16).

Регион HDI	2004	2005	2006	2007	2008	2009	2010
크라스노야르스크 변강주	13	14	8	8	11	9	7
코미 공화국	15	15	13	14	12	11	8
톰스크 주	5	9	5	6	6	7	9
사하 공화국	8	7	14	17	19	8	10
스베르들롭스크 주	22	16	11	9	9	15	12
옴스크 주	7	10	15	20	15	10	13
리페츠크 주	6	6	7	13	10	13	17
바시코르토스탄 공화국	11	12	9	16	14	18	18
첼랴빈스크 주	17	17	17	10	13	19	20
사마라 주	10	8	10	12	8	20	25
아무르 주	70	72	68	69	72	68	58
아디게야 공화국	71	71	70	70	70	61	63
추콧카 자치구	47	64	72	71	53	43	65
마리엘 공화국	66	66	67	64	69	71	68
인구셰티야 공화국	78	78	79	78	75	78	71
자바이칼 변강주	76	76	75	75	74	73	72
유태인 자치주	77	75	74	77	78	79	73
카라차예보-체르케스크 공화국	52	52	52	52	52	54	74
칼미키야 공화국	50	69	71	72	73	72	75
프스코프 주	73	73	76	74	77	75	76
이바노보 주	74	74	73	73	76	74	77
알타이 공화국	75	77	78	79	79	77	78
체첸 공화국	-	-	77	76	71	76	79
티바 공화국	79	79	80	80	80	80	80

일반적으로 2007년이나 2008년 일정 시점까지 러시아 지역에서 '인간개발'은 매우 성공적이었다고 평가된다. 그러나 그 주요 요인이 크게 연료와 금속의 국제가 상승과 관련되었다고 분석된다. 따라서 2008년 세계금융위기로 이들 지하자원의 가격이 하락하면서 상황

은 나빠졌다. 한편 평균수명도 HDI 상승에 한몫을 했고, 특히 수명이 낮았던 동부 지역들에서 이러한 현상이 나타났다. 이것은 '건강'(Здоровье) 국가프로젝트의 틀에서 국민 보건 발전을 위한 연방재정의 추가지원으로 가능했다. 그러나 2009년부터 자금 조달 시스템이 변경되고 각 지역이 다양한 사태에 직면하면서 전체적으로 이 상황도 형편이 좋지 않게 되었다.[26)]

실제로 세계금융위기의 여파로 러시아 경제가 악화되면서 2009년 러시아 각 지역의 HDI 상승 속도가 둔화되었다. 연방재정이 축소되었기 때문에 지출의 효율성을 높일 필요가 있었지만, 정부는 이에 실패했다. 2009년 보건, 건강, 스포츠, 의료보험 등에 대한 예산 총지출은 전년보다 2% 상승했고, 2010년에는 5% 상승했지만, 물가는 이보다 두 배 더 뛰었다. 2010년 19개 연방주체에서 보건 지출비가 2008년보다도 삭감되었고, 산업이 쇠퇴하면서 세수가 줄어든 여러 지역이 고초를 겪었다.[27)]

그래도 국가 차원에서 HDI는 전년도의 0.838에서 2009년에는 0.840으로 근소하게 올랐다. 이것은 평균수명의 상승과 청소년 교육의 확대로 가능했다고 평가된다. 하지만 심각한 산업 쇠퇴를 겪은 몇몇 지역들(볼로그다 주, 사마라 주, 스베르들롭스크 주, 첼랴빈스크 주, 볼고그라드 주, 아스트라한 주)에서는 HDI가 하락했다. 2000년대에 괄목할만한 HDI 상승을 보인 지역으로 석유와 가스의 새로운 채굴지로 주목받게 된 사할린 주와 네네츠 자치구, 그리고 연방산업도시로서 많은 지원을 받게 된 칼리닌그라드 주를 꼽을 수 있다. 저발전 지역인 다게스탄 공화국, 인구셰티야 공화국, 자바이칼 변강주도 HDI가 비

---

26) ПРООН, *Доклад о развитии человеческого потенциала в Российской Федерации 2011* (М.: ПРООН в РФ, 2011). с. 138.

27) Там же, с. 138.

약적으로 발전한 곳이지만, 이것은 사실 연방정부의 재정지원에 의한 것이었다. 따라서 2009년에는 러시아 인구의 85%가 HDI 0.8이 넘는 지역에 거주하게 되었고, HDI 0.7 미만 지역은 이제 사라졌다.[28)]

2010년 HDI 1순위는 역시 모스크바 시이며, 튜멘 주를 제치고 그다음 순위를 상트페테르부르크 시가 차지하게 되었다. 그다음 사할린 주, 벨고로드 주로 순위가 이어진다. 튜멘 주가 3위로 밀렸는데, 에너지 산업이 꾸준히 발전함에도 불구하고 소득 지표 산정에서 최고치 한계가 있기 때문에 더 이상 점수를 얻지 못하고 각 지표 점수가 골고루 향상된 상트페테르부르크 시에 추월당한 것이다. 전년대비 러시아 지역 전반적으로 지수가 소폭 상승하였는데, 80개 지역 중(3개 지역은 측정 못함) 71개 지역에서 성장세가 발견되었고, 특히 사할린 주와 크라스노야르스크 변강주에서는 석유와 가스 채굴로 괄목할만한 경제성장이 이루어지면서 HDI가 상당히 높아졌다.[29)]

티바 공화국에서도 평균수명 및 기타 지수들이 상승했다. 북극(마가단 주, 무르만스크 주, 코미 공화국)과 인구세티야 공화국에서도 통계적인 이유로 HDI가 상승했는데, 즉 2010년 인구조사에 따르면 인구수가 상당히 감소하면서 상대적으로 1인당 소득과 교육 지수가 높아진 것이다. 반대로 모스크바 시의 HDI는 통계적인 이유로 하락했는데, 그것은 인구가 늘었기 때문이다. 추콧카 자치구는 평균수명이 1.5세 정도 낮아지면서 HDI도 낮아졌다.[30)]

연방 도시들을 제외하고, 상위 10위권에는 수출경제 분야, 즉 연

---

28) Там же, с. 138-139.

29) ПРООН, *Доклад о развитии человеческого потенциала в Российской Федерации 2013* (М.: ПРООН в РФ, 2013), с. 149.

30) http://gtmarket.ru/news/2013/06/17/6014(검색일: 2014.03.15).

료 자원 및 금속 채굴 지역들이 포진되어 있다. 그들 중 벨고로드 주, 타타르스탄 공화국, 톰스크 주는 HDI 세 지표에서 골고루 높은 순위를 차지하고 있기 때문에 인간개발 측면에서 균형이 잡혔다고 평가할 수 있다. 낮은 순위의 HDI 지역들은 대부분 경제 위기와 평균수명 저하로 사정이 좋지 않았다. 변경 지대에 있는 가장 낙후된 공화국들은 연방재정의 대규모 지원을 얻고 있고, 그리하여 그들은 위기 시에도 심각한 경제 침체를 느끼지 않았으며, 따라서 그들의 HDI는 이전 수준을 유지했다.[31)]

2000년대 전반적으로 러시아 각 지역의 HDI는 상승하였다. 항상 1위를 차지한 모스크바 시는 HDI가 2001년 0.852, 2006년 0.907, 2010년 0.931, 항상 마지막 순위를 차지한 티바 공화국도 HDI가 각각 0.646, 0.691, 0.750으로 상승하는 등 러시아 각 지역 주민 삶의 질은 전체적으로 향상되었다고 평가할 수 있다.[32)]

2010년의 연방관구별 지역 순위 평균치를 살펴보면 우랄연방관구(21.5위)가 가장 높고, 그다음 북서(33.1위), 볼가(35.3위), 극동(38.9위) 연방관구 순으로 이어진다. 그다음 중앙(41.2위), 시베리아(42.2위), 남부(45.2위)연방관구가 중간 수준이며, 북캅카스연방관구의 평균치는 65.7위로서 가장 낮다.[33)] 북캅카스연방관구 중 북오세티야 공화국(38위)을 제외하고 나머지 지역은 모두 60~70위대의 가장 열악한 삶의 질 지수를 보이고 있다. 그다음으로 하위권인 남부연방관구에서도 크라스노다르 변강주(19위)와 볼고그라드 주(30위)만 중상위권이

---

31) ПРООН, *Доклад о развитии человеческого потенциала в Российской Федерации 2013* (М.: ПРООН в РФ, 2013), с. 149.

32) http://atlas.socpol.ru/indexes/index.shtml(검색일: 2014.03.06).

33) 다음 자료의 수치를 연방관구별로 정렬하여 평균치를 구함. ПРООН, *Доклад о развитии человеческого потенциала в Российской Федерации 2013*(М.: ПРООН в РФ, 2013), с. 150-151.

고 나머지 지역은 중하위권에 머물러 있다.

이것을 10년 전인 2001년의 상황과 비교하면 우랄연방관구(2001년 30.5위) 순위 평균치는 약 16위나 올랐고, 그다음은 극동연방관구(2001년 49.0위)로서 약 10위가 올랐다. 이들은 앞에서도 살펴보았듯이 해당 연방관구 내의 몇 개 지역을 중심으로 주로 지하자원 산업이 발전하여 개인 소득이 늘면서 삶의 질 지수가 상승했다고 평가할 수 있다. 반면 남부연방관구(2001년 36.8위)와 북캅카스연방관구(2001년 47.0위)의 순위 평균치는 가장 많이 떨어졌는데,[34] 그 이유는 이들 지역이 삶의 질을 개선할 수 있을 만큼 유용한 지하자원을 충분히 보유하지도 못했고, 시장경제체제에서 지역 주민 삶의 여건을 획기적으로 개선할 수 있는 어떤 유력한 방도도 찾지 못했기 때문으로 풀이할 수 있다. 사실 이 지역 자체가 문제라기보다는 다른 지역들의 HDI가 높아져 이들 지역의 HDI 순위가 상대적으로 하락했다고 볼 수 있으며, 현재는 어쨌든 연방정부의 지원으로 이 지역 주민들의 삶의 질은 근근이 유지되고 있는 상태이다.

---

34) 다음 사이트에서 얻은 수치를 연방관구별로 정렬하여 평균치를 구함. http://atlas. socpol.ru/indexes/index.shtml(검색일: 2014.03.06).

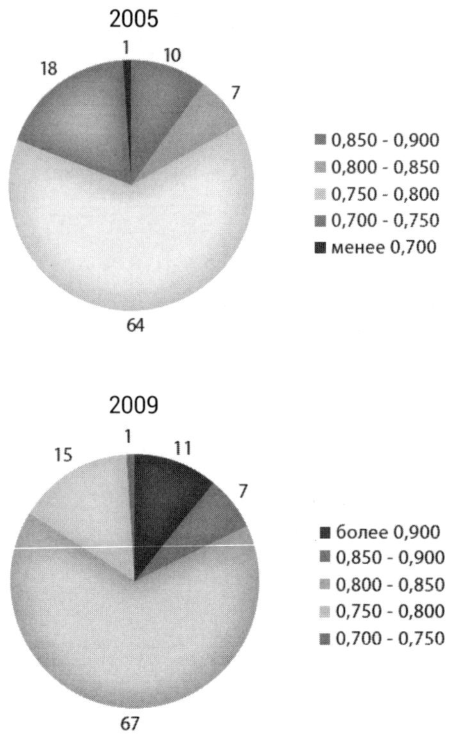

[그림 1] HDI 수준별 러시아 주민 거주 비율[35)]

한편 2001년의 연방관구별 지역 순위 평균치는 대체로 30~40위권에 집중되어 있는 데, 2010년은 20~60위권까지 퍼져 있다. 이것은 곧 연방관구별 지역 격차가 심화하였음을 의미한다. 다시 말해 러시아 지역 주민 삶의 질의 절대적 수준은 전체적으로 상승하였다 하더라도 삶의 질의 지역 간 상대적 격차는 심화한 것이라 요약할 수 있다.

35) ПРООН, *Доклад о развитии человеческого потенциала в Российской Федерации 2011* (М.: ПРООН в РФ, 2011). с. 139.

[그림 1]은 러시아 주민이 얼마나 어느 수준의 HDI 지역에 거주하고 있는지를 보여주고 있다. 2005년에는 HDI 0.75~0.80 수준 지역에서 64%가 거주하고 있고, 2009년에는 0.8~0.85 수준 지역에 67%가 거주하고 있다. 짧은 시간에 다수의 지역 주민이 보다 상향된 수준의 HDI 지역에서 거주하게 된 것이다. 하지만 전체적인 구도는 크게 변화하지 않았다. 즉, 2005년이나 2009년 모두 20% 미만의 인구는 상대적으로 윤택한 지역에 거주하고 있고, 거의 20%는 불안정한 지역에, 그리고 약 2/3는 그 사이인 중간 수준 지역에 거주하고 있는 것이다. 전체적으로 러시아의 HDI 수준이 상향되었고 또 대다수 러시아 주민이 보다 상위수준의 HDI 지역에 거주하게 된 것은 사실이지만, 이러한 비율의 구도 자체는 2000년대 계속 관측되고 있다. 이러한 점에서 상대적인 불평등 상태는 지속적으로 유지되고 있다고 평가할 수 있다.

전체적으로 개인 소득 및 평균수명 상승에 따라 삶의 질 지수가 높아졌다는 점에서 러시아인은 과거보다 윤택한 삶을 살게 되었다고 볼 수 있다. 이것은 2008년 경제위기로 주춤했지만, 그 후 다소 회복되었다고 평가된다. 하지만 상대적인 삶의 질 수준의 지역 격차 양상은 여전히 유지되고 있다. 이와 같은 내용이 유엔개발계획의 HDI로 보는 러시아인 삶의 질의 변화 모습이라고 할 수 있다. 하지만 이러한 분석 결과는 관점에 따라 달라질 수 있다. 다음 절에서는 다른 연구기관의 삶의 질 분석 자료들과 비교하면서 러시아 국민 삶의 질의 지역적 양상을 다양한 차원에서 살펴보고자 한다.

3.2. 러시아 국민 삶의 질의 지역적 양상

유엔개발계획의 인간개발 지수(이하 UNDP-HDI로 표현)는 비교적 단순한 지표들의 측정을 통해 더 광범위하게 세계 각국을 분석, 비교할 수 있는 장점은 있지만, 일개 국가나 지역의 분석에서는 제대로 그 특성을 포착할 수 없는 한계를 지니고 있다. 특히 러시아처럼 광활한 영토, 다양한 자연과 기후 조건, 사회·문화적 다양성, 다민족과 종교적 차이, 지역적으로 다른 경제조건을 지닌 경우에는 이에 적합한 삶의 질 지수 산정방법을 고안할 필요가 있다.

이러한 맥락에서 러시아 지역의 삶의 질 지수를 정확히 측정하기 위해 다양한 시도가 있었는데, 대표적으로 모스크바국립대학교 정치 분석 및 예측 연구소의 삶의 질 지수(이하 МГУ-QLI로 표현)와 리아 노보스티의 삶의 질 지수(이하 РИА-QLI로 표현)를 들 수 있다. 이들이 분석한 결과보고서에서 가장 최근 시점 상위 10위에 든 지역을 선별하여 이들을 대상으로 다른 보고서에 매겨진 해당 순위까지 기록하여 종합한 것이 아래의 [표 4]이다.

[표 4]를 보면 3장 1절에서 살펴본 UNDP-HDI 10위권 순위의 지역 중 상당수가 다른 연구기관의 '삶의 지수' 분석 결과에서는 꽤 낮은 순위에 처해 있는 것을 알 수 있다. UNDP-HDI 10위권 지역 중 단지 4곳(모스크바 시, 상트페테르부르크 시, 벨고로드 주, 타타르스탄 공화국)만 다른 QLI 보고서에서도 10위권에 포함되어 있다. 그리고 준 10위권 수준까지 세 가지 보고서 모두에 포함된 지역들을 꼽더라도 리페츠크 주, 크라스노다르 변강주 정도를 추가할 수 있을 뿐이다. 이처럼 분석 결과 양상이 다른 것은 각 연구기관이 정의하고 추구하는 삶의 질 지수 개념에 차이가 있기 때문이다.

[표 4] 각 삶의 지수 보고서별 상위 10위권 지역[36)]

지역	UNDP	МГУ	РИА	순위평균
	2010	2012	2012	
모스크바 시	1	6	1	2.67
상트페테르부르크 시	2	1	2	1.67
튜멘 주	3	50	9	20.67
사할린 주	4	47	34	28.33
벨고로드 주	5	4	6	5.00
타타르스탄 공화국	6	3	4	4.33
크라스노야르스크 변강주	7	66	47	40.00
코미 공화국	8	56	50	38.00
톰스크 주	9	44	30	27.67
사하 공화국	10	78	70	52.67
모스크바 주	35	7	3	15.00
칼리닌그라드 주	32	2	13	15.67
무르만스크 주	21	5	45	23.67
보로네시 주	43	8	7	19.33
리페츠크 주	17	9	15	13.67
북오세티야-알라니야 공화국	38	10	67	38.33
크라스노다르 변강주	19	13	5	12.33
한티-만시 자치구	-	51	8	29.50
니제고로드 주	33	31	10	24.67

UNDP-HDI 10위권 지역 중 МГУ-QLI와 РИА-QLI 10위권에 들지 않는 지역은 사할린 주, 크라스노야르스크 변강주, 코미 공화국, 톰스크 주, 사하 공화국이다. 이곳은 지리적으로 변경이나 오지에 해당하지만, 모두 러시아에서 거대 규모의 석유, 가스, 금속 채굴

36) 각주 13과 18, 그리고 다음 자료를 참조하여 필자가 재구성함. РИА Рейтинг, *Рейтинг регионов РФ по качеству жизни* (М.: 2013), с. 12-15.

지가 있는 곳들로서 산업발전이 활발히 전개되면서 이곳의 개인 소득 및 월급이 급상승해 UNDP-HDI 상위권에 들게 되었다. 하지만 개인을 둘러싼 사회 및 자연환경에 초점을 두는 MГУ-QLI에서 이들 지역은 하위권으로 떨어질 수밖에 없다. 이중 튜멘 주의 경우는 MГУ-QLI에서는 하위권이지만(왜냐하면, 튜멘 주 역시 자연환경 측면에서 인간이 거주하기에 양호한 여건을 지닌 지역으로 볼 수 없으므로) РИА-QLI에서는 상위권에 포함되어 있다. 이것은 그만큼 튜멘 주의 개인 소득이 월등히 높았기 때문에 가능했다고 볼 수 있다. 3장 1절의 UNDP-HDI 순위에서도 보았듯이 튜멘 주의 개인 소득은 최상위권에 속하기 때문에 '환경과 기후'도 고려하지만 '개인 소득 수준'도 지표로 들어가 있는 РИА-QLI에서 튜멘 주는 꽤 높은 순위를 차지할 수 있는 것이다. 이와 유사한 곳으로 [표 4]에서 역시 한티-만시 자치구를 꼽을 수 있다.

UNDP-HDI 순위에서는 중위권에 불과하지만 MГУ-QLI와 РИА-QLI 순위에서는 상위권에 속하는 곳으로 모스크바 주(각각 7위와 3위), 칼리닌그라드 주(각각 2위와 13위), 보로네시 주(각각 8위와 7위)를 꼽을 수 있다([표 4] 참조). MГУ-QLI와 РИА-QLI의 관점에서 이곳들은 사회 및 자연 환경 면에서 높은 점수를 받을 수 있기 때문이다. 이처럼 러시아 지역 주민 삶의 질을 평가하는 데에서 어디에 초점을 둘지에 따라 그 결과는 다르게 나타난다.

지역의 규모를 더 크게 해서, 각 연방관구 단위로 세 연구기관의 지역별 순위 평균치를 산출해 보면 이러한 특징들을 더 잘 포착할 수 있다. [표 5]에서 보면 환경적 요소를 강조하는 MГУ-QLI에서 가장 낮은 순위 평균치를 보이는 곳은 극동(2012년 65.8위)과 시베리아연방관구(62.8위)이며 그다음은 우랄연방관구(49.7위)이다. 이들이 다른 연방관구에 비해 사회적 제도의 발달이 미흡하다는 점과 열악한 자연환경 및 기후적 측면을 지녔다는 점을 고려한다면 이러한 평가 결과는 자연스러운 귀결이다. 물론 이 연방관구들 중에서도 비교적 남부에 위치한 지역이거나 행정적 중심지인 스베르들롭스크 주(2012년 시점 30위), 첼랴빈스크 주(32위), 노보시비르스크 주(41위), 톰스크 주(44위), 옴스크 주(43위)는 비교적 중위권에 있다. 하지만 나머지 지역들은 모두 하위권에 있다.

[표 5] 연방관구 지역별 삶의 질 지수 순위 평균치[37)]

	UNDP-HDI		МГУ-QLI		РИА-QLI	
	2001	2010	2006	2012	2011	2012
중앙연방관구	41.7	41.2	25.9	22.7	28.0	25.4
북서연방관구	38.3	33.1	39.3	37.5	43.3	44.4
남부연방관구	36.8	45.2	36.7	40.3	37.8	38.0
북캅카스연방관구	47.0	65.7	39.0	40.2	67.8	67.2
볼가연방관구	29.2	35.3	31.8	32.6	34.9	34.7
우랄연방관구	30.5	21.5	44.2	49.7	24.8	27.0
시베리아연방관구	48.2	42.2	62.8	62.8	55.2	57.1
극동연방관구	49.0	38.9	65.3	65.8	54.2	54.9

하지만 사회 및 자연환경뿐 아니라 개인소득 및 경제적 조건을 함께 고려하는 РИА-QLI에 따르면 경제적 지표가 높게 나올 경우 열악한 사회 및 자연환경을 지닌 지역이라도 삶의 질 지수의 순위는 더 높아질 수 있으며, 환경적 요소에 대한 지표가 아예 없는 UNDP-HDI 측면에서는 순위가 더 높아질 수 있다. 특히 우랄연방관구는 UNDP-HDI에서는 순위가 21.5위(2010년), РИА-QLI에서는 순위가 27.0위(2012년)로서 정상권에 있다. 이것은 앞에서도 살펴보

37) 각주 13, 17, 18, 34의 자료에서 연방관구를 단위로 평균치를 필자가 산출함.

았듯이 이곳에 최대 규모의 석유 및 가스 채굴지가 있기 때문이며, 따라서 경제적 지표를 고려하는 두 연구기관에서 우랄연방관구의 삶의 질 지수 순위는 당연히 상위권에 들어갈 수 있다.

한편 북캅카스연방관구는 UNDP-HDI(2010년 65.7위)와 РИА-QLI(2012년 67.2위)에서 제일 하위권이다. 하지만 МГУ-QLI에서는 2012년 40.2위로서 중위권이다. 즉, МГУ-QLI에서는 북캅카스연방관구의 열악한 경제 요소가 고려되지 않기 때문에 중위권이 가능한 것이다. 또 한편 МГУ-QLI와 РИА-QLI에서 제일 상위권인 곳은 중앙연방관구(각각 22.7위와 25.4위)이다. 이들에 따르면 중앙연방관구는 자연환경과 기후 면에서 인간이 거주하기에 큰 장애가 없으며, 무엇보다도 다른 지역에 비해 주민에 대한 사회적 보호와 지원을 위한 각종 제도와 시설이 짜임새 있게 갖추어져 있다고 보기 때문이다. 반면에 UNDP-HDI에서는 사회적, 지리적 환경에 대한 검토가 부재하기 때문에 중앙연방관구가 높은 순위를 차지하지 못한다. 물론 중앙연방관구에 속해 있는 모스크바 시만은 최고의 개인 소득 수준을 지닌 지역이기 때문에 UNDP-HDI에서 순위가 높을 수밖에 없다.

이와 같이 연방관구 수준의 비교를 통해 러시아 지역별 삶의 질을 연구하는 기관마다 다른 분석 결과가 나타날 수 있다는 것을 좀 더 간명하게 이해할 수 있다. 이러한 다양한 관점을 고려하여 2000년대에 진행된 삶의 질의 지역적 주요 양상을 다음과 같이 정리할 수 있다.

본 연구에서 다루고 있는 세 가지 보고서의 관점을 골고루 충족시키면서 상위권에 있는, 따라서 2000년대 삶의 질이 가장 양호하다고 평가할 수 있는 지역은 모스크바 시, 상트페테르부르크 시, 벨고로드 주, 타타르스탄 공화국, 모스크바 주, 칼리닌그라드 주, 리페츠크 주, 크라스노다르 변강주라고 할 수 있다. 두 가지 보고서에서 중상위권 이상의 삶의 질 수준을 판정받은 지역으로는 튜멘 주, 사할린 주, 무르만스크 주, 보로네시 주, 북오세티야-알라니야 공화국, 니제고로드 주 등을 꼽을 수 있다(표 5 참조). 물론 어떠한 지표가 삶의 질을 적절하게 표현하는지에 대한 견해 차이에 따라 결과가 달라질 수 있다는 점을 염두에 둘 필요가 있다.

또한, UNDP-HDI의 측면에서 대체로 극동연방관구(사할린 주, 마가단 주, 연해주, 캄찻카 주, 아무르 주, 사하 주, 하바롭스크 주)와 북서연방관구(코미 공화국, 아르한겔스크 주, 무르만스크 주, 칼리닌그라드 주, 카렐리야 공화국)의 다수 지역은 설령 낮은 순위라도 2000년대 전체적으로 상승세에 있다고 평가할 수 있다(표 3 참조). 3장 1절에서도 살펴보았듯이 이들의 순위가 상승하는 주요 원인은 이들 지역 주민의 소득과 평균수명이 높아진 것으로부터 기인한다.

하지만 MГУ-QLI와 РИА-QLI의 순위에서 이들 대부분은 여전히 하위권에 머물러 있다.[38] UNDP-HDI의 측면에서는 상위권에 있거나 상승세에 있는 지역이 MГУ-QLI와 РИА-QLI에서는 하위권에 있다는 사실은 앞에서도 언급한 것처럼 후자들의 지수가 삶의 여건이나 환경의 지표들을 더 많이 고려하여 산정하기 때문에 그

38) 단, 칼리닌그라드 주와 무르만스크 주는 MГУ-QLI와 РИА-QL에서도 높은 순위를 차지하고 있다. 2012년 시점 칼리닌그라드는 양 지수에서 각각 2위와 13위를 차지하고 있으며, 무르만스크 주는 MГУ-QLI에서 5위를 차지하고 있다. 칼리닌그라드는 사실 동유럽에 속해 있으며 현재 연방 산업도시 육성 차원에서 삶의 질을 개선하는 데에 유리한 경제적, 사회적 제도가 점진적으로 마련되어 가고 있다고 평가된다. 무르만스크 주는 자연환경 부분에서는 점수가 부족하지만 다른 지표에서는 높은 점수를 받는 것으로 평가된다. 다음 참조. http://www.perspektivy.info/rus/gos/ uroven_i_dinamika_kachestva_zhizni_v_regionah_rossii_2006__2012_gg_2014-03-12.htm(검색일: 2014.03.20).

런 것이다. 즉, 이들 지역은 대부분 북극이나 극동과 같은 오지나 변경 지대의 특성을 지녔기 때문에 높은 지수가 나올 수 없다. 반면 UNDP-HDI의 측면에서는 이들 지역에서 소득이 상승하거나 평균 수명이 높아지면 이것이 곧바로 지수 상승으로 귀결된다.

세 기관 공통으로 최하위권인 지역으로는 시베리아의 티바 공화국, 알타이 공화국, 자바이칼 변강주, 극동의 유대인 자치주, 북캅카스의 체첸 공화국(데이터가 없는 연도가 있지만 열악한 지역으로 판정할 수 있음), 남부의 인구세티야 공화국을 꼽을 수 있다. 이들은 모두 70~80위권대로 순위가 매우 낮으며, 경제발전을 위한 기초나 인프라도 부재하고, 광물 자원도 없어서 독자적인 자구책을 마련하기 힘든 곳이다. 연방관구별 순위 평균치로 볼 때 UNDP-HDI와 РИА-QLI에서는 북캅카스연방관구(각각 2010년 65.7과 2012년 67.2위) 순위가 가장 낮으며, МГУ-QLI에서는 극동연방관구(2012년 65.8위) 순위가 가장 낮다.

러시아인의 삶의 질 문제를 살펴보는 데에서 빠질 수 없는 부분이 바로 2000년대 러시아가 경제를 회복하는 데에 견인차 역할을 했던 석유 및 가스 채굴지 주민에 대한 것이라 할 수 있다. 이곳에는 현지 주민 외에도 수많은 이주노동자들이 유입, 유출되는 곳이다. 이들의 역할로 러시아 국가의 경제적 부와 정부의 재정이 늘었고 또 다른 지역 주민 삶의 질을 개선하는 데에 일정하게 도움을 줄 수 있었다. 과연 이곳에 거주하고 노동하는 주민의 삶 자체는 어떠할까?

[표 6] 2000년대 러시아 주요 석유 및 가스 채굴지 삶의 지수 변화[39)]

	UNDP-HDI		МГУ-QLI		РИА-QLI	
연방관구	2001	2010	2006	2012	2011	2012
한티-만시 자치구	-	-	48	51	7	8
야말-네네츠 자치구	-	-	58	68	29	36
타타르스탄 공화국	4	6	3	3	4	4
오렌부르크 주	20	11	42	49	39	43
톰스크 주	5	9	51	44	34	30
네네츠 자치구	-	-	80	73	71	62
코미 공화국	7	8	57	56	46	50
우드무르트 공화국	17	24	40	36	34	37
사할린 주	36	4	66	47	28	34

2000년대 매년 석유 및 가스 채굴량 순위가 한 번이라도 10위권 안에 들었고, 해당 지역의 산업이 연료에너지 중심인 곳으로 9개 지역을 선정하여 삶의 질 지수 순위를 살펴보았다.[40)] 각 연구기관의 조사 시점 기간도 차이가 나며 일부 지역은 데이터가 없기 때문에 동일한 수준으로 분석 결과를 비교할 수는 없지만, [표 6]을 보면 전체적으로 각 지역 삶의 질 수준은 2000년대에 크게 변동하지 않은 것으로 파악된다. 사할린 주만은 UNDP-HDI에서는 36위에서 4위로 상승하였고, МГУ-QLI에서도 66위에서 47위로 오르는 등 큰 폭의 변화를 보였다. 사할린 주는 특히 2007년경부터 석유 생산량을 대폭 늘리기 시작했는데, 이러한 영향을 받아 삶의 질 지수 측면에서 변화가 커진 것으로 볼 수 있다.

러시아 주요 석유 및 가스 채굴지 중에서 삶의 질 지수 순위가 높

39) 각주 13, 17, 18, 34의 자료에서 해당 지역의 순위를 찾아 작성함.
40) 석유 및 가스 채굴지 선정 방법에 대해서는 다음 참조. 최우익, "러시아 석유·가스 채굴지주민의 사회·경제적 변동," 『중소연구』, 제36권 제1호 (서울: 한양대학교 아태지역연구센터/중국문제연구소, 2012), pp. 213-217.

은 곳도 있고, 낮은 곳도 있으며, 또한 연구기관의 관점에 따라 순위 차이가 나기도 하지만, 중요한 것은 대부분 지역에서 삶의 질에 큰 변화가 없다는 사실이다. 오히려 삶의 질의 순위가 오른 곳보다도 떨어진 곳이 더 많다. UNDP-HDI에서 순위가 오른 곳은 2개 지역, 떨어진 곳은 4개 지역이다. МГУ-QLI에서 순위가 오른 곳은 5개 지역, 떨어진 곳은 3개 지역, 동일한 곳은 1개 지역이며, РИА- QLI에서 순위가 오른 곳은 2개 지역, 떨어진 곳은 6개 지역, 동일한 곳은 1개 지역이다. 따라서 2000년대 국가 경제 발전의 견인차 역할을 했던 석유 및 가스 채굴지 주민 삶의 질은 크게 보면 동일한 수준을 유지했거나 혹은 조금 떨어졌다고 평가해야 할 것이다. 러시아 경제를 회복하는 데에 중요한 역할을 했던 지역 주민들에게 돌아간 대가치고 이것은 다소 유감스러운 일일 것이다.

IV. 결론

본 연구는 러시아 국민 삶의 질의 지역적 변화와 양상에 대해 다양한 측정보고서를 동원하여 비교하고 종합하였다. 이를 위해 유엔개발계획, 모스크바대학교 정치 분석 및 예측 연구소, 러시아 언론사인 리아 노보스티 전문평가단 등 3개 연구기관의 삶의 질 지수를 활용하였다.

우선 유엔개발계획의 HDI를 통해 2000년대 러시아 국민 삶의 질의 지역적 변화를 살펴보았는데, HDI는 세계 각국과 다양한 지역을 분석 대상으로 삼는 자료이기 때문에 러시아의 지역 상황을 다른 국가 혹은 지역과 비교하기에 용이하다. 이에 따르면 2000년대 전반적으로 러시아 각 지역의 HDI는 개인 소득 및 평균수명 상승에 따라 높아졌고, 따라서 각 지역 주민 삶의 질은 전체적으로 향상되었다고 평가할 수 있다. 하지만 삶의 질 수준의 상대적인 지역 격차는 변함없이 유지되었다.

그런데 러시아 지역을 전문적으로 다루는 연구기관들의 지역별 삶의 질 지수 분석에서는 다소 상이한 결과가 도출되었다. 이들은 삶의 질을 평가하는 데에서 사회 및 자연 환경적인 면을 중요시하기 때문에, 설령 해당 지역의 개인 소득이나 평균수명이 높아졌다고 해도 삶의 질 지수는 낮게 나올 수 있다. 따라서 대체로 극동, 시베리아, 우랄, 그리고 북캅카스연방관구의 다수 지역 삶의 질 지수가 낮게 나왔다.

본 연구에서 다루고 있는 세 가지 삶의 질 지수를 골고루 충족시키는 상위권 지역은 모스크바 시, 상트페테르부르크 시, 벨고로드 주, 타타르스탄 공화국, 모스크바 주, 칼리닌그라드 주, 리페츠크 주, 크라스노다르 변강주라고 할 수 있으며, 그다음 수준으로는 튜멘 주, 사할린 주, 무르만스크 주, 보로네시 주, 북오세티야-알라니야 공화국, 니제고로드 주 등을 꼽을 수 있다. 가장 열악한 삶의 질 수준의 지역으로는 시베리아의 티바 공화국, 알타이 공화국, 자바이칼 변강주, 극동의 유대인 자치주, 북캅카스의 체첸 공화국, 남부의 인구셰티야 공화국을 꼽을 수 있다. 이들은 경제발전을 위한 기초나 인프라도 부재하고, 광물 자원도 없어서 정부의 재정적 지원이 절실한 곳이다. 한편 2000년대 러시아 경제 발전의 견인차 역할을 했던 석유 및 가스 채굴지 주민 삶의 질은 큰 폭은 아니지만 대체로 하락한 것으로 드러났다.

러시아 지역의 삶의 질을 분석하는 과정에서 중요하게 제기된 또 하나의 문제는 과연 어떻게 삶의 질을 측정할 수 있으며 어떠한 지표를 동원해야 하는가에 대한 것이다. 유엔개발계획의 HDI는 소득,

교육, 수명의 세 지표를 활용하여 전 세계 국가 삶의 질을 측정하고 비교하는 데는 적절한 지수일 수 있지만, 러시아와 같이 균질적이지 않을 뿐만 아니라, 때로는 극도로 이질적인 지역성을 가진 국가의 삶의 질 수준을 측정할 때에는 부적절할 수 있다.

이러한 점에서 삶의 조건이나 환경을 더 세밀하게 구분하여 측정하는 러시아 내 연구기관들의 산정 방식이 러시아 각 지역 주민 삶의 질 양상을 분석하는 데에 일정 부분 더 적합할 수 있다. 유엔개발계획의 인간개발 지수 측정 결과와 비교할 때 모스크바대학교 정치분석 및 예측 연구소와 러시아 언론사인 리아 노보스티 전문평가단의 삶의 질 지수 측정 결과는 서로 더 일치된 양상을 보인다.

삶의 질을 산정하는 방법에서 이러한 차이들이 있다는 것을 고려하더라도 2000년대 러시아 지역 삶의 질 지수는 전체적으로 상향되었다. 하지만 이러한 성과가 상당 부분 세계 에너지 가격의 상승에 기초했음을 간과해서는 안 될 것이다. 석유나 가스로 얻은 소득이 러시아 현대화의 지속적인 기초가 될 수는 없을 것이다. 평균수명의 증가는 보건에 대한 연방정부의 지출이 불안정해질 때 문제가 될 수 있다. 교육 환경은 점진적으로 안정되고 있지만, 교육의 질이 문제로 남아 있다. 혁신의 가속화, 인적 자본의 형성, 인구의 원활한 이동을 위한 사회적 환경도 아직 제대로 조성되지 못했다. 현대화를 위한 길은 아직도 러시아에서 멀게 느껴진다.

참고문헌

부록

참고문헌

I. 푸틴 3기 내각·대통령 행정실 인적 구성의 특징과 함의

고상두. "푸틴시대 러시아 권력엘리트의 교체." 『슬라브학보』, 제24권 제1호. 서울: 한국슬라브학회, 2009.

김종명. "엘리트 이론의 변천과 발전." 『국제정치연구』, 제5집 제2호. 대구: 동아시아국제정치학회, 2002.

서동주. "러시아 옐친과 푸틴기 내각개편: 결정요인, 동향, 함의." 『국제정치논총』, 제45집 제4호. 서울: 한국국제정치학회, 2005.

서동주. "러시아 푸틴정부의 인맥정치와 실로비키(Siloviki)." 『국제문제연구』, 제6권 제4호. 서울: 국가안보전략연구소, 2006.

서동주. "러시아를 누가 지배하는가?." 『e-Eurasia』, 제23호. 서울: 한양대학교 아태지역연구센터, 2010.

이면우. 『정치엘리트 연구, 2002: 중국, 일본, 러시아를 중심으로』. 서울: 세종연구소, 2002.

장세호. "'쇼이구'의 모스크바 주지사 임명배경과 정치적 함의." 『Russia & Russian Federation』, Vol. 3, No. 2. 서울: 한국외국어대학교 러시아연구소, 2012.

장세호. "푸틴 3기 엘리트 변동: 평가와 시사점." 『Russia & Russian Federation』, Vol. 3, No. 3. 서울: 한국외국어대학교 러시아연구소, 2012.

장세호. "신정부 초기 인사정책, 무엇이 문제인가?." 『Russia & Russian Federation』, Vol. 3, No. 4. 서울: 한국외국어대학교 러시아연구소, 2012.

장세호. "메드베데프의 정치적 입지 약화, 어떻게 볼 것인가?." 『Russia & Russian Federation』, Vol. 4, No. 1. 서울: 한국외국어대학교 러시아연구소, 2013.

전용주·차재권, 임성학·김석우. "한국 지방 정치엘리트와 지방 정부 충원: 2010년 지방 선거 후보자와 당선자의 인구학적 배경 분석을 중심으로." 『한국정당학회보』, 제10권 제1호. 서울: 한국정당학회, 2011.

정옥경. “상트페테르부르크의 정치엘리트 연구.” 『슬라브연구』, 제21권 제1호. 서울: 한국외국어대학교 러시아연구소, 2005.

주장환. “중국 정치 엘리트의 특성: 유형화와 그 변화.” 『한국과 국제정치』, 제24권 제4호. 서울: 경남대학교 극동문제연구소, 2008.

Bachrach, Peter and Baratz, Morton. “Two Faces of Power.”*American Political Science Review*. Vol. 56, NO. 4 1962.

Dahl, Robert A. *Who Governs? Democracy and Power in an American City*. New Heaven: Yale University Press, 1961.

Sartori, Giovanni. *Democratic Theory*. Detroit: Wayne State University Press, 1962.

Easton, David. *The Political System: An Inquiry into the State of Political Science*. New York: Alfred A. Knopf, 1953.

Gel'man, Vladimir. “Russia's Elites in Search of Consensus: What Kind of Consolidation?.”*Demokratizatsiya*. Vol. 10, No. 3 2002.

Gorenburg, Dmitry. “Center-Periphery Relations After Ten Years of Centralization.”*Russian Politics & Law*. Vol. 48, No. 1 2010.

Kryshtanovskaya, Olga and White, Stephen. “Inside the Putin Court: A Research Note.”*Europe-Asia Studies*. Vol. 57, No. 7 2005.

Lane, David. “The transformation of Russia: The role of the political elite.” *Europe-Asia Studies*. Vol. 48, No. 4 1996.

Lasswell, Harold D. *Politics: who gets what, when, how*. New York: Meridian Books, 1958.

Michels, Robert. *Political Parties: a sociological study of the oligarchial tendencies of modern democracy*. New York: Collier Books, 1962.

Mosca, Gaetano. *The Ruling Class*. New York: McGraw-Hill, 1939.

Novikov, Denis. “"Anti-Westernism" as a Strategy.”*Russian Social Science Review*. Vol. 50, No. 2 (2009).

Pareto, Vilfredo. *Sociological Writing*. London: Pall Mall, 1966.

Renz, Bettina. “Putin's militocracy? An alternative interpretation of Siloviki in contemporary Russian politics."*Europe-Asia Studies*. Vol. 58, No. 6 2006.

Rivera, Sharon W. "Elites in Post-communist Russia: A Changing of the Guard?."*Europe-Asia Studies*. Vol. 52. No. 3 2002.

Szelenyi, Ivan and Szelenyi, Szonja. "Circulation or Reproduction of Elites during the Postcommunist Transformation of Eastern Europe: Introduction."*Theory and Society*. Vol. 24, No. 5 1995.

Semenova, Elena. "Ministerial and Parliamentary Elites in an Executive-Dominated System: Post-Soviet Russia 1991-2009."*Comparative Sociology*. Vol. 10, No. 6 2011.

Steiner, Helmut. "Elite Research in Russia: Characteristics of Russian elite research."*Elites in Transition: Elite Research in Central and Eastern Europe*. Opladen: Leske + Budrich, 1997.

"Кремль завершил формирование новой администрации."*ИЗВЕСТИЯ*, June. 6, 2012.

Кособокова, Т., Воровьева, И., Резникова, А. "Владислав Сурков борется за пост главы аппарата правительства Медведева." *РБЛdaily*, May. 17, 2012.

Соловьев, В., Граник, И., Сапожков, О. "Владислав Сурков у аппарата." *Коммерсантъ*, May. 15, 2012.

Захоров, М. "Правительство Медведева: даець мододежь." http://www.polit.ru/article/2012/05/21/molodezh (검색일: 2012.05.22).

Становая, Т. "Молодое и многоголосное правительство Медведева." http://www.politcom.ru/13878.html (검색일: 2012.05.22).

Становая, Т. "Политические и кодровые потери Дмитрия Медведева." http://www.politcom.ru/14110.html (검색일: 2012.07.04).

Становая, Т. "«Болезнь»Говоруна как признак болезни системы." http://slon.ru/russia/bolezn_govoruna_kak_priznak_bolezni_sistemy-840502.xhtml(검색일: 2012.10.18).

러시아 연방정부 공식 홈페이지(조직·인적 구성) Структура Правительства http://government.ru/gov/ (검색일: 2012.09.02).

러시아연방 대통령 행정실 공식 홈페이지(조직·인적 구성)
Руководство и основные должностные лица
http://state.kremlin.ru/administration/about_adm (검색일: 2012.09.02).

КОНСТИТУЦИЯ Российской Федерации Глава VI.

ФЕДЕРАЛЬНЫЙ КОНСТИТУЦИОННЫЙ ЗАКОН от 17.12.1997 N 2-ФКЗ "О ПРАВИТЕЛЬСТВЕ РОССИЙСКОЙ ФЕДЕРАЦИИ" (одобрен СФ ФС РФ 14.05.1997). Глава I, Статья 5.

УКАЗ Президента РФ от 08.05.2012 N 612 "О ПРЕДСЕДАТЕЛЕ ПРАВИТЕЛЬСТВА РОССИЙСКОЙ ФЕДЕРАЦИИ".

УКАЗ Президента РФ от 21.05.2012 N 636.

УКАЗЫ Президента РФ от 21.05.2012 "О НАЗНАЧЕНИИ ЧЛЕНОВ ПРАВИТЕЛЬСТВА РОССИЙСКОЙ ФЕДЕРАЦИИ".

УКАЗ Президента РФ от 21.05.2012 N 669, 670, 671, 672, 690, 691, 679, 673, 674, 675, 676, 677, 678, 680, 681, 692, 693, 164.

УКАЗ Президента РФ от 23.05.2012 N 700, 701, 702.

УКАЗ Президента РФ от 25.05.2012 N 725, 726, 727, 728, 729.

УКАЗ Президента РФ от 05.06.2012 N 769, 770, 771, 772, 773, 774.

УКАЗ Президента РФ от 09.06.2012 N 785, 786, 787, 789, 790, 791, 792, 793.

УКАЗ Президента РФ от 17.10.2012 N 1411.

УКАЗ Президента РФ от 17.10.2012 N 1412.

УКАЗ Президента РФ от 06.11.2012 N 1484.

УКАЗ Президента РФ от 06.11.2012 N 1485.

УКАЗ Президента РФ от 06.11.2012 N 1486.

УКАЗ Президента РФ от 28.01.2013 N 42.

УКАЗ Президента РФ от 28.01.2013 N 43.

УКАЗ Президента РФ от 08.05.2013 N 480.

УКАЗ Президента РФ от 22.05.2013 N 505.

УКАЗ Президента РФ от 24.06.2013 N 570.

УКАЗ Президента РФ от 24.06.2013 N 571.

УКАЗ Президента РФ от 24.06.2013 N 572.

УКАЗ Президента РФ от 31.08.2013 N 691.

УКАЗ Президента РФ от 31.08.2013 N 690.

УКАЗ Президента РФ от 31.08.2013 N 692.

УКАЗ Президента РФ от 20.09.2013 N 723.

УКАЗ Президента РФ от 20.09.2013 N 724.

УКАЗ Президента РФ от 11.09.2013 N 710.

II. 셰일혁명과 미·러의 에너지 패권갈등

김연규. "미국셰일혁명과 동북아 에너지 시장/지정학 변화." 『Russia-Eurasia FOCUS』, 311호. 용인: 한국외대 러시아연구소. 2015.

김응운. "셰일가스 논쟁에 대한 유럽연합의 입장." 『EU연구』, 특집호 4쪽. 서울: 한국외대 EU연구소. 2014.

김철민. "동유럽 셰일가스 현황과 전략: 폴란드 루마니아를 사례로." 『EU연구』, 특집호 115-117쪽. 서울: 한국외대 EU연구소, 2014.

김태수. "프랑스의 셰일가스 정책과 논쟁." 『EU연구』, 특집호 57쪽. 서울: 한국외대 EU연구소, 2014.

남궁영. "에너지 안보: 중국의 전략에 대한 분석." 『국제정치연구』, 제10집 1호 253쪽. 대구: 동아시아국제정치학회, 2007.

박영민. "러시아 에너지 안보 전략의 성격연구: 유럽 및 동북아에서의 균형전략 투사를 중심으로." 『서석사회과학논총』, 제2집 1호(통권 제3호) 107쪽. 광주: 조선대학교 사회과학연구원, 2009.

이권형·제성훈·강부균. "셰일가스의 부상과 러시아의 대응." 『KIEP오늘의 세계경제』, Vol.13 No. 4. 세종: 대외경제정책연구원, 2013.

이대식. "폴란드와 우크라이나의 셰일가스 개발과 러시아의 대응." 『2014년 한국유럽학회 외 3개 연구소 춘계공동학술대회 논문집』, 2014.

이선필. “유럽연합의 에너지.환경정책과 셰일가스.”『2014년 한국유럽학회 외 3개 연구소 춘계공동학술대회 논문집』, 2014.

임지수. “셰일가스, ‘미국의 잔치’넘어 세계 에너지 대안될까.”『LG Business Insight』, 2012.

윤성학. “시베리아의 힘 가스관 어디로 달려가는가?.”『Russia-Eurasia FOCUS』, 289호. 용인: 한국외대 러시아연구소, 2014.

헤르만 셰어 지음, 배진아 옮김.『에너지 주권』, 65쪽. 서울: 고즈윈, 2005.

APEC Secretariat. “APEC at a Glance(2012)”*APEC Policy Support Unit, APEC Economic Trends Analysis(2012. 5. 31)*; IMF, World Economic outlook 2012, 4.

Jonathan Stern, Simon Pirani, Katja Yafimava. *Natural Gas Revolution or Evolution?.* Deloitte Center for Energy Solution, 2012.

“Does the cancellation of South Stream signal a fundamental reorientation of Russian gas export policy?,” The Oxford Institute for Energy Studies. p.13 January 2015.

Joseph S. Nye, Jr., “*Power in the Global Information Age: From Realism to Globalization”.* p.7. Routledge New York: 2004.

The Jamestown Foundation, *“Consolidating State Control in an Uncertain Market.”* 2013. 1. 18

W. R. Mead. *“America's Sticky Power.”* p.48. Foreign Policy, March/April 2004.

BP(2012. 6), Statistical Review of World Energy, EU Energy in Figures. (statistical pocketbook 2013), European commission US Energy Information Administration, Annual Energy Outlook (2014).

http://www.mk.ru/daily/newspaper/article/2012/11/26/779189-minenergo-gotovitsya-k-gazovoy-revolyutsii.html “предложило добывать «сланец»с 2014 года”(검색일: 2014.04.02.).

http://w3.sbs.co.kr/news/newsEndPage.do?news_id=N1002178677 "프랑스 석유기업, 영국 셰일가스 개발에 500여 억 투자"(검색일: 2014.2.26.).

http://www.e2news.com/news/articleView.html?idxno=66955 "셰일오일에 도전하는 러시아"(검색일 :2013.2.01)

http://media.daum.net/press/newsview?newsid=20130127120811034 "셰일혁명으로 부상한 Tight Oil, 유가 안정 역할 커진다"(검색일: 2013.1.27.).

http://media.daum.net/press/newsview?newsid=20130127120811034 LG경제연구원 "셰일혁명으로 부상한 Tight Oil, 유가 안정 역할 커진다"(검색일: 2013.1.27.).

http://www.ois.go.kr/portal/page?_pageid=93,721498&_dad=portal&_schema=PORTAL&p_deps1=info&p_deps2=&oid=1120725142511575749 "유럽각국의 셰일가스 개발 동향"(검색일: 2014.1.20.).

http://news.heraldcorp.com/view.php?ud=20131218000128&md=20131221004728_BC "영국도 셰일혁명 동참"(검색일: 2014.3.26.).

http://www.yonhapnews.co.kr/bulletin/2013/11/06/0200000000AKR20131106142100080.HTML?input=1179m "우크라이나, 미 셰브론과 셰일가스 공동개발"(검색일: 2014.1.26.).

http://w3.sbs.co.kr/news/newsEndPage.do?news_id=N1001600359 "우크라이나-셸, 셰일가스 공동개발 협정 체결"(검색일: 2014.1.26.).

http://article.joins.com/news/article/article.asp?total_id=11106013&cloc=olink|article|default "시베리아 셰일가스 개발 러.미 에너지 혁명 맞불"(검색일: 2013.1.27.).

http://www.hankyung.com/news/app/newsview.php?aid=2013022675191 "7년 끌어온 러-중 천연가스협상"(검색일: 2013.11.27.).

http://www.hani.co.kr/arti/international/china/616705.html "중, 셰일가스 매장량 미국의 1.5배"(검색일: 2014.1.20.).

http://www.gasnews.com/news/articleView.html?idxno=58587 "미 셰일가스 개발 먹구름"(검색일: 2014.2.20.).

http://www.hani.co.kr/arti/international/globaleconomy/589433.html "에너지 지형 바꾸는 미 셰일석유"(검색일: 2014.1.20.).

http://www.gnetimes.co.kr/news/articleView.html?idxno=22610 "삼성연 셰일혁명에 러시아 흔들흔들"(검색일: 2014.1.20.).

http://www.munhwa.com/news/view.html?no=2014030601070832071001 "미 셰일가스 즉각 수출 러 아킬레스건 끊자"(검색일: 2014.3.06.).

http://www.yonhapnews.co.kr/bulletin/2011/08/26/0200000000AKR20110826187152009.HTML?did=1179m "김정일 남한행 가스관 북 통과 허용"(검색일: 2013.10.01).

http://www.hani.co.kr/arti/international/america/580968.html (검색일: 2014.1.20).

http://crossingthebaltic.com/2013/01/17/nothing-but-trouble-for-putin-and-gazprom."CrossingtheBaltic"(검색일:2013.1.20).

http://www.ng.ru/energy/2011-01-11/12_revolution.html(검색일:2013.8.20).

http://www.resourceinvestor.com/2011/11/07/polands-power-play-for-energy(검색일: 2013.1.20.).

Константин Смирнов, http://newsland.com/news/detail/id/1302677/ "Сланцевый газ и "Газпром". Newsland."(검색일: 2014.1.7).

https://www.asiapacific.ca/blog/russia-natural-gas-supplier-asia-pacific-region-conversation "Russia as a Natural Gas Supplier to the Asia-Pacific Region: A Conversation with Dr. Michael Bradshaw,"(검색일: 2015.4.3).

http://www.spiegel.de/international/business/rosneft-head-igor-sechin-speaks-about-sanctions-and-ukraine-a-989267.html "Rosneft President Igor Sechin: 'Russia Didn't Initiate the Ukraine Crisis'"(검색일: 2015.04.06.).

http://www.economist.com/news/briefing/21600111-reducing-europes-dependence-russian-gas-possiblebut-it-will-take-time-money-and-sustained(검색일: 2015.3.20.).

http://www.rigzone.com/news/oil_gas/a/135295/Gazprom_Neft_Says_Shell_Suspends_Russian_Tight_Oil_Project"GazpromNeftSaysShellSuspendsRussianTightOilProject"(검색일: 2015.1.27.).

III. 러시아 국가경쟁력 분석과 강화 방안 (IMD와 세계경제포럼의 국가경쟁력지수를 중심으로)

마이클 포터,『마이클 포터의 경쟁론』, 김경묵, 김연성 옮김. 세종연구원. 2002.

마이클 포터,『마이클 포터의 경쟁우위 : The Competitive Advantage of Nations』, 문휘창 옮김. 21세기북스. 2009.

마이클포터,『마이클 포터의 경쟁전략: Competitive Strategy』, 조동성 옮김. 21세기북스. 2009.

손민중 외,『한국 국가경쟁력 분석과 정책적 시사점: WEF 금융경쟁력 지수를 중심으로』, 삼성경제연구소, 2010.

임상준,『규제개혁의 정책과제와 발전방향』. 한국경제연구원. 2005.

조병구,『우리나라 국가경쟁력 평가결과 및 분석 : IMD, WEF를 중심으로』, 한국개발연구원, 2006.

최영출, "국가경쟁력지수의 타당성과 신뢰성 분석", 한국사회와 행정연구, 제 20권 제3호. 2009. pp. 41-63.

Dmitry V. Kyzin, "Competitiveness of Russia : Problems and Perspectives," Pecvnia, 4. 2007. pp.109-142.

『IMD 국가경쟁력 평가 상위 5개국의 공통점과 시사점』. 감사원 평가연구원. 2007.

IMD, World Competitiveness Yearbook, 각 년도.

WEF, The Global Competitiveness Report, 각 년도

Krugman, P.. Competitiveness: A Dangerous Obsession, Foreign Affairs, Vol. 73, No.2. 1994.

Krugman, P. Peddling Prosperity: Economic Sense and Nonsense in the Age of Diminished Expetations, W.W. Norton&Company. 1994.

Porter, M.E., The Competitive Advantage of Nations, N.Y. Free Press. 1990.

Porter, M.E., "The microeconomic foundations of economic development", The Global Competitiveness Report, WEF. 1999.

IV. 러시아 시장경제의 국가의 역할: 은행을 중심으로

Bank of Russia, Banking Supervision Report 2013, (2014)

Bank of Russia, Banking Supervision Report 2003, (2004)

Bank of Russia, Banking Supervision Report 2007, (2008)

Barth, J.R. Gerard Caprio, Jr., Ross Levine, "Bank Regulation and Supervision: What works Best," NBER Working Paper Series, 9323, (Nov. 2002)

Glushkova, Ekaterina and Andrei Vernikov, "How big is the visible hand of the state in the Russian banking industry," MPRA Paper, no. 15563, (June, 2009)

Iannotta, Giuliano, Giacomo Nocera, and Andrea Sironi, "Ownership structure, risk and performance in the European banking industry," Journal of Banking & Finance, 31, (2007)

Kirdina, Svetlana and Andrei Vernikov, "Evolution of the Banking System in the Russian Context: An Institutional View," Journal of Economic Issues, Vol. XLVII, no. 2 (June 2013)

Porta, R.L., Florencio Lopez-de-silanes, and Andrei Shleifer, "Government Ownership of Banks," The Journal of Finance, Vol. LVII, No. 1, (Feb. 2002)

Vernikov, Andrei V., "Russia's banking sector transition: Where to?," BOFIT Discussion Papers, (2007)

Ивантер, Александр, "В доле. Без залога," «Эксперт» No.20 (658) (25 май 2009)

Центральный банк Российской Федерации, Статистический бюллетень Банка России, No. 3, (2015)

http://daily.rbc.ru/opinions/economics/24/02/2015/54e727159a7947955d5386a7

http://finansoviyblog.ru/2014/02/Gosudarstvennye-banki-Rossii-Spisok-bankov-s-gosudarstvennym-uchastiem.html

http://gelbank.ru/docs/akz/akz31032015.pdf

http://joongang.joins.com/article/385/15157385.html?ctg=1300&cloc=joongang|home|newslist1

http://rus.ruvr.ru/2013_04_30/Rossija-budet-sokrashhat-dolju-gosudarstva-v-jekonomike/

http://rzd.ru/static/public/ru?STRUCTURE_ID=628

http://sin-x.ru/about/

https://tfb.ru/sharer/shareholders/

http://top.rbc.ru/finances/23/01/2015/54c28a769a79479a09ce9ea0

http://www.absolutbank.ru/banktoday/information/shareholders.shtml

https://www.akbars.ru/about/free-info/shareholders/

http://www.akibank.ru/netcat_files/165/133/h_52f6aa0edd56070ebed393e537c8ff99

http://www.alrosa.ru/производство/ключевые-факты-о-компании/

http://www.banki.ru/banks/bank/ncc/

http://www.banki.ru/wikibank/bank_s_gosudarstvennyim_uchastiem/

https://www.bankofkazan.ru/upload/medialibrary/3ab/spisok-i-skhema-_449740-v1_.doc

http://www.bankrus.ru/about/control/g1/owners

http://www.bloomberg.com/research/stocks/private/snapshot.asp?privcapId=32630500

http://www.bm.ru/ru/about/

http://www.cbr.ru/statistics/print.aspx?file=bank_system/4-2-1a_15.htm&pid=pdko_sub&sid=dpbvf

http://www.cbr.ru/statistics/print.aspx?file=bank_system/inform_15.htm&pid=lic&sid=itm_43766

http://www.cbr.ru/statistics/print.aspx?file=bank_system/group_15.

html&pid=lic&sid=itm_23162

http://www.cbsnews.com/news/u-s-escalating-economic-sanctions-against-russia/

https://www.cetelem.ru/files-pro//b49bddb4ef1d4e49/List_of_decision_makers15012014.pdf

http://www.diw.de/documents/publikationen/73/diw_01.c.469515.de/DIW_Roundup_28_en.pdf

http://www.dp.ru/a/2011/09/16/Vladimir_Putin_ne_sobirae/

http://www.dvbank.ru/about/

http://www.eurasianet.org/node/72446

http://www.evrofinance.ru/ru/our-company/page97/page103/

http://www.eximbank.ru/profile/shareholders/

http://www.gazprombank.ru/about/shareholders/

http://www.gazprombank.ru/group/banks/7118/

http://www.globexbank.ru/ru/main/about_bank/akcioner/

http://www.kbhmb.ru/o_banke/uchastniki_banka.php

http://www.khmbo.khmb.ru/ru/stakeholders/

http://www.khmbo.khmb.ru/ru/stakeholders/main/

http://www.kibank.ru/about/shareholders/

http://www.kommersant.ru/doc/2233355

http://www.kubunibank.ru/index.php?pointermainmenu=rukov

http://www.lawinrussia.ru/node/189314

http://www.letobank.ru/about/data#info_info

http://www.makbank.ru/about/info.php

http://www.mia.ru/about-bank/influence-people/download/13/1767/

http://www.mspbank.ru/info/O_banke

http://www.nkcbank.ru/viewCatalog.do?menuKey=7

http://www.novikom.ru/ru/about/managment/committee_of_directors/

http://www.nytimes.com/2014/09/12/world/europe/eu-pushes-forward-with-tougher-sanctions-on-russia.html?_r=0

http://www.oigk.ru/Company/AboutOIGK.aspx

http://www.realtypress.ru/article/article_1330.html

http://www.rg.ru/2015/02/26/banki-site.html (검색일: 2015. 3. 09)

http://www.roscap.ru/about/

http://www.rosneft.ru/about/Glance/

http://www.rshb.ru/about/

http://www.ruscobank.ru/userfiles/Akcioneru.doc

http://www.sberbank.ru/common/img/uploaded/files/pdf/stockholders/Shareholder_structure_11042013_RU_FINAL.pdf

http://www.sberbank.ru/moscow/ru/investor_relations/information/share_capital_structure/

http://www.sravni.ru/banki/rating/

http://www.sravni.ru/banki/rating/depozity-fizicheskikh-lic/

http://www.sravni.ru/banki/rating/kredity-fizicheskikh-lic/

http://www.sviaz-bank.ru/about/stockholders/

http://www.treasury.gov/press-center/press-releases/Pages/jl23331.aspx

http://www.uralexpress.ru/files/spisok_lic_pod_kontrolem_libo_znachitelnym_vliyaniem_kotoryh_nahoditsya_bank_05.12.2014_0.doc

http://www.vbrr.ru/about/shareholders.php

http://www.veb.ru/about/today/#supervisory-board

http://www.vedomosti.ru/politics/articles/2012/11/06/esche_odin_byudzhet

http://www.vestifinance.ru/articles/37939

http://www.vestifinance.ru/articles/56786

http://www.vtb.ru/upload/iblock/88e/VTB_Shareholder_

struct_30_09_2014.pdf

http://www.vtb24.ru/about/Pages/default.aspx?geo=moscow

V. 네트워크체제의 유산과 러시아의 민주주의

강윤희. “푸틴 집권기 러시아 정부와 인권운동의 갈등관계: 프레이밍 과정과 정치적 기회구조를 중심으로,” 『슬라브硏究』 30권2호. 용인: 한국외국어대 러시아연구소, 2014.

고상두. “푸틴시대 러시아 권력엘리트의 교체,” 『슬라브학보』, 제24권 1호. 서울: 한국슬라브학회, 2009.

두진호. “푸틴집권 시기 러시아의 민주주의 공고화에 대한 평가,” 『사회과학연구』37-2.서울: 세계지역학회, 2013.

박수헌. “체제전환기 러시아의 국가와 시민사회: ‘공공회의소’의 경험을 중심으로,” 『세계지역연구논총』, 29집3호. 서울: 세계지역학회, 2011.

서동주. “러시아 푸틴시기 정치체제의 특성,” 『슬라브학보』, 28권4호. 서울: 한국슬라브학회, 2013.

엄구호. 한양대 아태지역연구센터 러시아·유라시아 연구사업단 엮음. “사회네트워크와 부패: 러시아와 중국의 비교,” 『유라시아 권위주의: 생성 배경, 동학 및 전망』. 서울: 엠-에드, 2011.

유진숙. “러시아 민주주의 공고화와 정치과정,” 『中蘇硏究』, 34-1. 서울: 한양대학교, 2010.

이종문. “푸틴시대 러시아 국가자본주의의 형성과 발전: 국가경제발전모델의 관점에서,” 『한국과 국제정치』, 제26권 1호. 서울: 경남대학교 극동문제연구소, 2010년(봄).

이홍섭. “러시아 정치체제의 권위주의화: ‘안보위협’의 효과를 중심으로,” 『국제지역연구』, 제15권 4호. 서울: 한국외국어대학교, 2012.

______. “러시아의 권력구조와 민주주의: 제도적 특성과 정치문화,” 『中蘇硏究』, 29-1. 서울: 한양대학교, 2005.

임경훈. “포스트 소비에트 시기 러시아 정치적 전통의 재구성: 권위주의로서의 푸틴체제 공고화 요인을 중심으로,” 『러시아연구』, 23-2. 서울: 러시아연구소, 2010.

장덕준. “러시아 국가-자본관계의 변화: 석유산업의 경우를 중심으로,” 『슬라브학보』, 26권 2호 서울: 한국슬라브학회, 2011.

주장환, 박정호. “체제전환기, 중·러 정치엘리트 비교연구: 특성과 형성 배경을 중심으로,” 『中蘇硏究』, 34-1. 서울: 한양대학교, 2010.

홍완석 외. 『현대 러시아 국가체제와 세계전략』. 서울: 한울아카데미, 2005.

에가시라 히로시. 『푸틴의 제국』. 고양: 달과소, 2006.

Dahl, Robert A. *Democracy and Its Critics.* New Haven, CT: Yale University Press, 1991.

Gel'man, Vladimir. “Political Opposition in Russia: A Dying Species?”*Post-Soviet Affairs*, 21-3, 2005.

Green, Samuel A. “How Much Can Russia Really Change?: The Durability of Networked Authoritarianism,” *PONARS Eurasia Policy Memo*, No.194. June 2012.

Hale, Henry E. “The Myth of Mass Russian Support for Autocracy: The Public Opinion Foundations of a Hybrid Regime,”*Europe-Asia Studies*, 63-8. Oct. 2011.

________________. “Trends in Russian Views on Democracy 2008-12: Has There Been a Russian Democratic Awakening?”*Russian Analytical Digest*, No.117. 19 Sep. 2012.

Hendley, Kathryn. “The Role of Law,”Stephen K. Wegren, ed., *Return to Putin's Russia.* New York: Rowman & Littlefield Publishers, INC., 2013.

Hill, Fiona & Clifford G. Gaddy. *Mr. Putin: Operative in the Kremlin.* Washington, D.C.: Brookings Institution Press, 2013.

Jowitt, Kenneth. “Soviet Neotraditionalism: The Political Corruption of a Leninist Regime,”*Soviet Studies.* Vol.35, No.3. July 1983.

Kryshtanovskaya, Olga. “The Russian Elite in Transition,”*Journal of Communist Studies and Transition Politics*, Vol.24, No.4, 2008.

Ledenova, Alena V. *Russia's Economy of Favors: Blat, Networking and Informal Exchange.* Cambridge, UK: Cambridge U. Press, 1998.

_______________. "From Russia with blat: Can Informal networks help modernize Russia?"*Social Research*, Vol.76, No.1. 2009.

Lee, Sangjoon. "Are Oligarchs Dead?: The State and Big Business in Russia," 『슬라브학보』 23권4호. 서울: 한국슬라브학회, 2008.

Mendras, Marie. *Russian Politics: The Paradox of a Weak State.* New York: Columbia University Press, 2012.

Michailova, Snejina and Verna Worm. "Personal Networking in Russia and China: Blat and Guanxi,"*European Management Journal* Vol.21, No.4. August 2003.

Orttung, Robert. "Kremlin Nationalism versus Russia's NGOs,"*RAD* No.138. 8 Nov. 2013.

Petrov, Nikolay. "Is Russian Society Waking Up?"*PONARS Eurasia Policy Memo*, No. 213. Sep. 2012.

Neil Robinson. ed., *The Political Economy of Russia.* New York: Rowman & Littlefield Publishers, INC, 2013.

Sakwa, Richard. "Modernisation, neo-modernisation, and comparative democratisation in Russia,"*East European Politics*, Vol.28, No.1. March 2012.

_______________. "Systemic Stalemate: Reiderstvo and the Dual State," in Neil Robinson ed., *The Political Economy of Russia.* New York: Rowman & Littlefield Publishers, Inc., 2013.

_______________. "Developed Putinism: Change without Development," *RAD*, No.127. 8 May 2013.

Shevtsova, Lilia. "Think Again Foreign Policy,"*Foreign Policy*, No.164, Jan-Feb. 2008.

Trenin, Dmitri et al. "*The Russian Awakening," The Carnegie Papers.* Carnegie Moscow Center, 2012.

U.S. Commission on International Religious Freedom(USCIRF). "Russia: Unruly State of Law,"*Policy Brief.* Jan. 2013.

Wegren, Stephen K. ed. *Return to Putin's Russia: Past Imperfect, Future Uncertain.* New York: Rowman & Littlefield Publishers, INC., 2013.

Wegren, Stephen K. and Dale R. Herspring, eds. *After Putin's Russia: Past Imperfect, Future Uncertain.* New York: Rowman & Littlefield Publishers, INC, 2010.

White, Stephen ed. *Politics and the Ruling Group in Putin's Russia.* New York: Palgrave Macmillan, 2008.

Russian Analytical Digest, No.117 (19 Sep. 2012).

http://eng.kremlin.ru/news/6889(검색일: 2015. 1. 20).

http://www.globalsecurity.org/military/library/report/2004/putin-federalassembly_2004.htm(검색일: 2015. 1. 20).

http://www.workors.org/2006/world/ngos-0216/(검색일: 2015. 1. 10).

http://rt.com/politics/154056-russian-bloggers-mass-media/(검색일: 2014. 12. 20).

http://www.washingtonpost.com/wp-dyn/content/article/2008/03/03/AR2008030301684.html(검색일: 2015.1.20.).

http://www.osce.org/odihr/90469(검색일: 2015. 1. 20).

VI. 21세기 군사대국을 향한 러시아의 군

공군본부. 『2011 외국 군구조 편람』, 대전: 공군본부, 2011.

김경순. "러시아군개혁의 동향과 전망: 2008년 군개혁을 중심으로." 『국제관계연구』, 17-1. 서울, 고려대학교, 2012 봄.

김정기. "러시아의 전면적 군 개혁." 『전략연구』, 53호. 서울. 2011. 11.

박휘락.『전쟁, 전략, 군사 입문』, 서울: 법문사, 2005.

전광호·임두리. "러시아군의 변환." 『사회과학연구』, 35-1. 서울, 경희대학교, 2011.

한국외국어대학교 러시아연구소, 『2012 Russia Report: Events & Analysis』, 용인: 한국외국어대 러시아연구소, 2013. 1.

Anon. "Russian armed forces should be capable of network-centric warfare by 2015-CGS,"*RIA Novosti*,July 14. 2010.

Baev, Pavel K. "Military Reform against Heavy Odds,"in Anders Aslund, Sergei Guriev, and Andrew C. Kuchins, eds., *Russia after the Global Economic Crisis*. Washington, D.C.: Center For Strategic and International Studies, 2010.

Bartles, Charles K. "Defense Reforms of Russian Defense Minister Anatolii Serdyukov,"*Journal of Slavic Military Studies*, 24. 2011.

Blank, Stephen. "Russia's Geo-economic Future: The Security Implications of Russia's Political and Economic Structure,"*Journal of Slavic Military Studies,* 24. 2011.

Golts, Alexander. "The Armed Forces in 2020: Modern or Soviet?"in Maria Lipman and Nikolay Petrov, eds., *Russia in 2020,* Washington, DC: Carnegie Endowment for International Peace, 2011.

IISS. *The Military Balance 2011,* IISS, 2011.

_______. *The Military Balance 2013,* IISS, 2013.

Kipp, J. W. "The Labor of Sisyphus: Forcasting the Revolution in Military Affairs during Russia's time of Troubles,"in Thierry Gongora & Harold von Reikhoff, eds., *Toward a Revolution in Military Affairs?,* Westport, CT: Greenwood Press, 2000.

Lannon, Gregory P. "Russia's New Look Army reforms and Russian Foreign Policy,"*Journal of Slavic Military Studies,* 24. 2011.

McDermott, Roger N. Bertil Nygren and Carolina Vendil Pallin. *The Russian Armed Forces in Transition: Economic, Geopolitical and Institutional Uncertainties,* New York: Routledge, 2012.

Renz, Bettina and Rod Thornton. "Russian Military Modernization: Cause, Course, and Consequences,"*Problems of Post-Communism*, 59-1. January/February 2012.

_______. "Military Reform in Russia," *Russian Analytical Digest*, No.119. 9 July 2012.

Thornton, Rod. "Russia's Conscription Problem,"*Russian Analytical Digest*,

No.116. 9 July 2012.

Zagorski, Andrei. “The Limits of a Global Consensus on Security: the Case of Russia,”*Chaillot Paper*, no. 118. October 2009.

______. “Russian armed forces should be capable of network-centric warfare by 2015-CGS,”*RIA Novosti* July 14. 2010.

______. “What Russia Fears?,”*An analytical report prepared by the institute of Sociology of the Russian Academy of Sciences in cooperation with the Russian office of the Friedrich Ebert Foundation*, Moscow: 2008.

Cebrowski, Arthur K.(Vice Admiral) and John J. Garstka. “Network-Centric Warfare: Its Origin and Future,”

Kipp, J. W. “Ten years of anti-NATO exercises by Russian and Belarusian armed forces,”

_______. “New Look Russian Military: 2009 training year and beyond,”

Levada Center. “Nationwide Survey,”(September 2008)

McDermott, R. “Reflections on Vostok 2010: Selling an Image,”

Putin, “Speech at Expanded Meeting of the State Council on Russia's Development Strategy through to 2020,”(Feb. 8, 2008)

http://mattcegelske.com/wp-content/uploads/2012/04/ncw_origin_future.pdf(검색일: 2012. 12.10).

www.jamestown.org/single/?no_cache=1&tx_ttnews[tt_news]=35552(검색일: 2012. 9.30).

www.jamestown.org/single/?no_cache=1&tx_ttnews[tt_news]=35775(검색일: 2012. 9.30).

http://kremlin.ru/transcripts/9359(검색일: 2012. 9. 30).

Виктор Баранец, “Кавказские уроки: год спустя,”*Комсомольская правда* (2009. 8. 6)

http://www.russiavotes.org/security/security_russia_place.php.(검색일: 2011. 3. 10).

http://www.kp.ru/daily/24339.3/529558 (검색일: 2012.12.10.).

http://www.strana-oz.ru/?numid=26&article=1155(검색일: 2012.9.20.).

www.jamestown.org/programs/edm/single/?tx_ttnews%5Btt_news%5D=36614&tx_ttnews%5BbackPid%5D=484&no_cache=1(검색일: 2012. 9. 30).

Financial Times (2012. 2. 20).

Reuters (2008.12.18).

Russian Analytical Digest. no. 116 (9 July 2012).

Известия (2012. 5. 25).

Независимая газета (2011.3.16).

Риа Новости, (2010. 6. 3)

Российская газета (March 27, 2008; Oct. 15, 2008; Feb. 20, 2012).

VII. 러시아 국민 삶의 질의 지역적 변화와 양상

김영섭 외.『행정학 세미나』. 서울: 고시원, 1982.

유종해 외.『행정학 대사전』. 서울: 고시원, 1993.

정치학대사전편찬위원회.『21세기 정치학대사전』. 서울: 아카데미아리서치, 2010.

최우익. "러시아 석유·가스 채굴지주민의 사회·경제적 변동."『중소연구』, 제36권, 제1호. 서울: 한양대학교 아태지역연구센터/중국문제연구소, 2012.

Анирин, А. Н. *Модернизация России как условие ее успешного развития в 21 веке.* М.: РОССПЭН, 2010.

Голенкова, З. Т. *Модернизация социальной структуры российского общества.* М.: Институт социологии РАН, 2008.

Горшков, М. К. "Социальные факторы модернизации российского

общества с позиций социологической науки," *СОЦИС*, No. 12 (2010).

Горшков, М. К. *Российское общество как оно есть.* М.: Новый хронограф, 2011.

Горшков, М. К., Крумм, Р., Тихонова, Н. Е. *Готово ли российское общество к модернизации?.* М.: Издательство «Весь Мир», 2010.

Зубаревич, Н. В. *Социальное развитие регионов: проблемы и тенденции переходного периода.* М.: Книжный дом «ЛИБРОКДОМ», 2012.

Климанов, В. В. *Региональное развитие и экономическая самостоятельность.* М.: Эдиториал УРСС, 2000.

Климанов, В. В. *Региональные системы и региональное развитие в России.* М.: Эдиториал УРСС, 2009.

Наумова, Н. Ф. *Человек и модернизация России.* М.: «Канон+» РООИ «Реабилитация», 2006.

ПРООН. *Доклад о развитии человеческого потенциала в Российской Федерации 2010.* М.: ПРООН в РФ, 2010.

ПРООН. *Доклад о развитии человеческого потенциала в Российской Федерации 2011.* М.: ПРООН в РФ, 2011.

ПРООН. *Доклад о развитии человеческого потенциала в Российской Федерации 2013.* М.: ПРООН в РФ, 2013.

РИА Рейтинг. *Рейтинг регионов РФ по качеству жизни.* М.: 2013.

Стёпина, В. С.(ред.). *Новая философская энциклопедия: в 4 тт..* М.: Мысль, 2001.

UNDP *Human Development Report 2013.* UNDP, 2013.

http://atlas.socpol.ru/indexes/(검색일: 2014.03.16).

http://en.wikipedia.org/wiki/Quality_of_life_index(검색일: 2014.03.10).

http://gtmarket.ru/news/2013/06/17/6014(검색일: 2014.03.15).

http://gtmarket.ru/news/state/2010/10/29/2715(검색일: 2014.03.14).

http://riarating.ru/infografika/20131217/610601622.html(검색일: 2014.03.15).

http://ru.wikipedia.org/wiki/Индекс качества жизни(검색일: 2014.03.16).

http://ru.wikipedia.org/wiki/Индекс развития человеческого потенциала(검색일: 2014.03.14).

http://terms.naver.com/entry.nhn?docId=659677&cid=476&categoryId=476(검색일: 2014.03.04).

http://www.perspektivy.info/rus/gos/uroven_i_dinamika_kachestva_zhizni_v_regionah_ rossii_2006_2012_gg_2014-03-12.htm(검색일: 2014.03.20).

http://www.protown.ru/information/hide/7927.html(검색일: 2014.03.15.).

부록: 정부(내각) 및 대통령행정실 고위관료의 사회적 배경표

	성명	직위	성	연령	학력	출신지	출신대학 (학부기준)	주요경력
1	메드베데프	총리	남	1965 (48)	박사 (법학)	레닌그라드	ЛГУ	레닌그라드국립대 교수, 변호사, 대통령행정실장, 부총리, 제1부총리, 대통령
2	슈발로프	제1부총리	남	1967 (46)	학사 (법학)	마가단 구	МГУ	외무부 법무국, 국가자산부 차관, 대통령행정실 부실장 보좌관, 제1부총리
3	골로데츠	부총리	여	1962 (51)	박사 (경제학)	모스크바	МГУ	학술원 노동문제연구소, 타이미르 자치구 부구지사, 모스크바 부시장
4	드보르코비치	부총리	남	1972 (41)	석사 (경제학)	모스크바	МГУ (듀크대· 노스캐롤라 이나)	재무부 선임연구원, 전략개발센터 연구원, 경제개발부 차관, 대통령 보좌관
5	코작	부총리	남	1958 (55)	학사 (법학)	우크라이나 키로보그라드 주	ЛГУ	레닌그라드 검찰청 검사, 레닌그라드 시정부 법무위원회, 경제발전부 장관, 대통령해정실 부실장
6	프리호드코	부총리 (내각 사무총장)	남	1957 (56)	학사 (국제관계학)	모스크바	МГИМО	주 체코슬로바키아 외교관, 외무부, 대통령 보좌관, 대통령 행정실 부실장, 제1내각사무부총장
7	로고진	부총리	남	1963 (50)	박사 (철학) 학사 (언론학)	모스크바	МГУ	소련공산당, 3기 국가두마 의원, 로디나 원내대표, NATO 상주대표, 러시아공동체회의(Конгресс русских обшин) 대표

	성명	직위	성	연령	학력	출신지	출신대학 (학부기준)	주요경력
8	트루트네프	부총리 (극동연방관구전권대표)	남	1956 (57)	학사 (공학)	페름 주	ППИ (페름공대)	석유관련 기업, 'ЭКС'대표, 페름 시두마 이원, 페름 시장, 페름 주지사, 자원부, 자원 환경부 장관, 대통령 보좌관
9	홀로포닌	부총리 (북카프카즈연방관구전권대표)	남	1965 (48)	학사 (경제학)	스리랑카 콜롬보	МФИ (모스크바 재정대)	소련 대외경제은행 선임연구원, 국제재정기업 'АКБ'이사, 'Норильский никель'이사회 의장, 크라스노야르스크 변강 행정수장 통합러시아 최고의원
10	아비조프	연방장관	남	1972 (41)	학사 (수학)	벨라루스 민스크	МГОПУ (모스크바 개방사범대)	연료 에너지 관련 기업 근무, 'Новосибирскэнерго' 이사회 부의장, 'ЕЭС России'이사 겸 투자정책부장, 'RU-COM'이사회 의장, 'Группа Е4'이사회 의장, 대통령 보좌관
11	돈스코이	자원·환경부 장관	남	1968 (45)	학사 (자동 원격조정)	모스크바 구	ГАНГ (석유·가스 국립 아카데미)	'Газприборавтоматики'기사, 'СИНТ', 'Према-Инвест', 'Лукойл', 'Зарубежнефть' 등 기업간부, 연료 에너지부 관료, 자원부 차관, 'Росгеология'회장
12	콜로콜리체프	내무부 장관	남	1961 (52)	박사-독토르 (법학)	펜자 주	ЛВПУ МВД СССР (레닌그라드 정치대학)	중장(경찰계급), 모스크바 ГУВД 국장, 오를 주 구 УВД 국장
13	콘노발로프	법무부 장관	남	1968 (45)	박사 (법학) 학사 (법학)	레닌그라드	ЛГУ	상트페테르부르크 검찰청 검사보 바시코르토스탄 공화국 검찰청 검사, 프리볼지예 연방관구 대통령 전권대표, 법무부 장관, 국가안보회의 의원

	성명	직위	성	연령	학력	출신지	출신대학 (학부기준)	주요경력
14	라브로프	외무부 장관	남	1950 (63)	학사 (국제관계학, 어학)	모스크바	МГИМО	UN 상주대표, 외무부 소속 외교관
15	리바노프	교육·과학부 장관	남	1967 (46)	박사-독토르 (이학) 학사 (이학)	모스크바	МИСиС	МИСиС 교수, 총장, 교육부 차관
16	만투로프	산업·통상부 장관	남	1969 (44)	박사-독토르 (법학) 박사 (경제학) 학사 (사회학)	무르만스크 주	МГУ (학·박사) РАГС (국립행정대학, 박사-독토르)	'Улан-Удэнский авиационный завод'부회장, 'ФГУП'부회장, ОПК 'Оборонпром'회장, 산업·에너지부 차관, 산업·통상부 차관
17	메딘스키	문화부 장관	남	1970 (43)	박사-독토르 (정치학) 박사 (정치학) 학사 (국제관계)	우크라이나 체르카시 주	МГИМО (학사) РАГС (국립행정대학. 박사-독토르)	주 미 대사관, 조세·징수부 정보정책국장, '조국-전러시아' 중앙출판국장, 두마 부의장 자문위원, 통합러시아 소속 4-5기 국가두마 의원, 통합러시아 중앙위 부위원장, 대통령 직속 반역사왜곡위원회 위원
18	무트코	체육부 장관	남	1958 (55)	박사(경제학) 학사 (수상운송) 학사(법학)	크라스노다르 변강	ИВТ (레닌그라드 수상 운송대), ЛГУ	'Зенит'구단주, FIFA 집행위원, 2018 월드컵 조직위원장, 러시아축구연맹 회장, 상트페테르부르크 부시장, 상트페테르부르크 키로프 구 행정수장

	성명	직위	성	연령	학력	출신지	출신대학 (학부기준)	주요경력
19	니키포로프	통신·매스컴부 장관	남	1982 (31)	학사(경제학)	타타르스탄 공화국	КГУ (카잔국립대)	'Казанский портал', 'Современные интернет технологии' 부회장, 타타르스탄 공화국 정보기술센터 소장, 타타르스탄 공화국 부총리 겸 정보·통신부 장관
20	노박	에너지부 장관	남	1971 (42)	학사(경제학) 학사(경영학)	우크라이나 아브데예브카 시	НИИ (노릴 산업대) МГУ	크라스노야르스크 변강 제1부지사, 재무부 차관
21	푸치코프	비상사태부 장관	남	1959 (54)	박사(공학) 학사(행정학) 학사(군사학)	볼고 그라드 주	ВИА (군사기술대) РАГС (국립행정대학)	비상사태부 차관, 예비군 중장
22	실루아노프	재무부 장관	남	1963 (50)	박사(경제학) 학사(재정학)	모스크바	МФИ (모스크바재정대)	재무부 거시경제국장. 재무부 차관
23	스크보르초바	보건부 장관	여	1960 (53)	박사-독토르 (의학) 학사(의학)	모스크바	МГМИ (모스크바 국립의대)	모스크바 국립의대 심장병과 조교수, 학과장, 학술원 위원, 보건·사회발전부 차관

	성명	직위	성	연령	학력	출신지	출신대학(학부기준)	주요경력
24	슬라냐예프	지역개발부 장관	남	1966 (47)	박사(법학) 학사(법학)	옴스크 주	МГУ, МВШМ МВД СССР (내무부, 경찰대) РАГС (국립 행정대학)	소련군 공수부대, 내무부 공무원, 'Моссибинтербанк' 부회장, CIS부 차관. 교통부 제1차관, 코스트롬 주지사
25	소콜로프	교통부 장관	남	1968 (45)	박사 (경제학)	레닌그라드	ЛГУ	ЛГУ 경제학부 강사. 'Росси', 'Корпорация C'회장, 상트페테르부르크 정부 투자, 전략위원회 위원장, 러시아연방 산업·인프라국장
26	토필린	노동·사회복지부 장관	남	1967 (46)	박사(경제학) 학사(경제학)	모스크바	МИНХ (모스크바 인민경제대)	노동·사회발전부 차관, 노동·고용청장, 보건·사회발전부 차관
27	울랴카예프	경제발전부 장관	남	1956 (57)	박사-독토르 (경제학) 박사(경제학) 학사(경제학)	모스크바	МГУ Pierre-Mendes France대	이행기경제문제연구소 부소장, 재무부 차관, 러시아중앙은행 제 1부행장, 'Московской межбанковской валютной биржи'이사회 의장

	성명	직위	성	연령	학력	출신지	출신대학(학부기준)	주요경력
28	표도로프	농업부 장관	남	1958 (55)	학사(법학) 박사(법학) 박사-독토르(경제학)	추바시야 공화국	КГУ (카잔 국립대) ИГП Академии наук СССР (국가·법연구소)	1기 국가두마 의원, 법무부 장관, 상원의원, 'Институт социально-экономических и политических исследований' 이사회 의장
29	쇼이구	국방부 장관	남	1955 (58)	학사(공학)	티바 공화국	КПИ (크라스노야르스크 공대)	장군, 비상사태부 장관, 국가안보회의 위원, 모스크바 주지사
30	갈루시카	극동개발부 장관	남	1975 (38)	학사(경제학)	모스크바 주	МГСУ (모스크바 국립사회대)	기업인, 경제인연합회(Деловая Россия) 대표

	성명	직위	성	연령	학력	출신지	출신대학 (학부기준)	주요경력
1	이바노프	행정 실장	남	1953 (60)	학사(언어학)	레닌그라드	ЛГУ КГБ 고위과정	КГБ 요원, фСБ 국장, 국방부 장관, 부총리, 제 1부총리
2	볼로딘	제1부 실장	남	1964 (49)	학사 (기계기사학) 박사-독토르 (법학)	사라토프 주	СИМСХ (사라토프농업기계화대) РАГС (러시아국립행대) СПБИ МВД (내무부상트페테르부르크대)	사라토프 부주지사 , 4-5직 국가두마 의원, 통합러시아 원내 부대표, 부총리, 내각 사무총장, 전러시아국민선전(ОНф) 대표
3	그로모프	제1부 실장	남	1960 (53)	학사 (역사학)	모스크바 주	МГУ	소련 및 러시아 외무부 근무, 'Первый канал'이사, 'Russia Today(RTTV)' 창립 발기인, 대통령 행정실 공보·정보국 국장, 대통령 공보실장
4	바인노	부실장	남	1972 (41)	학사 (국제관계)	에스토니아 탈린	МГИМО	러시아 외무부 소속 주 일본 대사관 , 아시아국 근무, 대통령행정실 의전국 부국장, 내각 사무국 부총장, 총장, 연방장관

	성명	직위	성	연령	학력	출신지	출신대학 (학부기준)	주요경력
5	마고메도프	부실장	남	1964 (49)	학사 (경제학) 박사-독토르 (경제학)	다게스탄 자치공화국	ДГУ (다게스탄 국립대) МИНХ (모스크바 국가경제 연구소)	다게스탄 국립대 경제학·사회학과장, 2-4기 다게스탄 공화국 대통령
6	페스코프	부실장 (공보실장)	남	1967 (46)	학사 (역사학, 동방학)	모스크바	ИСАА (МГУ 산하 아시아· 아프리카 국가연구소)	외교부 소속 주 터키 외교관 대통령 행정실 공보국 부국장, 총리 공보실장, 내각사무국 부총장
7	아브라모프	자문위원	남	1957 (56)	학사 (공학)	모스크바 주	МИИТ (모스크바 철도수송 기사대)	‘Роспром’, ‘МЕНАТЕП’ 근무, ‘Альфц - банк’ 부회장, 대통령행정실 부실장, 대통령 보좌관
8	베드티츠키	자문위원	남	1947 (66)	학사 (어학)	우즈베키스탄 타시켄트 주	ТЭИ (다시켄트 전기공학대)	우즈베키스탄 공화국 수문기상국 부국장, 러시아연방 환경·자원부 수문기상·환경위원회 부위원장, 수문기상청장, 대통령 자문위원
9	글라지예프	자문위원	남	1961 (52)	학사(경제학) 박사-독토르 (경제학)	우크라이나 자포로지예	МГУ, ЦЭМИ АН СССР (중앙경제 수학연구소)	교수, 대외경제협력부 장관, 러시아공동체(Конгресс русских общин) 대표, 2004년 대선 후보, 1,3-4기 국가두마 의원, 로디나 대표, 유라시아경제공동체(ЕврАзЭС) 사무부총장, 관세동맹 관세위원회 책임비서

	성명	직위	성	연령	학력	출신지	출신대학 (학부기준)	주요경력
10	그리고로프	자문위원	남	1946 (67)	박사-독토르 (공학)	그루지야 공화국 트빌리시	ВВАТУ (보로네주 항공기술 사관학교) ВИА (군사기술 대학)	소련, 러시아군 장교(연대장), 대통령 직속 국가기술위원회 위원장, 기술·수출관리청장, 대통령 자문위원
11	두빅	자문위원	남	1963 (50)	박사 (법학)	모스크바 주	ВКИ (붉은별 사관학교)	군검찰 조직 근무, НЭПА 회장, 대통령행정실 제1부실장 자문위원, 행정실장 보좌관, 공직문제국장
12	레비츠카야	자문위원	여	1954 (59)	학사 (지질학, 지구물리학)	모스크바	МГУ	대통령행정실장 보좌관, 내각사무국 제1부총장, 보건·사회발전부 차관, 경제발전·통상부 차관, 경제발전부 차관
13	톨스토이 (L톨스토이의 증손자	자문위원	남	1962 (51)	학사 (언론학)	모스크바	МГУ	작가, 언론인, 저널'Студенческий меридиан'지 근무, 문화부 전문가, Музей-усадьба Л.Н. Толстого 《Ясная Поляна》박물관장
14	우스티노프	자문위원	남	1977 (36)	학사 (법학)	사라토프 주	СГАП (국립사라 토프법대) РАГС (러시아 국립행정대)	연방도로국 벌률 고문, 세무·징수부 법무국 부국장, 국장, 세무부 법무국장, 세친 부총리 부비서 실장

	성명	직위	성	연령	학력	출신지	출신대학 (학부기준)	주요경력
15	페도로프	자문위원	남	1949 (64)	학사(법학) 박사-독토르 (법학)	모스크바	МГУ	출판·정보부 장관, 러시아작가공동체 회장, 유네스코 주재 러시아 상주대표, 언론인 연맹 사무총장, 대통령 직속 시민사회발전·인권위원회 위원장
16	야코블레프	자문위원	남	1932 (81)	학사(법학) 박사-독토르 (법학)	쿠르간 주	СЮИ (스베르들롭스크법대)	야쿠츠크 자치공화국 검찰청 선임보좌관, 스베르들롭스크법대 교수, 학장, 부총장, 학술원, 통신회원, 소련 법무부 장관, 소련 및 러시아 최고중재재판소장
17	벨로우소프	보좌관	남	1959 (54)	학사(경제학) 박사-독토르 (경제학)	모스크바	МГУ	학술원 산하 경제·수학연구소 연구원, 거시경제분석·단기전망센터 소장, 경제발전부 차관, 경제발전·통상부 차관, 경제발전부 장관
18	브리쵸바	보좌관	여	1957 (56)	학사(법학)	모스크바	МГУ ИГП АН СССР (국가·법 연구소)	러시아 최고회의 사무국 근무, 저널 'Советское государство и право' 편집장, 대통령행정실 법무국 국장, 대통령 보좌관
19	골리코바	보좌관	여	1966 (47)	학사 (경제학)	모스크바 주	МИНХ (모스크바 인민경제대)	재무부 차관, 제1차관, 보건·사회발전부 장관, 대통령 보좌관

	성명	직위	성	연령	학력	출신지	출신대학(학부기준)	주요경력
20	레비딘	보좌관	남	1952 (61)	학사 (공학) 박사 (정치학)	우크라이나 오데사 주	ЛУЖВВС (레닌그라드 철도공병·군사통신 사관학교 ВАТТ (후방지원·수송 사관학교)	철도 도로 건설 관련 공병 장교, 모스크바개방사범대 교수, 교통부 장관, 교통·통신부 장관, 대통령 자문위원
21	우샤코프	보좌관	남	1947 (66)	학사 (국제관계)	모스크바	МГИМО	소련 및 러시아 외무부 산하 대사관 (덴마크, 스칸디나비아 반도 국가)근무, 외무부 차관, 주 미 러시아 대사, 내각사무국 부총장.
22	푸르센코	보좌관	남	1949 (64)	학사 (물리수학) 박사-독토르 (물리수학)	레닌그라드	ЛГУ	'РФНТР'이사장, 산업·과학기술부 차관, 제1차관, 장관 권한대행, 교육·과학부 장관, 전략개발센터(ЦСР) 북서지부 소장
23	추이첸코	보좌관	남	1965 (48)	학사 (법학)	리페츠크 주	ЛГУ нм.А.А. Жданова	안보기구 소속 장교, 'Интерюраудит де Фаира и Т', 'RosUkrEnergo AG' 회장 권한 대행, 'Газпром'법무부장, 이사, 대통령행정실 편리국장, 대통령 보좌관
24	슈콜로프	보좌관	남	1955 (58)	학사 (공학)	독일 드레스덴	ИГЭУ (이바노프 에너지대)	КГБ 근무(드레스덴에서 푸틴과 함께 근무), 이바노프 시 대외경제협력과 과장, 이바노프기업인연맹 회장, 대통령 행정실장 보좌관, 'Транснефть'이사, 부회장, 내무부 차관, 'Уралвагонзавод'이사회 의장

	성명	직위	성	연령	학력	출신지	출신대학 (학부기준)	주요경력
25	쇼골레프	보좌관	남	1965 (48)	학사 (어학)	우크라이나 빈니차 주	МГИИЯ (모스크바 국립 외국어대), ЛУ нм.К. Маркса (리페츠크대)	‘ТАСС’, ‘ИТАР - ТАС’기자, 통신원, 총리 공보실장, 총리·자문위원, 대통령 공보국장, 대통령행정실 의전국장, 통신·매스컴부 장관, ‘Связьинвест’이사회 의장
26	바티치	프리볼지예 연방관구 대통령 전권대표	남	1969 (44)	박사 (경제학)	랴잔 주	РВВКУС (랴잔통신사관학교) МИЭМП (모스크바 경제·경영·법대) РАГС (러시아 국립행정대)	소련군 공수부대, КГБ 소속장교 ‘Антей’회장, ‘Росмясомолгорг’제1부회장, ‘Шуйскике ситцы’ 감사위원장, 모스크바 주 부주지사, 이바노프 주 제1부주지사, 체츠냐 공화국 행정수장, 경제발전·통상부 장관 보좌관, 국가두마 의원
27	베글로프	중앙 연방관구 대통령 전권대표	남	1956 (57)	박사 (공학)	아제르바이잔 바쿠	ЛИСИ (레닌그라드 건설대) СЗАГС (북서행정대)	상트페테르부르크 부시장, 시장 권한대행, 북서연방관구 대통령 제1전권부대표, 대통령행정실 관리국 국장, 대통령행정실 부실장, 대통령 보좌관

	성명	직위	성	연령	학력	출신지	출신대학 (학부기준)	주요경력
28	불라빈	북서 연방관구 대통령 전권대표	남	1956 (60)	박사 (철학)	리페츠크 주	МИИЖТ (모스크바 철도수송대) ВКШ КГБ СССР (소련 KGB 붉은별대)	안보기구 근무, 러시아 ФСБ 고위관료회의 대표, ФСБ 부국장, 국가안보회의 제1부서기
29	돌로콘스키	시베리아 연방관구 대통령 전권대표	남	1953 (60)	학사 (경제학) 박사수료	노보시비르스크 주	НИНХ (노보시비르스크 인민경제대) НГУ (노보시비르스크국립대)	노보시비르스크 주 집행위 간부, 노보시비르스크 시집행위 위원장, 노보시비르스크 시장, 노보시비르스크 주지사, 시베리아 연방관구 대통령 전권대표
30	트루트네프	극동 연방관구	남	1956 (57)	학사 (공학)	페름 주	ППИ (페름공대)	기업인, 페름 시의회 의원, 페름 시장, 페름 주지사, 자원·환경부 장관
31	우스티노프	남부 연방관구 대통령 전권대표	남	1953 (60)	박사-독토르 (법학)	하바롭스크 변강	ХЮИ (하리코프 법대)	크라스노다르 변강, 소치 검찰, 검찰 총장, 법무부 장관, 유코스 사태 해결 주도

	성경	직위	성	연령	학력	출신지	출신대학 (학부기준)	주요경력
32	홀로포닌	북카프카스 연방관구 대통령 전권대표 (부총리)	남	1965 (48)	학사 (경제학)	스리랑카 콜롬보	МФИ (모스크바 재정대)	소련 대회경제은행 선임연구원, 국제재정기업 'АКБ'이사, 'Норильский никель'이사회 의장, 크라스노야르스크 변강 행정수장 통합러시아 최고위원
33	홀만스키흐	우랄연방관구 대통령 전권대표	남	1969 (44)	학사 (공학)	스베르들롭스크 주	УГГУ (우랄 국립공대)	'Уралвагонзавода' 조립공장 공장장, 사회·정치운동 'В зашиту человека труда' 스베르들롭스크 지부 대표, 2011년 모스크바에서 발생한 반푸틴 시위에 대한 적극적 대응으로 주목
34	코텐코프	연방회의 대통령 전권대표	남	1952 (61)	박사 (법학)	크라스노다르 변강	РИСХМ (로스토프농기계제작대), ВПА. нм. В. Ленина (군사정치대) ГАВС (소련군인문 아카데미)	소련군 장교, 소련 최고회의 국방·안보위원회 위원장, 연방·민족문제위원회 부위원장, 민족·지역정책부 차관 국가두마 대통령 전권대표
35	민흐	국가두마 대통령 전권대표	남	1959 (54)	박사 (법학)	톰스크 주	ТГУ (톰스크국립대), МГУ	톰스크국립대 교수, 대통령행정실 국가·법무국 근무, 정부 법무국 국장, 연방회의 정부 전권대표
36	크로토프	헌법재판소 대통령 전권대표	남	1963 (50)	박사 (법학)	레닌그라드	ЛГУ нм А Жданова	상트페테르부르크국립대 교수, 학과장, 부총장, 'Газпром- медиа'제1부회장, 헌법재판소 대통령 전권대표

	성명	직위	성	연령	학력	출신지	출신대학 (학부기준)	주요경력
37	아스타호프	대통령 직속 아동권리 전권대표	남	1966 (47)	박사-독토르 (법학)	모스크바	ВКШ КГБ СССР (소련 KGB 붉은별대), 미국 피츠버그대	'Авиа - Русь'주주, 법률고문, 법무부장 모스크바 변호사협회 위원, 내무부산하 모스크바대(МУ МВД) 법이론·국가과 교수, 러시아국립인문대(РГГУ) 교수
38	티토프	대통령 직속 기업인 권리보호 전권대표	남	1960 (53)	학사 (국제경제)	모스크바	МГИМО	'Solvalub' 소유주 회장,'Интерхимпром'회장, 전러시아사회조직 'Деловая Россия'대표, 정당 프라보예 델로(Правое дело) 공동 대표

한국외국어대학교 러시아연구소
HK 연구사업단 학술연구총서 17

유라시아시대 러시아의 국가경쟁력

초판 인쇄 2015년 5월 19일
초판 발행 2015년 5월 26일

지은이 김선래 · 이종문 · 이홍섭 · 장세호 · 조원호 · 최우익

발행인 김인철
발행처 한국외국어대학교 지식출판원
130-791 서울특별시 동대문구 이문로 107
전화 02)2173-2495~7
팩스 02)2173-3363
홈페이지 http://press.hufs.ac.kr
전자우편 press@hufs.ac.kr
출판등록 제6-6호(1969. 4. 30)
디자인 · 편집 (주)이환디앤비 02)2254-4301
인쇄 · 제본 상지사피앤비 031)955-3636

ISBN 978-89-7464-626-4 94920 정가 15,000원
ISBN 978-89-7464-650-9 (세트)

*잘못된 책은 교환하여 드립니다.

HUINE은 한국외국어대학교 지식출판원의 어학도서, 사회과학도서, 지역학 도서 Sub Brand이다. 한국외대의 영문명인 HUFS, 현명한 국제전문가 양성(International +Intelligent)의 의미를 담고 있으며, 휴인(携引)의 뜻인 '이끌다, 끌고 나가다'라는 의미처럼 출판계를 이끄는 리더로서, 혁신의 이미지를 담고 있다.